한국 민주주의의 친구

조지 오글

20세기 한반도 이야기

기다림은 언제까지, 오 주여!

How Long, O Lord

George E. Ogle

이 책은 2020년 11월 15일에 소천하신 조지 오글 목사님을 추모하고, 2020년 6월 대한민국 국민훈장(민주주의 발전유공포장)을 수여 받으신 것을 기념하기 위해 기독교대한감리회, 연합감리교회(UMC)세계선교국, 인천도시산업선교회, '고난받는이들과함께하는모임'이 공동 기획하여 출판한 것입니다.

How Long, Oh, Lord?
: Stories of Twentieth Century Korea

한국 민주주의의 친구

조지 오글

20세기 한반도 이야기

기다림은 언제까지, 오 주여!

How Long, O Lord

조지 오글 지음

2021
신앙과지성사

이 책의

제1부는
조지 오글을 기억하며 추모의 정을,

제2부는
그가 가장 좋아했던 집필 원고로 한국과 한국인들에 대한
고난의 기억을 담았습니다.

(원제 : 기다림은 언제까지 오 주여!, *How Long, O Lord*)

오글 목사 부부(2011)

| 발간사 |

예수님 다음으로 오글

예수님 다음으로 내가 가장 존경하는 조지 오글 목사님이 소천하셨다는 소식을 듣고 서운한 마음이 가득하다. 그만하면 장수하셨다지만, 세상에 호상이라고 불릴만한 이별이 있을까? 그만한 인생이 이 세상에 또 있을까 싶어서다. 도로시 오글 사모님과 가족에게 큰 위로와 사랑의 마음을 전해 드린다.

조지 오글 목사님, 아니 오명걸 목사님은 진실한 예수의 제자답게 산 위대한 신앙인이었다. 그 분은 나를 인천산업선교회 총무로 이끌었고, 그 이전에 원조 위장취업 목사로 살게 하였다. 미국에서 온 젊은 선교사가 인도한 현장 경험 때문에 나는 그 때부터 공장이든, 교회든 모든 삶의 공간을 다 복음의 현장으로 이해하고 살았다. 그 분이 일러준 대로 교회 안에서 뿐만 아니라 교회 밖에서도 예수를 찾았다. 참 멋있는 사람이었다.

사실 나는 조지 오글을 가리켜 '작은 예수'라고 부르는데 주저함이 없다. 그는 예수 그리스도를 따르는 사람, 그 시대의 아픔을 몸으로 겪는 모든 사람을 작은 예수라고 부르는데 주저함이 없던 인물이었다. 그럼으로써 스스로 예수님을 진실하게 따른 참 제자였다.

오명걸 목사는 미국사람이고, 또 선교사였지만 어느 사람과 전혀 달랐다. 남자 목사였으나 가부장적 위선을 깨뜨리려고 늘 노력하였다. 그는 여성을 존중하고 같은 예수의 제자로 동행하였다. 우리 시대를 거스른 따듯한 페미니스트였다. 내가 평생 여성의 입장에서 여성을 편들며, 당당히 여성다움을 고집하게 한 계기를 만들어 준 분이다.

그는 인혁당 사건으로 더 많이 유명해졌다. 누구나 박정희 유신독재를 두려워하던 때였다. 그러나 오명걸은 고난받는 이들을 외면하지 않았고, 엄혹하고 잔인한 그 시대에 우리 역사의 위로자요, 행동하는 운동가로 존재하였다. 그는 인혁당 사건의 인물들을 작은 예수로, 그리스도의 제자로 부르는 일에 주저하지 않았다. 그래서 더욱 고맙고 그리운 분이다. 우리의 시대와 역사는 그에게 큰 빚을 지었다.

이 책은 조지 오글을 추모하는 데 그치지 않는다. 2003년에 발간한 《기다림은 언제까지, 오 주여》는 그가 전쟁 직후 한국에 찾아와서부터 귀담아 들었던 증인의 기록이요, 증언의 고백이다. 고약한 염병같은 이데올로기의 갈등 속에서 당사자의 말을 발굴해 소설 형식으로 꾸몄지만, 진실은 구구절절 빼곡하다. 우리 민족을 사랑했던 조지 오글 목사의 속 깊은 생각을 다시 듣는 것 같아 가슴이 뜨거워진다.

조지 오글을 기억하고 추모하는 모든 이들에게 나누고 싶은 진심이 있다. 지금도 사람이 고통 받는 현장의 삶은 계속되고 있고, 사람이 사람답게 살아야 한다는 예수 정신 역시 쟁쟁하다. 오명걸의 삶이 그가 사랑했던 한국사회에서 계속 기억되고, 열매 맺기를 간곡히 기도하고, 절절이 기대한다.

끝으로 이 책의 출판을 위해 감리교회와 함께 여러모로 협력을 아끼지 않은 민주화운동기념사업회와 기독교민주화운동기념사업회 그리고 4.9 통일평화재단에 감사드린다.

2021년 가을

조화순 목사

| 한국의 독자들에게 |

남편 오명걸 목사가 세상을 떠나기 몇 달 전부터 저는 그에게 그 자신이 쓴 책을 읽어주기 시작했습니다. 그가 직접 쓴 책이기에 그는 쉽게 내용을 기억하고 책을 재미있게 즐겼습니다. 그 책은 바로 『기다림은 언제까지, 오 주여! : 20세기 한국 이야기』입니다. 제가 이 책의 마지막 장 〈어쩔 수 없는 탈출〉의 마지막 문장을 읽어주었을 때, 남편은 만족스러운 미소를 지으며 이렇게 말했습니다. "정말 대단해!"

제가 생각하기에도 이 책은 참으로 놀라운 이야기들로 가득 차 있습니다. 책에 나오는 여덟 개의 이야기는 비록 소설 형식으로 쓰여있지만, 많은 진실을 담고 있습니다. 이 책의 이야기들은 오랜 세월 동안 한국에서의 남편의 경험과 삶을 기반으로 쓰인 것입니다. 그중에는 1995년 북한 방문과 두 번의 러시아 방문의 경험을 통해 쓰인 이야기들도 있습니다. 특히 러시아 방문 중에는 탈북자들을 만나 이야기할 기회가 있었습니다. 남편은 모든 피난민, 이민자, 정치범, 독재나 전쟁의 생존자가 각자가 말하지 못하는 소설과 같은 삶의 이야기가 있다는 것을 알고 있었습니다.

그가 쓴 이 책은 사랑의 수고와 상상력의 산물일 뿐만 아니라, 오랜 세월 동안 사람들의 목소리를 마음으로부터 경청한 것의 결실입니다. 이야기 속에 등장하는 많은 인물들은 힘들고 어려운 상황 속에서도 연민과 정의를 가지고 행동한 한국 기독교인들입니다. 남편은 여러 책을 집필했지만, 그 가운데서 특히 이 역사 소설을 좋아했습니다. 그는 소설 형식의 이야기가 연구자료로는 결코 보여 줄 수 없는 우리의 삶의 진실을 말해 줄 수 있다는 것을 잘 알고 있었기 때문입니다.

대한민국은 소설과 같은 삶의 이야기를 가지고 있습니다. 저와 남편은 대한민국의 재건에서부터, 독재 시대를 거쳐, 민주주의에 도달하기까지의 과정을 한국의 국민과 함께 걸을 수 있는 특권을 누렸습니다. 조지 오글 목사는 1960년대에 도시산업선교회(UIM: Urban Industrial Mission)를 설립했고, 70년대의 억압 속에서도 영웅적인 면모를 보여 준 이들 옆에 자리했습니다. 한국 정부에 의해서 추방된 후에, 남편과 저는 한국의 인권과 민주주의를 위해 미국 정부에 로비활동을 했습니다. 조지 오글은 1984년에 American Friends Service Committee(AFSC)와 함께 평화사절단으로 북한을 방문했고, 10년이 지난 1998년에는 김대중 대통령 취임식에 초대되는 영예를 누리기도 했습니다.

이제 대한민국은 굳건한 민주주의 국가가 되었습니다. 그러나 수많은 노력에도 불구하고 여전히 남아 있는 큰 과제가 있습니다. 그것은 1953년에 체결된 정전협정을 대체하는 최종적인 평화협정을 이루는 것입니다. 남북의 이산가족들은 여전히 가족을 만나지 못하고 서로를 그리워하고 있습니다. 전쟁의 위협과 불확실성, 그리고 군사적인 대치는 지금까지 계속되고 있습니다. 그리고 이러한 상황은 부분적으로는 자국의 이익을 생각하는 미국 때문이기도 합니다. 남편이 살아생전에 마지막으로 서명한 청원은 한국 전쟁 종식을 요구하는 청원이었습니다. 2021년 현재 저는 우리나라가 한반도의 평화를 위해 지치지 않고 일하고 있는 평화운동가들을 지원하도록 기도하고 있습니다.

그리고 이 자리를 빌려 남편이 쓴 이야기들의 가치를 알아보고 또한, 세상을 떠난 지 1년이 지난 남편을 기억하고 추모하기 위해서 책을 발행해 주신 '신앙과지성사' 최병천 장로님께 진심으로 감사를 드립니다. 제 남편이 살아 있었다면 얼마나 기뻐하고 감사하고 영광스럽게 생각했을까요? 그뿐만 아니라, 이 책을 위해 수고해 주신 여러 기관과 단체에 깊은 감사를 드립니다. 기독교대한감리회 이철 감독님, 연합감리교회(UMC) 정희수 감독님, 인천도시산업선교회 김도진 목사님, '고난함께' 송병구 이사장님께 감사드립니다. 또한 이 책의 번역을 위해 수고해 주신 함정례 목사님께 큰 감사의 말씀을 드립니다. 함정례 목사님은 한국의 통일을 위해 열정으로 큰 수고를 아끼지 않았던 남편 정춘수 목사님을 기리면서 자원하여 책을 번역해주셨습니다.

마지막으로 조화순 목사님과 몇 년 전에 타계하신 조승혁 목사님께 깊은 감사를 드립니다. 이 두 분은 남편과 오랫동안 인천도시산업선교회에서 사역을 함께 했습니다. 조화순 목사님과 조승혁 목사님은 "노동자-목회자"의 전형을 보여주었습니다. 그들은 노동자의 처지를 이해하고 그들과 함께하기 위해서 험난한 노동의 현장에서 노동자들과 함께 일했습니다. 인천도시산업선교회에서 이들의 사역은 한국 노동운동의 성장에 크게 이바지했습니다. 그들은 노동자들의 고통을 함께 느꼈고, 그들과 함께 투쟁했으며, 노동자들이 마땅히 받아야 하는 존엄과 존중을 받을 수 있도록 도왔습니다. 이 두 사람은 한국 군부 독재 시절 감옥에 투옥되기도 했습니다. 조승혁 목사님은 1971년 남편이 위스콘신대학교 박사학위 과정을 위해 미국으로 잠시 떠났을 때, 남편을 대신해 인천도시산업선교회를 꾸려나갔습니다. 몇 년 후에 조승혁 목사님은 인천도시산업선교회를 떠나 노동조합과 학계가 협력해서 함께 사역할 수 있는 새로운 조직을 설립했습니다.

조화순 목사님은 인천도시산업선교회에서 은퇴한 후 강원도 산자락에 있는 가난한 이들을 위해 사역했습니다. 2000년도에 남편과 큰딸 케시가 한국을 방문해 조 목사님을 만나기도 했습니다. 조화순 목사님은 한국 민주화 운동에 있어서 큰 발자취를 남겼습니다. 그녀는 공장 노동자를 경험한 민주화 운동의 지도자였기 때문입니다. 그녀의 역할과 기여는 기독교대한감리회가 주도한 인천도시산업선교회 아카이브와 박물관에 보존돼 오랫동안 기억될 것입니다.

우리가 함께 작성한 회고록《한국에서의 우리의 삶, 그리고 우리의 삶에서의 한국》(*Our Lives in Korea and Korea in Our Lives*)에 조지 오글은 다음과 같이 회고하고 있습니다.

> "돌아보면 우리는 일생 가운에서 단지 20년을 한국에서 보냈다. 하지만 나의 정체성 대부분은 한국에서의 삶으로부터 만들어진 것이다. 많은 사람이 나에 대해서 기억하는 것 가운데 하나는 내가 인혁당 사건

의 부당성과 부정의에 대해 목소리를 높였고, 이로 인해 한국 정부로부터 추방당했다는 것이다. 이 일은 예상치 못한 일이었고 내 생에서 몇 개월 동안에 이루어진 일이었다. 내가 생각하기에 내 인생에서 내가 이룬 가장 중요한 업적은 한국의 노동운동에 관여하여 어느 정도 일조했다는 것이다. 이것이 너무 주제넘은 생각일는지도 모르겠다. 나는 분명히 한국노동 역사의 줄기에서 특정한 시대에 특정한 사람들과 함께 그곳에 있었고, 그들과 함께 한국 노동자들의 권리와 인권을 향상시키는 민주적인 양식을 확립하도록 친구가 되어 주었다는 사실이다."

다시 한번, 저의 남편을 기억해 주신 분들과 예수님의 길과 정의의 부름에 충실히 따라가는 여러분들에게 진심으로 감사드립니다.

2021년 9월, 콜로라도에서

도로시 오글 (Dorothy Ogle)

차례

제1부

조지 오글을 기억하며

따뜻한 그 이름, 오명걸

송병구 목사(색동교회, 고난받는사람들과 함께하는 모임 이사장)

얼마 전 한국인의 친구 조지 오글(George E. Ogle) 목사가 세상을 떠났다. 2020년 11월 15일 일이다. 그의 이름은 오명걸로도 불린다. 추모하는 많은 이들은 평생 목사요, 한국 선교사로서 살아온 그를 가리켜 한 목소리로 '복음 전파자, 조직가, 교육자, 한국 노동자와 약자의 아버지 그리고 한국 민주화 운동의 강력한 옹호자' 였다고 그리워한다.

> "목사님의 가난과 비움, 헌신의 영성은 당시 고난받는 이들과 함께 투쟁하였던 많은 이들을 깊은 영감으로 이끌어 주었습니다. … 가난한 이들, 억울한 이들과 함께 하면서 불의에 저항하신 목사님, 우리 모두에게 참된 종교인의 모습을 보여주셨습니다. 작금의 한국교회를 돌아볼 때, 목사님의 삶과 영성이 참으로 큰 가르침으로, 큰 은혜로 다가옵니다" (KNCC와 한국기독교민주화운동기념사업회의 공동추모성명 중에서).

"저는 오글 목사님의 산업선교의 뿌리에서 정의를 위한 사역에 영향을 받았고, 그 후 위스콘신에서 다시 목사님과 감동적인 재회를 했다. 도로시 오글 사모님도 한반도 평화와 화해를 위한 사역에 헌신하셨으니, 두 분 모두 한반도 민주화와 평화에 크게 공헌하신 것이다. 어려운 때에 눈물을 보이시며, 하나님의 정의를 살아내시고, 변혁기를 살던 한국인들을 사랑하신 큰 어른이시다"(연합감리교회 위스콘신연회 정희수 감독).

여전히 계속되는 따듯한 추모의 정에 대해 아내 도로시 오글 님이 이후 감사의 글을 전해왔다. 그는 멀리 한국에 있는 여러 모임에서 추모식을 열 것이라고는 꿈에도 생각하지 못했다고 놀라워하였다.

"한국기독교교회협의회, 기독교대한감리회, 도시산업선교회, 민주화운동 동지와 인혁당 사건 유가족 여러분, 그리고 우리의 여정에 동행

광부들의 마을, 고향 피트케린, 펜실베이니아 주

하며 우리를 이끌어준 모든 분들에게... 한국 친구들과 동료들께서 조지 오글 목사를 추모한다는 소식은 저와 저희 가족에게 큰 위로이자 영광입니다. 61년간 목회자의 삶을 산 사랑하는 아버지이자 남편은 2004년부터 파킨슨병으로 투병하다 2020년 11월 15일 91세의 나이로 영원한 생명을 향해 떠나갔습니다."

1929년 1월 17일 광산지역인 펜실베이니아 주 핏케언(Pitcairn)에서 출생한 그는 여섯 남매 중 넷째인데, 조지를 마지막으로 이제 그의 형제들은 모두 소천하였다.

조지 오글은 1951년 메리빌대학(Maryville College)과 1954년 듀크신학대학원(Duke Divinity School)을 졸업한 후 연합형제교회에서 목사 안수를 받았다. 연합형제교회와 감리교회 두 교단이 통합한 연합감리교회(UMC) 선교사로서 한국으로 파송 받은 해는 이제 막 전쟁이 끝난 1954년 일이다.

한국에 도착한 오글 선교사는 3년간 대전 호수돈여학교에서 영어를 가르치고, 공주지역 감리교청년회(MYF)를 지도하였다. 그때 호수돈여학교 교목인 손명걸 목사가 조지 오글에게 한국어 이름을 제안하였는데, 오글(Ogle)에서 '오'란 성을, 그리고 자신의 이름에서 '명걸'을 빌려와 '오명걸'이란 이름을 지었다. 미국인 조지 오글이 한국인 '오명걸'로 재탄생한 셈이다.

같은 UMC 연회에서 활동한 김정호 목사가 쓴 글에도 두 사람의 '명걸' 이야기를 다룬다. 북일리노이연회에서 활동하는 한국인 목사들이 그를 조지 오글 목사님이라고 부르면 이렇게 웃으면서 반응했다

메리빌대학 재학시절

듀크신학교 졸업식(1954)

처음 선교지 공주에서 만난 손명걸 목사와(1954)

고 한다. “오명걸이라는 좋은 이름 있는데, 왜 자꾸 미국 이름 부르냐?” 아울러 그의 아내 도로시 오글의 이름은 오선화이다. 참 따듯하고 고마운 이름들이다.

공주 영명학교 학생들과(1954)

전쟁 직후 상황은 젊은 선교사에게 녹록치 않았다. 여전히 남북 상황은 극단적으로 대치하였고, 전쟁의 피해와 잔재는 도시와 농촌은 물론 사람들의 가슴에 깊은 상흔으로 남았다. 선교사로서 그는 다양한 한국인들과 사귀며 삶의 증언을 듣는 입장이었다. 그들 중 많은 사람들은 북쪽에서 피난 내려왔는데 북에서는 모진 핍박을, 남에서는 가난과 편견 속에서 설 땅이 좁았던 이들이었다.

이러한 시대적 환경은 20대 오명걸로 하여금 평생 한국인의 친구요, 증인으로서 삶을 선택하게 하였다. 3년 임기를 마치고 1957년 미국으로 귀국한 조지 오글은 다시 한국 선교사로 돌아올 것을 결심한다. 이번에는 영어교사가 아닌 이제 막 산업화의 문턱에 들어설 것을 예감하면서 노동자와 함께 일하는 선교사가 되려는 것이었다.

오글 목사는 낮에는 루즈벨트대학교, 밤에는 맥코믹신학교를 다녔는데, 시카고에 소재한 두 학교에서 산업선교와 노사관계를 전공으로 하였다. 노동문제는 조지의 출생과 무관하지 않았다. 지금은 러스트 벨트(Rust Belt)로 자주 이름이 오르내리지만 그가 성장한 피츠버그는 철강

산업의 메카였고, 아버지와 이웃들은 모두 철강이나 철도 산업에서 일하였다.

> "우리 이발소에 있는 아저씨 그분이 머리를 깎으면서 항상 노동문제에 대해서 이야기했습니다. 그래서 조그만 아이 때부터 노동근로자에 대해서 관심을 갖게 되었습니다. 또 한 가지는 듀크대학에서 신학을 공부할 때 노동자 신부(Worker-Priest) 그것에 대해서 교육을 받고 마음에 나도 그런 사람이 되기를 원한다는 감동이 왔어요" (2002년 10월, 한국방문 중 김홍수 교수와 인터뷰 중에서).

또한 오글 목사는 시카고 에큐메니컬 웨스트사이드 크리스천 교구에서 목회하면서, 시카고 지역의 가난한 사람들을 위한 활동에 참여하였다. 오글 목사는 시카고의 빈민가에서 다시금 그가 떠나온 한국을 떠올린다.

도로시와 간호사 친구들

"저는 교회가 잘 사는 사람을 그 중심에 두어, 가난하고 어려운 사람들과 거리를 가지고 있다고 생각했습니다. 그 거리를 없애기 위해 산업선교 실무자들이 직접 공장에 들어가 그들의 마음, 소명, 사회에 대한 생각을 재발견해야 한다고 생각했습니다. 그러면서 예수를 증거 할 수 있다고 생각했습니다. 저는 이런 신학을 가지고 일을 했습니다."

결혼식(1959)

이 기간에 평생 반려자요, 동지인 아내 도로시 린드만(Dorothy Lindman)을 만났다. 도로시는 시카고 공중보건 간호사로 일하고 있었다. 1959년 5월 9일에 결혼한 신혼부부는 일리노이주 에반스톤에 있는 개렛신학교에서 한 학기 수학한 후에 1960년 샌프란시스코행 기차와 이어서 한국 행 화물선을 타고 태평양을 건넜다.

다시 한국으로 돌아온 조지 오글 목사는 본격적으로 오명걸로 살았다. 먼저 연세대학교에서 1년 동안 한국어 공부를 한 후, 1961년 기독교대한감리회 김종필 감독으로부터 서서히 산업화가 진행 중인 항구도시 인천지역에서 활동하도록 파송 받았다. 그의 소명대로 고통받는 노동자들과 함께 호흡하면서 그들의 아픔과 동참한 것이다.

선교사 오명걸은 전혀 새로운 방식의 선교를 시도하였다. 길거리에서 전도하며 사람들을 교회 안으로 불러들이는 것이 아니라, 교회에 나올 틈은커녕 과로와 박봉에 시달리는 노동자들과 함께 동행하였다. 이를 조직적으로 하기 위해 듀크신학교에서 만난 마경일 목사를 통해

감리교회 지도부를 설득하여 인천 화수동 183번지에 위치한 초가삼간을 매입하였다. 이것이 인천도시산업선교회의 모태가 된 인천산업전도회의 출발이다.

인천산업전도회는 초기에 정부나 회사 측과 좋은 관계를 맺을 수 있었는데, 당시에만 하더라도 노동자 권리를 옹호하는 민주헌법과 노동법이 있었기 때문이다. 교회 역시 도시로 몰려오는 사람들에 대한 전도의 필요성을 느꼈으므로, 산업선교에 협력하였다.

감리교회는 인천동지방(감리사 조용구)과 인천서지방(감리사 윤창덕)이 동일방직과 한국기계공업에서 산업전도를 시작하였는데, 마침 인천에서 일하게 된 조지 오글 선교사와 결합하였다. 1962년 인천 동·서 지방회가 산업전도를 결의하였고, 1968년에 인천산업전도회(Incheon Industrial Evangelism)를 도시산업선교회(Urban-Industrial Mission)로 개칭하였다. 1969년 중부연회는 본격적으로 이를 지원하였다.

> "당시 인천동지방 감리사인 조용구 목사님은 회사의 허락을 받아 점심시간에 공장교육실에서 예배를 보게 되었으며 몇 개월 후에는 믿지 않는 많은 사람들도 상대하기 위하여 식당으로 옮기게 되었습니다. 12시부터 12시 30분까지 감리사님과 제가 함께 공장 식당에서 식사를 하고 12시 30분부터 1시까지 식당의 한구석에서 좌담회를 가지곤 했습니다"('공장에서의 증거', 1964년 3월 인천산업전도위원회 오명걸 보고).

법의 비현실성을 깨닫는 데는 오래 걸리지 않았다. 1970년대에 들어 군사정부는 야심찬 경제개발계획을 이루기 위해 노동자 권리를 박탈하였고, 도시산업선교회는 경찰의 요시찰 대상이 되었다. 정보부에 끌려가 매를 맞고 감금되는 경우도 잦아졌다.

당시 노동자, 특히 여성노동자는 그 시대에 '지극히 작은 자들'이었다. 전국에서 인천의 공단으로 젊은 여성들이 몰려들었고, 따라서 이들을 돌볼 여성 목사가 필요하였다. 1966년 오명걸과 조승혁 목사는 덕적도와 달월교회에서 목회하던 조화순 목사를 찾아간다.

처음에 조 목사는 산업선교회가 대우를 잘 받는 좋은 기관이란 생각에서 사양했다고 한다. 하지만 '노동을 해야 한다'는 조건 때문에

인천 공장들을 방문하여 노동자들과 만나고 있는 오글 목사와 대성목재에서 일하던 조승혁 목사(1964)

대부분 목사들이 꺼린다는 말을 듣고 함께하기로 작심하였다. 조화순 목사가 만석동에 있던 동일방직주식회사에서 노동을 시작하게 된 배경이다. 먼저 참여한 조승혁 목사는 대성목재에서 일한 바 있다. 남자 1년, 여자 6개월의 공장생활은 필수 과정이었다. 두 사람은 산업선교회 초대와 2대 총무로 일하였다.

인천산선 총무시절의 조화순 목사

오글과 한국인 동료들은 소위 '공목'(工牧)을 실천하였다. 공장목사들은 노동자들을 위한 교육 프로그램을 운영하고, 정의와 인권을 위한 투쟁에 동참했다. 오명걸 목사는 동역하는 목사들에게 "스스로 노동자가 되어라. 노동사회에도 질서가 있다. 그 질서를 배우라"고 다그쳤다. "노동자들을 선교하겠다는 건방진 생각을 버리시오."

이런 숙제도 냈다. "오늘 찾은 예수를 적어 내시오. 당신 주변에서 예수를 찾으시오." 그동안 교회 안 목회에 익숙한 목사들에게 적잖은 충격이었다. 당시 실무자로는 최영희(현 청소년위원회위원장), 전용환(감리교 원로목사) 등이 있다.

오명걸은 한국인보다 더 한국인처럼 살려고 애썼다. 그의 도시락에는 항상 김치와 깍두기가 들어 있었다. 아내 도로시의 회고담이다.

"우리 가족은 도심의 작은 한국 집에 살았습니다. 그 지역의 목회자들과 따뜻한 바닥에 놓여있는 방석에 앉아 회의를 할 수 있게 하기 위해서 종종 책상을 밖으로 옮기곤 했습니다." 네 자녀 '마틴 찰머, 캐시 아일린, 캐런 마리, 크리스틴 나오미'는 모두 한국에서 태어났다. 그중 세 아이는 인천에 있는 감리교 영화학원에 속한 샛별국민학교에 다녔다.

대학생 안재웅은 그때 만난 오명걸 목사가 철저히 한국인들을 이해하려 했다고 증언한다.

"1962년 여름, 한국기독학생회 지도총무 손명걸 목사님의 사무실에서

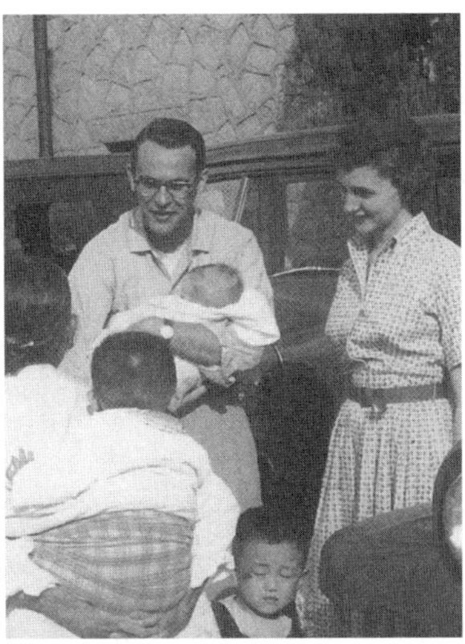

한국 생활에 정착해 가는 오글 부부

였다. 손 총무님은 그때 대학생인 내게 오글 목사를 한국 이름 '오명걸' 선교사로 소개해 주었다. 두 분 이름이 같아서 잠시 놀랐던 기억도 난다. 손 총무님은 오글 목사님을 초청해 기독학생회 학생들과 세미나를 주선해 주셨고 나도 꼬박꼬박 참석해 친분을 쌓았다. 1970대에는 마태진 선교사와 고 조승혁 목사도 함께 어울리면서 더욱 가까워졌다. 오글 목사님은 만날 때마다 미국 조야에서 한국을 어떻게 보는지를 잘 요약해주어 큰 도움이 되었다. 물론 인천을 중심으로 산업화 과정에서 일어나는 여러 가지 부작용을 예리하게 지적하던 모습도 새삼 떠오른다.

항상 질문하기를 좋아하고 열띤 토론을 즐기며 위트가 넘치는 분이었다. 사회적 영성이 풍부한 성직자요, 고난의 좌절과 기쁨을 체화한 실천신학자인 동시에 불의와 탄압에 저항하는 보기 드문 인물이었다" (안재웅, 한국기독교민주화운동기념사업회 이사장).

기독청년대학생 집회

시간이 흘러 역사가 된 시대였다. 1994년 조지 오글 목사는 그 시절을 이렇게 돌아본다.

"1960년대와 70년대에 큰 희생의 대가를 치르면서도 자유노동운동의 이상을 살려낸 많은 젊은 여성노동자들에 대한 기억을 되살리고 싶습니다. 그들은 체포되고 구타당하고 비인간적인 치욕을 당했지만 물러서지 않았습니다. 특별히 동일방직, 한국모방, 방림, Eygnetics, Y.H. 등등의 수많은 여성노동자들을 생각하게 됩니다. 우리는 모두 길고 어려운 세월동안 자유의 횃불을 높이 들어온 그들 여성들에게 큰 빚을 졌습니다. 그들에게 감사를 드립니다" (《고난함께》 1994년 여름호. '과거를 뒤로하고 미래를 향할 때', 조지 오글).

오명걸 목사는 자신이 인혁당 사건으로 추방당한 인물로 회자되지만, 그것은 한국에서 살았던 불과 몇 개월 동안 일어난 예상치 못한 사건이었고, 가장 중요한 성취는 바로 인천도시산업선교회에 참여한 일이라고 하였다.

"나는 우리가 한국 노동운동의 보전과 성장에 기여했다고 생각합니다. 어느 정도는, 한국 역사의 한 조각을 이루는 데 도움을 주었습니다. 건방진 주장이죠! 하지만 내가 특정한 시간과 특정한 장소에 특정한 사람들과 거기에 있었다는 사실은 틀림없으며, 우리는 함께 노동권의 민주주의적 표본을 확립하는 데 일조했습니다" (조지 오글, 도로시 린드만 2012년 회고록 〈Our Lives in Korea and Korea in Our Lives〉 중에서).

인천산업선교회의 항의 집회

역사로 남아야 할 일은 또 있다. 인천도시산업선교회 정신이 여전히 계승되고 있다는 사실을 아는 사람은 많지 않다. 산업선교회는 지금 미문의 일꾼교회(김도진 목사)로 변신한 후 장애인과 빈민, 노동운동을 지원하는 사역을 오래 지속해 왔다. 공동체는 1971년 인천산선 총무 조화순 목사가 월요일 저녁마다 노동자를 위한 예배를 드리기 시작하면서 시작한 일꾼교회를 모체로 한다.

이곳은 1970년대 한국 노동운동사의 한 획을 그은 '동일방직 사건'의 여성노동자들이 피신한 피난처였다. 1978년 2월 쟁의 중에 어용노조가 뿌린 똥물로 큰 욕을 보았던 당사자들이 주인공이다. 옛 동일방직에서 이곳까지 이르는 700여 미

철거 위기에 놓인 옛 인천산업선교회(일꾼교회)

터에 이르는 길은 '어느 여성 노동자의 길'로 이름 지어 인천지역 노동운동 역사답사의 중요한 현장이 되고 있다.

인천 동구 화도진공원 바로 아래 위치한 산업선교회 건물은 애초에 초가에서 현대식 2층으로 변신하였는데, 이 또한 조지 오글 목사가 미국에서 모금한 몫이 회관건축에 큰 보탬이 되었다. 그럼에도 당장 주변의 재개발로 역사적 자취마저 존치여부가 몹시 흔들리고 있는 현실은 참 아쉬운 일이다.

1971년, 오명걸 목사는 10년 동안 몸담아 온 산업선교회를 떠나 다시 미국으로 돌아갔다. 그는 지도력을 모두 한국인 동료들에게 넘겨주었다. 미국 위스콘신주립대학교에서 국제산업관계를 연구하여 박사학위를 마친 오글은 1973년 가을, 서울대학교 초청으로 5년 임기로 노동관계를 가르치기 위해 서울로 돌아왔다. 서강대학교 노동관리연구소에서도 강의를 맡았다.

세 번째로 한국에 온 그에게는 선교사 이외에 교수로서 역할이 컸

인천에서 떠나는 오글 가족(1971)

오명걸 목사 환송 기념(1971)

다. 한국경제에 대해 충고도 아끼지 않았다.

> "경제력은 반드시 민주정부에 의해 통제되어야 한다는 것입니다. 경제력 강화에 중점을 두는 일은 국민의 생활수준을 향상하는 많은 좋은 결과를 가져올 수도 있습니다. 그러나 경제집약 정책에 따르는 문제는 부패와 노동자 권리의 침해와 국가 자원의 잘못된 활용입니다. 자본주의가 가지는 문제 중의 하나가 경제력을 소수의 자본가들에게 집중한다는 것입니다. 자본가들이 추구하는 것은 자기들의 이권을 보호하기 위해 정부를 부패시키고 노동조합과 같은 집단들을 파괴하는 것입니다"(《고난함께》 1994년 여름호).

덧붙이길 그는 앞으로 재벌에 대한 통제와 경제력 집중이 문제라고 하였다. 통일 이후에 제기될 문제를 꼽으면서도 "가장 어려운 것은 '경제제도를 민주화' 시키는 일"이라고 밝힌 바 있다.

새롭게 시작한 한국 생활에서 오글 목사는 북미주 소속 선교사들과 함께 '월요저녁모임'으로 모였다. 1970년대 한국에서 활동하면서 한국의 민주화운동을 도왔던 미국과 캐나다 출신 선교사들의 모임이었다. 여기에서 그는 선교적 현안을 함께 논의하고, 한국 상황을 국외로 알리는 일에 앞장섰다.

서슬 퍼런 유신정권 아래 조지 오글 목사가 다시 오명걸 목사로 부름 받는 순간은 너무 빨리 찾아왔다. 당시 이 땅은 노동현장뿐 아니라, 민주주의 역시 아수라장과 다름없었다. 1972년 10월 17일 한국에 유신헌법이 선포되자, 대학가에서 시위가 끊이지 않았고, 이에 비판적인 목소리를 내던 목회자와 교수들은 체포되었다.

미국에서 다시 모인 월요저녁모임(2008)

중앙정보부는 1974년 민청학련 사건의 배후조직으로 인민혁명당 재건위가 있다고 발표하였다. 배후로 지목된 8명은 조직이란 이름으로 굴비처럼 엮여 고문 끝에 간첩으로 만들어졌다. 인혁당 가족은 오명걸 목사를 직접 찾아와 남편을 살려달라고 울부짖었다. 절박한 호소에 대한 응답으로 "저는 정치적인 문제에 대해서는 영향력이 없기 때문에 아무것도 약속드릴 수는 없지만 제가 그 일을 조사는 해 보겠습니다"라고 약속한 결과 오 목사의 인생은 또 한 번 바뀌게 되었다.

함석헌 선생님과(1974)

엠네스티한국위원회 연설(1974.10.17)

사건의 진실을 파악하게 된 오명걸 목사는 1974년 10월 10일 KNCC 강당에서 열린 목요기도회에서 인혁당 사건을 입에 담는다.

"예수님은 종종 우리들의 형제자매 중 가장 보잘것없고 약한 자를 통해 우리에게 오십니다. 감옥에 있는 사람들 가운데 가장 혹독한 형을 받은 여덟 사람이 있습니다. 증거가 없음에도 불구하고 그들은 사형선고를 받았습니다. 그들이 기독교인은 아니지만, 우리들 중 가장 가난한 자로서 예수의 형제가 되었습니다. 그러므로 우리는 그들의 생명과 영혼을 위해 기도해야만 합니다. 그들은 사형을 받을 만한 죄를 짓지 않았을 것입니다" (조지 오글, 〈우리의 마음도 여러분과 함께 울고 있습니다〉, 민주화운동기념사업회).

목요기도회에서 고난받는 사람들을 옹호한 오명걸은 인혁당 사건의 가족들의 편을 들고 또 석방 청원을 촉구하는 서명자들을 연결한 이유로 그 역시 중앙정보부에 강제 연행되어 20시간 동안 곤욕을 치른다.

"군복차림을 한 수사관은 제가 공산주의자들을 도왔다고 자백서에 싸인하라고 강요했습니다. 저는 '그들이 공산주의자라는 것이 증명된 일이 없다'라고 말하며 거부했습니다. 수사관은 화를 내며 '우리는 그들이 공산주의자들이라는 것을 안다. 그거면 충분한 증거다. 네

양심수 석방을 위한 기도 모임(1974)

가 뭔데 우리에게 질문하느냐. 우리는 다 안다!' 라고 소리 질렀습니다. 거기에는 반대 의견이나 질문이 가능하지 않았습니다" (〈고난함께〉 1994년 여름호).

〈고난함께〉 1994년 여름호
(통권38호)

이런 사실이 미국 〈뉴욕타임즈〉에 보도되면서 파장이 커지자, 오글 목사는 명동성당에서 열린 인권회복기도회에 가다가 체포되어 12월 14일 아침 출입국관리소로 끌려가 다시 한번 조사를 받은 뒤, 추방령을 듣는다. 너무나 급작스러워 주변을 정리할 여유도, 시간도 없었다. 그날 저녁 미국 행 비행기에 태워진 것이다. 강제추방 당하던 순간의 내용을 그는 생생하게 전한다.

"12월 14일 저는 가택구금 되었고 그날 오후 5시에 경찰 봉고차에 실려 곧바로 김포공항으로 끌려갔습니다. 경찰차에서 내리라고 하더니 곧바로 비행기에 태웠습니다. 제가 경찰차에서 내리기 전 차 뒤에 있던 4, 5명의 남자들을 돌아보면서, '제 가족이나 친구들에게 작별인사를 할 수 없었으니 여러분에게나 작별인사를 해야겠습니다. 하나님의 은총이 여러분과 함께 하시길 빕니다.' 그리고는 돌아서서 자동차 문으로 향하는데, 누군가 뒤에서 이렇게 말하는 것을 들었습니다. '평안히 가십시오, 곧 돌아오시기를 빕니다.' 저는 그때 큰 용기를 가지게 되었습니다" (〈고난함께〉 1994년 여름호).

강제 추방(1974.12.14)

오명걸 목사는 김포공항에서 대한항공 비행기 트랩에 오르며 주먹을 높이 들어 외쳤다.

"대한민국 만세, 하나님과 함께!"

같은 시절 한국에서 함께 활동했던 월터 더스트(도월석) 선교사는 조지 오글을 이렇게 증언하였다.

"증거도 없이 젊은이들을 정권 유지의 희생양으로 삼았던 박정희 정권에 체포되고 추방되던 긴박했던 상황에도 조지는 크리스천으로서 신앙인의 품위를 잃지 않았고, 한국 국민들에 대한 깊은 사랑과 관심을 가슴에 품었다. 그는 목사로서의 신실함을 가지고, 한국의 민주화를 위해 전 세계에 한국의 상황을 알리며 한국인들을 대변했다."

한국감리교회는 제12회 총회에서 교단적 입장을 발표하며 조지 오글 목사에 대한 지지를 분명히 천명한 바 있다.

"본 기독교대한감리회 소속 선교사 조지 오글 목사의 유신체제 유감 발언은 기독교 선교 신학에 근거한 그의 신앙적인 신념의 표현이다. 그의 유신체제 반대 발언은 유신체제 찬성 발언과 같이 허용되어야 할 것이며 행여 불찬성 발언은 정치행위로 규정 처벌되고, 찬성 발언만이 국민의 소리로 두호되는 부조리가 있어서는 안 된다고 믿는다.

오글 목사의 구속자 가족들을 위한 노력과 기도회 참석은 영세 근로자 노동조건 개선과 기업주 고용주간의 이익분배의 균등을 호소해 온 지금까지의 그의 인권회복 운동과 같은 성격의 구체적이고도 예언자적인 복음 선교 활동이라고 믿는다.

오글 목사는 한국 시민의 생활양식에 철저히 동화된 생활 태도와 대학 강의에 능숙한 한국어 실력을 겸비한 철학박사로 지난 20년간 복음 선교를 위해 사심 없이 진심으로 전력을 기울인 하나님의 종임을 재확인한다.

이와 같은 견지에서 우리 180명 총회대표 일동은 오글 목사의 양심선언이 국가를 해치거나 한국을 불행케 하는 일이 아님을 선언하며 추방과 같은 불행한 사태가 야기되지 않도록 정부당국의 선처를 요망한다"(〈기독교세계〉 1975년 2월호).

그리고 3개월 후 아내 도로시 오글 선교사는 가족과 함께 한국을 떠날 것을 결심한다.

"당시 내 마음은 곧 결정을 내려야 되겠기에 무겁기만 했습니다. 한국은 내 고향이었습니다. 아이들도 집에서 걸어서 다닐 수 있는 서울 외국인학교 생활을 좋아했습니다. 한국인 친구들은 아이들과 한국에 머물라고 권했지만, 남편만 홀로 미국에서 살게 할 수 없었습니다. 우리의 미래가 너무 불확실해 보이던 때였습니다."

1975년 2월 6일 중부연회 도시산업선교위원회 주최로 서울 종교교회에서 열린 송별기도회에는 500여 명이 참석하여 오글 목사 가족을 위로하며 평안을 빌었다. 도로시 오글은 답사에서 "배고프고 춥고 병든 구속자들을 못 보고 떠나는 것이 가슴 아프다"고 말하며, 자기는 '고국으로 돌아가는 것이 아니라, 고국을 떠나 타국으로 가는 것'이라고 한국 사회에 대한 깊은 정을 고백하였다. "거지들도 찾아와 나를 위해 기도해 주고 라면을 가져다주는 등 위로해 주는 한국의 따뜻한 인심은 영원히 잊을 수 없다."

기독교대한감리회와 조지 오글 목사의 관계는 지속된다. 가족 송별회에서 김창희 감독은 오글 목사에게 때늦은 감사패를 전달하였다.

"귀하는 감리교 선교사로 한국에 와서 근 20년간 산업선교에 힘써 왔으며 한국과 한국교회를 지극히 사랑하였음은 물론 하나님의 뜻에 따라 가난한 자에게 복음을 전하다가 갑자기 귀국하게 되었습니다. 이에 본 교단은 귀하가 한국에서 행한 많은 봉사와 공헌을 높이 치하하며 다음 성구에 따라 감사패를 드립니다."

그 아래에는 '주께서 나를 보내심은 포로 된 자에게 해방을 선포하고 눈먼 자들에게 눈 뜨임을 선포하며 눌린 자들을 놓아주고'란 누가복음 4장 18절의 말씀을 새겨 넣었다.

친밀한 관계는 계속 이어져 2007년 연초 감리회 본부 신경하 감독회장은 조지 오글 목사에게 편지를 보냈다. 인혁당 사건 재심으로 8명의 희생자들이 무죄선고를 받은 직후였다.

> "한국 사회는 경제적으로 크게 성장하였고, 남북관계 역시 불안정하지만 조금씩 평화를 모색해 나가고 있습니다. 무엇보다 정치적으로 민주주의가 발달하고, 인권이 성숙하였으며, 사회가 안정되고 있습니다. 특히 부끄러운 과거가 바로잡혀지고 있습니다. 조지 오글 목사님께서 관여하셨습니다만, 며칠 전에는 인혁당 사건으로 인해 사형당했던 8명의 희생자들이 무죄로 밝혀졌습니다. 이것은 고통당하는 가족의 눈물을 통해 역사가 신뢰를 회복하는 과정이라고 믿습니다.
> 저는 이러한 발전과 회복의 배경에는 조지 오글 목사님과 사모님의 수고와 사랑이 있음을 잘 알고 있습니다. 목사님의 선교사로서 역할은 70년대 산업선교 활동뿐 아니라 우리나라 민주주의에 대한 희망을 만들어 나가는 하나님의 사역이었기에 더욱 감사드립니다."

미국으로 완전히 귀국한 오글 목사는 이듬해부터 1981년까지 조지아 주 에모리대학 캔들러신학교(Candler School of Theology)에서 후학을 가르쳤다. 그러던 중 1975년 4월 9일 새벽, 인혁당 사건 사형수 8명이 전격 처형당했다는 소식을 도서관에서 전해 들었다.

마침내 박 정권은 인혁당 사건 선고공판 18시간 만에 전격적으로

8명을 죽이는 '사법 살인'을 감행했고, 그 가족들마저 '빨갱이' 낙인으로 사회에서 철저히 매장시켰다. 깊은 슬픔과 분노를 느낀 그는 조용히 지내고자 했던 자신이 몹시 부끄러웠다.

그때부터 오글 목사는 미국 전역을 돌며 인혁당 사건의 전말과 한국의 인권 탄압 실태를 알렸다. 미국 교회에서 탄원모임을 열었고, 원하는 한인들도 참석할 수 있었다. 미 의회 청문회에서도 증언하였다.

한국을 떠날 때 아내가 부탁받은 말인 "미국 가서 우리 이야기를 전해 달라"라는 요청도 외면하지 않았다. 오글은 한국에 관해 기록하였고 1977년에는 『갇힌 자에게 자유를』(*Liberty to the Captives: the Struggle against in South Korea*)를 펴냈다.

추방 이후 수십 년 동안 오명걸은 한국에서 받은 금반지를 손가락에서 빼지 않았다. 인혁당 사형수 우홍선의 부인 강순희 님이 갑작스러운 출국으로 곤란을 겪을 자신에게 여비로 건네준 것이었다. 2002년

미국에서의 오글 가족(1975)

10월 마지막으로 한국을 찾은 오명걸은 오른손을 들어 올리며 여전히 자신 손가락을 떠나지 않은 금반지를 한국인들에게 보여주었다.

김대중 구명운동(1980, 아틀란타)

아틀랜타에서 역할을 마친 오글 목사는 이어서 워싱톤 DC에서 연합감리교회(UMC) 총회 사회부 사회경제정의 담당 디렉터로 10년 동안 수고하였다. 세상에서 일어나는 온갖 사회 부정의를 고발하고 해결하려는 사역을 지속하던 그는 1991년 은퇴하였다.

오글 목사는 추방 이후에 여러 차례 한국을 방문하며, 오명걸로 살았다. 1984년 이후 남한을 8번 방문하였고, 1995년에는 북한도 방문하였다. 추방 10년 만인 1984년 기독교대한감리회 선교 100주년 기념식에 초대받았다. 1989년에도 찾아와 『한국: 경제 기적의 그늘』(*South Korea: Dissent within the Economic Miracle*)을 출간하였다. 한국에서 노동자들이 인간으로서의 양심과 민주적인 권리를 위해 오랫동안 투쟁한 역사 이야기이다.

1994년에는 민청학련 사건 20주년을 맞아 민청학련운동 계승사업회 초청으로 부인과 함께 다시 한국을 방문했다. 그는 사형당한 현장에서 처음 열린 인혁당 사형수 추모식에 참석하여, 감격해 하였다. 봄볕이 환하고 따듯하던 그날, 몇 해 전 의왕으로 이주한 서울구치소 옛터 마당에서 공개적인 첫 추모 행사가 열린 것이다. 이날 약속한대로 그는

추방후 10년만의 첫 방문, 기독교대한감리회 선교 100주년에서 연설(1984)

민청학련 20주년기념행사(1994)

민주인사들이 베푼 오글 환영회(1999)

자신의 한국 경험을 담은 증언록인 '과거를 뒤로하고 미래를 향할 때'를 '고난받는이들과함께하는모임'으로 보내주었다.

마침내 한국에 민주정부가 들어선 1998년에는 김대중 대통령 취임식에 초대받았고, 1999년에는 부산민주공원 개원식에 초청받았다. 그리고 2002년 민주화운동기념사업회로부터 인권상을 수상했는데 이것

제5회 인권상을 수상하고(2002)

김대중 대통령 방문(2002)

부산 민주공원 방문
(2002)

이 마지막 한국방문이었다.

그때 열린 '외국 민주인사 초청 행사'에 참석한 그는 '김포공항에서 강제로 대한항공 비행기에 탑승하러 가기 직전 인혁당 피해자의 부인이 자신의 손가락에 있던 금반지를 빼서 건네준 일'과 '비행기에 타자 한 승무원이 익명의 한국 젊은이가 쓴 응원의 편지를 전해준 일'을 더듬으며 감회에 젖었다.

그리고 2020년 6월 10일, 정부는 6·10민주항쟁 제33주년 기념식에서 조지 오글 목사에게 '민주주의 발전 유공 포상' 국민포장을 수여하였다. 한국사회는 오명걸 목사의 수난에 대해 비로소 예의를 갖춘 셈이다.

한국 현대사와 사건을 소설화한 책《기다림은 언제까지, 오 주여》(2003, 신앙과지성사)

2003년에는 한국에 머무는 동안 듣거나 겪었던 분단 시대의 아픔과 인혁당 사건 등 한국인의 이야기를 증언 형식으로 엮은 역사 소설《기다림은 언제까지》(*How long, O Lord-Stories of Twentieth Century Korea*)를 출간하였다. 그는 자신을 가리켜 '정의와 진실을 위해 고통당하면서도 인간의 존엄성과 끈기를 보여준 한민족의 피를 나눈 여러분의 이웃'이라고 말하고

인혁당 가족과의 재회. 중앙이 시노트 신부(2002)

싶었다고 하였다.

가장 최근에는 자신의 전 생애를 담은 자서전도 발간하였다. 90 평생의 세월에 비해 한국에서 머문 시간은 15년 남짓으로 비교적 짧았지만, 자서전의 제목을 "*Our Lives in Korea and Korea in Our Lives*"라고 붙임으로써 '한국'을 자기 생애의 '처음과 나중'으로 삼았다. 600쪽이 넘는 자서전에 담긴 오글 목사 부부의 활동은 한국 생활과 한국에 대한 지극한 관심사를 담고 있다.

도로시와 조지 오글의 한국인 사랑은 한반도 남쪽에만 그치지 않는다. 부부는 그 애정의 지평을 남한으로 시작하여 북한으로 넓혔고, 더 나아가 통일을 위한 사역으로 확대하였다. 도로시 오글은 1984년 미국 친우봉사위원회(the American Friends Service Committee) 일원으로 북한을 방문하였고, 1995년에는 조지도 뒤따랐다. 두 사람은 자신의 방북 때문에 남한 친구들을 다치게 할까 봐 걱정하였다.

우리 민족의 장래에 대한 오글 목사의 권면은 지극히 당위적이고 또 현실적이다.

> "한반도의 통일은 남한과 북한 국민들이 해결해야 할 문제입니다. 그러나 지난 반세기의 역사를 돌이켜 볼 때, 이 민족이 하나의 민족이라는 엄연한 사실을 인식하지 않고 외국 사람들이 마음대로 결정해서 그 결과가 비극을 가져온 것을 생각하게 됩니다. 오늘의 정치적, 군사적 결정이 앞으로 한반도의 평화와 통일을 초래하던가, 그렇지 않으면 저해하는 분위기를 만들 것입니다. 정부의 정책 결정자들은 '북한에 대해서 강압 자세로 나가자'는 단순한 정책을 초월해서 진정한 평화에

도움이 되는 활동을 지지해야 합니다"(《고난함께》 1994년 여름호).

오글 목사는 강제로 고국으로 귀향하였지만, 오히려 미국에서 활동은 한국 이상으로 사회 현실에 진지하였고, 목회적 소명에 성실하였다. 정희수 감독은 조지 오글 목사 1주기를 맞아 책을 낸다는 소식을 듣고, 몇 가지 감회를 덧붙였다.

"제가 조지의 지난 30년 미국에서의 활동을 주목하게 되었어요. 그가 총회 교회와 사회국에서 사회정의 분야를 위해 DC에서 일할 때, Illinois Impact President로 일하던 때, 그리고 은퇴하고 콜로라도 하피엣으로 가서 탄광

북한 방문(1995)

은퇴 이후 계속된 활동

노년의 봉사활동, 광산박물관에서

노동자들과 그 박물관에서 자원하여 일하면서 지낸 족적을 사람들이 잘 모르지요. 산업선교와 인혁당이 한국에서는 중요하지만 실제 그것은 아주 젊을 때 일이고 그 이후의 그분의 활동을 조명해야 합니다. 그가 탄광 노동자들, 초기 일본이민자 중 탄광 노동자들에 대하여 쓴 책이 유명해요. 최근에는 파킨슨병과 싸우면서 써낸 소설과 시집 등이 영문으로 아주 대단한 감동이었어요. 내가 위스콘신 대학 동문이고 그분의 감독으로 8년 이상 가깝게 지냈지만 보지 못하고 알지 못했던 오걸 목사의 모습에 흠뻑 반했습니다. 참 귀한 어른이셨습니다."

1991년 오글 목사는 은퇴 후 일리노이 주 스프링필드에서 살면서 아이들을 가르치고, 푸드 뱅크를 위해 빵을 모으고, 수업을 들으며, 시와 소설 그리고 회고록을 썼다. 그 후 조지아 주 마리에타로 이사했으며, 마지막 18년은 콜로라도 주 라파예트에서 살았다.

말년에 오글 목사는 라파예트 역사협회(Lafayette Historical Society) 담당자로 일했고, 라파예트 광산 박물관에서 자원봉사 했으며, 콜로라도 탄광 광부에 관한 역사 소설도 썼다.

그는 마틴 찰머(리사 슈워츠 오글), 캐시 아일린(찰스 아킨스), 캐런 마리(폴 포흐만), 크리스틴 나오미 4남매를 두었고, 손주는 여섯 명(마야, 시몬 포흐만, 노아, 루카스 데이비스, 사이러스, 린네아)이다.

아내 도로시는 오글 목사 소천 직후 한국에서 열린 첫 추도식에 감사의 글을 보냈다. 평생 따듯한 동지로서 반려한 남편에 대한 회고를 넘어, 예수 그리스도의 십자가 길에 동행한 한국사회과 한국인 그리스도인에 대한 뜨거운 연대사였다.

> "다시 한번 이 시간 저희를 기억해 주심에 감사하고 겸허한 마음을 갖게 됩니다. 남편은 나사렛 예수의 모범을 따르고, 한국 노동자들과 연대하며 소박한 삶을 살기 위해 노력했습니다. 그런데 지난 몇 년 동안, 우리는 그 열 배의 연대를 여러분께 받고 있습니다.
> 이 추도식은 또 하나의 연대입니다. 하나님께서 한국교회에 복을 주시어 한국교회가 계속 가난한 사람들을 옹호하고 정의와 화해와 평화를 위해 일하기를 기도합니다."

조화순 목사는 평소 "예수 다음으로 오명걸"이라고 말하였다. 예수 그리스도를 따르는 제자로서 모범생 조지 오글을 강조한 것이다. 그런 평가에 공감하는 배경은 비단 한국 현대사에서 그가 차지하는 방점을 찍는 역할을 넘어, 전 생애를 관통하며 한 사람의 꼿꼿한 그리스도인으로서 살았던 지극한 신실함 때문이다. 그리하여 조지 오글은 우리 시대의 선지자로 그리고 파수꾼으로 기록될 것이다. 무엇보다 우리 곁에 머물렀던 따듯한 그 이름 오명걸로.

2021년 7월 묘지를 새롭게 단장하고 함께 예배 드린 지인들과. 콜로라도에서(ⓒ정희수)

〈고난함께〉(1994. 여름호)에 보내온 기고문

과거를 뒤로 하고 미래를 향할 때

오명걸 목사(연합감리교회 노동문제담당 디렉터)

1974년을 회상하며

20년! 20년이란 긴 세월의 고난과 두려움! 그럼에도 불구하고 20년 동안의 끊임없는 용기! 엄청난 노동과 생산! 자유와 존엄을 지닌 나라를 만들려는 아름다운 사람들의 투쟁이 있었던 시절입니다.

20년 전 저는 한국에서 강제 출국당했습니다. 12월 14일 저는 가택구금 되었고 그날 오후 5시에 경찰봉고차에 실려 곧바로 김포공항으로 끌려갔습니다. 경찰차에서 내리라고 하더니 곧바로 비행기에 태웠습니다. 제가 경찰차에서 내리기 전에 차 뒤에 있던 4, 5명의 남자들을 돌아보면서, "제 가족이나 친구들에게 작별인사를 할 수 없었으니 여러분에게나 작별인사를 해야겠습니다. 하나님의 은총이 여러분과 함께 하시길 빕니다." 그리고는 돌아서서 자동차 문으로 향하는데, 누군가 뒤에서 이렇게 말하는 것을 들었습니다. "평안히 가십시오, 곧 돌아오시기를 빕니다." 저는 그때 큰 용기를 가지게 되었습니다.

비행기가 동경에 내렸을 때, 일어나 나가려는데 건장하게 생긴 승무원 남자가 강제로 저를 앉혀놨습니다. 그에게 주어진 임무는 제가 미국에 도착할 때까지 비행기를 떠나지 못하게 하는 것이었던가 봅니다. 비행기가 동경을 떠나자 그때야 여자 승무원이 저녁을 가지고 왔습니다. 가지고 온 접시 밑에는 편지가 한 장이 있었습니다. 열어서 읽어보니 이런 글입니다. "우리는 왜 당신이 이 비행기에 타고 있는지 잘 알고 있습니다. 우리들도 역시 우리 조국의 민주화와 회복을 위해 기도드립니다. 당신이 빠른시일에 돌아올 수 있기를 희망합니다." 저는 참으로 놀라지 않을 수 없었습니다. 경찰차에 있던 사람들이나 비행기 스튜디어스들이나 민주화와 정의실현을 진정 바라고 있는 것이었습니다. 저는 그때 압제자들은 결코 이길 수 없다는 것을 알았습니다.

저는 이 글에서 처음 생각은 1960년대와 70년대 인권투쟁에 중요한 역할을 했던 친구들과 사건들을 몇 가지 회상해 볼까 했었습니다. 그러나 어느 한 개인 개인들의 기억보다 고난에도 불구하고 억압을 이기기 위해 깊은 신앙으로 일어선 민중들과 공동체가 기억되어져야 한다고 봅니다. 한국의 역사는 인권과 정의구현을 위해 일하는 세계의 많은 이들에게 힘을 주었습니다. 이런 것들을 생각하게 될 때에, 제 머릿속에 떠오르는 질문이 있었습니다. "이 모든 것은 어떤 의미가 있는가? 지난 20년은 우리에게 무엇을 가르쳐 주었는가? 우리가 좀 더 지혜로와졌는가? 지난 20년은 우리에게 미래를 향한 초석이 될 수 있는가?" 이런 것을 염두에 두면서 과거에 대한 회상보다는 지난 20년이란 세월이 우리에게 가르쳐준 것들에 대해 함께 생각해보고자 합니다.

하나님이 정부에게 통치하는 권력을 주셨으니(?)

제일 먼저는 정부의 역할입니다. 정부의 우선적 사명은 '정의'를 실현하는 것입니다. 특별히 가난한 자들을 위해서입니다. 정부는 물론 외부 침략으로부터 나라를 방어하는 일과 경제발전을 통한 잘사는 나라로 만드는 과제가 있습니다. 그러나 그런 과제는 독재나 비밀경찰 없이도 가능합니다. 불행하게도, 정부는 때때로 권력을 이용해, 부자를 더 살찌게 해주고 가난한 사람들을 억누릅니다. 사람들에게는 정부의 뜻에 순종하고 절대로 질문을 던지지 않는 것이 하나님의 뜻이라고 말하는 집권자들도 있습니다.

김종필 씨가 박정희 밑에서 국무총리하던 때가 생각납니다. 대통령을 위한 조찬기도회에서 김종필 씨는 로마서 13장을 인용하면서 하나님이 정부에게 통치하는 권력을 주셨으니 정부를 비판하는 사람들은 하나님을 거역하는 것이라고 했습니다. 그러므로 박정희 정권에 반대하는 사람들은 혹독한 형벌을 받아 마땅하다는 것이었습니다. 그러나 정부가 '권력'을 내세울 수 있는 것은 '정의실현'에 있다고 봅니다. 정권자들이 부정한 일을 하게 되면 시민들이 고난을 당하게 되고, 이는 결국 정권자 자신에게도 재앙이 되는 일일 것입니다. 정부의 책임은 시민들을 위해서 정의를 실현하는데 있습니다.

경제집약 정책과 민주주의

두 번째로 70년대와 80년대가 우리에게 가르쳐준 것은 이것입니다. 경제력은 반드시 민주정부에 의해 통제되어야 한다는 것입니다. 경제력 강화에 중점을 두는 일은 국민의 생활수준을 향상하는 많은 좋은 결과를 가져올 수도 있습니다. 그러나 경제집약 정책에 따르는 문제는 부패와 노동자 권리의 침해와 국가 자원의 잘못된 활용입니다. 자본주의가 가지는 문제 중의 하나가 경제력을 소수의 자본가들에게 집중한다는 것입니다. 자본가들이 추구하는 것은 자기들의 이권을 보호하기 위해 정부를 부패시키고 노동조합과 같은 집단들을 파괴하는 것입니다. 경제정책가들은 그들의 목표설정과 과정에 투자와 소유권을 분산시키고, 그리고 국가 자원을 분배하는 방법에 대해 관심을 가져야 한다고 말합니다. 그렇지 않으면 국가는 산업봉건군주주의가 되고 민주주의가 보존되기 어렵게 되기 때문입니다. 앞으로 인권운동의 큰 과제 중에 하나는 재벌을 통제하는 새로운 방법마련일 것입니다. 특히 통일을 앞둔 시점에서 경제집약 문제는 상당히 중요합니다. 이북은 관료자 몇 사람의 손에 경제적 결정권이 집중되어 있다 하는데, 남한 역시 재벌 몇 사람과 경제기획원의 몇 사람이 경제제도를 지배합니다. 통일이 될지라도 경제력 집중은 계속될 것입니다. 그러므로 통일된 후 부딪칠 문제들 중에서 가장 어려운 것은 '경제제도를 민주화' 시키는 일입니다.

군부에 의해 만들어지는 간첩

세 번째는 군부에 대한 것입니다. 군부의 역할은 외부의 침략으로부터 국가를 보호하는데 있는 것이지 정치하는데 있지 않다는 것입니다. 군인들도 국가를 위해 기여하는 많은 기술이 있을 것입니다. 그러나 군대정신은 정부 운영에 맞지 않습니다. 군대정신은 명령하고 복종하는 것입니다. 독재주의는 군대식입니다. 그들은 민주주의라든가 인권, 의견의 차이를 쉽게 인정하지 않습니다.

1974년도 9월 저는 체포되어 남산에 끌려갔었습니다. 저는 밤새도록 공산주의자들을 지원했다는 명목으로 수사를 받았습니다. 제가 한 일이라고는 사실이 아닌 일을 고문에 의해 자백해야 했던 20명의 젊은 이들을 위해 공개적으로 기도했던 것입니다. 그것은 '인혁당'이라고 불리우는 사건입니다.

군복차림을 한 수사관은 제가 공산주의자들을 도왔다고 자백서에 싸인하라고 강요했습니다. 저는 "그들이 공산주의자라는 것이 증명된 일이 없다"라고 말하며 거부했습니다. 수사관은 화를 내며, "우리는 그들이 공산주의자들이라는 것을 안다. 그거면 충분한 증거다. 네가 뭔데 우리에게 질문하느냐. 우리는 다 안다!"라고 소리질렀습니다. 거기에는 반대 의견이나 질문이 가능하지 않았습니다.

인혁당사건과 흡사한 일로 1985년에 구속된 양심수들이 아직도 감옥에 있습니다. 김성만, 양동화, 황대권 이 세 사람은 미국에서 공부했는데 한국에 돌아오자마자 잡혀가서 고문당하고 북한 간첩이라고 기소되었습니다. 국제사면위원회가 조사한 바로는 이 사람들이 간첩 활동을 하거나 폭력으로 정치 변동을 시도한 증거는 없었습니다. 결국 국제적 압력 때문에 구정권이 감형을 했습니다. 그러나 김성만과 양동화는 지금도 무기징역을 살고 있고, 황대권은 20년 형을 사는 중입니다. 우리는 그들을 위해서 기도하고 정부가 이 사람들을 석방할 것을 촉구해야 합니다.

노동자들의 권리, 민주노조운동

다음은, 이 사회에서 노동자의 위치에 대한 것입니다. 막강한 힘을 가진 정부와 더 큰 힘을 가진 재벌에 의해 움직이는 사회에서는 노동자들에게 결사와 단체협상의 권리가 보장되어야 합니다. 동시에 기업주들이 깡패나 구사대를 동원해 노동자들을 탄압하는 일이 없어져야 합니다. 산업사회에서 민주주의가 가능하려면 노동자들이 자신들의 임금과 노동조건에 대한 결정과정에 참여할 수 있는 자유가 보장되어야 하는 것입니다.

몇주 전에 저는 미국 일리노이주 주도인 스프링휠드에서 있었던 노동조합 컨퍼런스에 참석한 일이 있습니다. 그때 강사로 나온 사람은 서부지역 부두노동자조합의 회장이었습니다. 그의 강연내용에 보면 기업들이 국제화되는 이때에 노동자들도 더욱 적극적으로 국제적인 기구와 협력관계를 형성해 나가야 한다고 주장했습니다. 창의적인 노동조합운동으로 1987년도에 생겨난 한국의 노동운동을 그 한 예로 들었습니다. 그는 미국 노동조합 지도자들에게 한국의 민주노동조합운동에서 배워야 한다고 했습니다. 강력한 노동조합이 없게 되면 권위주의만 남게 된다고 했습니다.

저도 그의 의견에 동의합니다. 우리가 강한 민주사회를 건설하려면 1987년에 있었던 민주노조운동의 정신이 확장되어야 합니다. 더욱이 이북과의 통일을 염두에 둘 때 더욱 중요할 것입니다. 통일된 나라에서는 어떻게 민주노조운동이 발전될 것인가? 하는 문제가 있습니다. 이북에서 공산당 밑에서 움직이는 근로자들, 그리고 남한에서 모정당과 재벌의 명령으로 움직이는 노조가 어떻게 '자립적인 민주노조'를 건설할 수 있겠는가 하는 점입니다. 이것은 인권운동가들에게 가장 중요한 과제일 것입니다.

60년대와 70년대에 큰 희생의 댓가를 치루면서도 자유노동운동의 이상을 살려낸 많은 젊은 여성노동자들에 대한 기억을 되살리고 싶습니다. 그들은 체포되고 구타당하고 비인간적인 치욕을 당했지만 물러서지 않았습니다. 특별히 동일방직, 한국모방, 방렴, Eygnetics, Y.H. 등등의 수많은 여성노동자들을 생각하게 됩니다. 우리 모두는 길고 어려운 세월동안 자유의 횃불을 높이 들어온 그들 여성들에게 큰 빚을 졌습니다. 그들에게 감사를 드립니다.

'눌린 자를 자유케'

마지막 우리가 배운 것은 복음의 능력입니다. 복음의 핵심은 가난한 자들에 대한 정의구현입니다. 예수께서는 그의 선교를 '누가복음 4장 18절' 말씀을 선포함으로 시작했습니다. "나는 가난한 자에게 복음을, 포로 된 자에게 자유를, 눈 먼 자에게 다시 보게 함을 전파하며, 눌린 자를 자유케 하기 위해 왔다"는 예수의 말씀은 가난한 자들을 위한 경제와 정치의 정의구현을 명령하신 야훼 하나님의 말씀을 전했던 이사야 선지자를 인용한 것입니다. 땅을 정당하게 분배하고, 억눌린 노동자들을 해방시키고, 빚을 탕감하고, 가난한 자들이 자립할 수 있도록, 가축의 종자와 포도주를 주도록 했던 것입니다. 야훼 하나님은 경제를 말씀하셨습니다. 하나님은 정치를 말씀하셨고 앞으로 이루어질 정의사회를 위한 원칙들을 말씀하신 것입니다.

지난 20년 동안 우리에게 정의의 복음은 큰 힘을 보여주었습니다.

치욕과 공포, 투옥, 고문이 있었음에도 불구하고 그리스도의 복음은 소망과 힘을 주었습니다. 지난 20년 동안의 증인됨은 1919년 일제하에 항거했던 선배들의 전통을 이어받은 것입니다.

앞으로도 인권 운동의 할 일은 많다.

지난 수 십년을 통해서 우리가 목격해온 인권유린은 국가안보라는 명분아래 자행했던 것입니다. 민족 분단이 계속되는 한 그 사고방식은 변하지 않습니다. 최근, 인권상황의 진전이 있었음을 부인할 수는 없습니다. 그러나 가장 기본적 인권이 아직도 유린당하고 있는 것입니다.

한반도의 통일은 남한과 북한 국민들이 해결해야 할 문제입니다. 그러나 지난 반세기의 역시를 돌이켜 볼 때, 이 민족이 하나의 민족이라는 엄연한 사실을 인식하지 않고 외국 사람들이 마음대로 결정해서 그 결과가 비극을 가져온 것을 생각하게 됩니다. 오늘의 정치적, 군사적 결정이 앞으로 한반도의 평화와 통일을 초래하던가, 그렇지 않으면 저해하는 분위기를 만들 것입니다. 정부의 정책 결정자들은, "북한에 대해서 강압 자세로 나가자"는 단순한 정책을 초월해서 진정한 평화에 도움이 되는 활동을 지지해야 합니다. 한국의 인권운동은 한국 국민과 미국 국민, 그리고 미국 정부에 이 문제를 제기할 권리와 책임이 있습니다.

얼마 전 소설을 한편 읽었습니다. 그 소설 한 장면에 보면 어머니가 한밤중에 정신을 잃은 것처럼 방과 방을 다니며 방황하는 것을 아들이 발견합니다. 아들은 어머니의 팔을 붙잡고, "어머니 무슨 일입니까?" 하고 묻습니다. 어머니는 아들을 바라보며 이렇게 말합니다. "내가 왜 살고 있는지를 잃어버렸다." 우리가 무엇을 배웠는지 잃어버리지 맙시다. 이제 과거를 뒤로하고 미래를 향할 때에 우리 형제자매들의 고난을 잊지 맙시다. 기억하고 기억함을 통해 고문과 억압이 더 이상 존재하지 못하는 세상을 건설합시다.

> "이렇게 많은 증인들이 구름처럼 우리를 둘러싸고 있으니 우리도 온갖 무거운 짐과 우리를 얽어매는 죄를 벗어버리고 우리가 달려야 할 길을 꾸준히 달려갑시다." (히 12:1)

추모의 글

오명걸, 복음의 감동!

이철 감독(기독교대한감리회 감독회장)

> "사랑하는 자여 네 영혼이 잘됨 같이 네가 범사에 잘되고 강건하기를 내가 간구하노라 형제들이 와서 네게 있는 진리를 증언하되 네가 진리 안에서 행한다 하니 내가 심히 기뻐하노라 내가 내 자녀들이 진리 안에서 행한다 함을 듣는 것보다 더 기쁜 일이 없도다." (요3 1:2~5)

오명걸 목사님! 본명 조지 오글! 향년 91세로 하나님께서 한국의 추수감사주일에 그를 불러가셨습니다. 이 땅에서 누구보다 진정한 신앙인, 진짜 예수님을 보여주시면서 사신 '썩어지는 밀알의 삶' 이었기에 큰 열매를 하나님께서 직접 거두신 것 같습니다.

오명걸이라는 한국 이름을 언급하는 이유는 조지 오글 목사님이 한국 이름으로 불리는 것을 더 좋아하셨기 때문입니다. 손명걸 목사님과 신학교 기숙사 룸메이트로 지내실 때 손 목사님이 지어준 이름입니다. 주변에서 조지 오글이라고 하면 '오명걸이라는 좋은 이름이 있는데 왜 자꾸 미국 이름을 부르냐?' 고 하셨답니다.

오명걸 목사님! 그분은 진리 안에서 행하는 모범을 보여주신 분이셨습니다. 그는 먼저 찾아가 이웃이 되어 주었던 민주화 시대의 선한 사마리아 사람이었습니다. 한국전쟁이후 공주 대전지역에서 영어를 가르치면서 빈민들과 노동자들에게 복음을 전했고, 귀국 후 박사학위를 받은 후 다시 한국으로 오셔서 노동자들을 위해 산업선교에 참여하셨습니다. 우리나라의 고도 경제성장에는 노동자들의 피와 땀이 함께 묻어 있습니다. 오명걸 목사님은 경제성장의 그늘에서 피와 땀을 흘리는 가난한 노동자들의 친구로 살아오셨습니다.

오명걸 목사님! 그분은 예수 그리스도가 살아계심을 보여주는 성육신의 증거였습니다. 노동자의 대모라고 일컬어지는 조화순 목사님, 산업선교의 현장에서 소외된 사람들의 삶의 현장에서 그들의 목소리를 대변하며 복음을 전했던 조승혁 목사님과 김동완 목사님이 오명걸 목사님에게서 훈련받은 분들입니다. 우리가 잘 아는 故 김근태 의원, 최영희 의원 등 일반 사회운동가들도 오명걸 목사님의 영향을 받은 분들입니다. 이렇게 오명걸 목사님을 경험하신 분들은 모두 '그분은 진짜 목사'라고, '오글 목사님을 보면 예수님이 보인다'라고 했습니다.

1974년 인혁당 사건으로 사형선고를 받은 사람들의 사정을 들어주고 그 가족들의 손을 잡아 위로하시다가 추방을 당하셨습니다.

1994년 '고난 함께' 잡지에 실렸던 오명걸 목사님의 글을 보면 가난한 자에게 복음을, 포로 된 자에게 자유를, 눈먼 자에게 다시 보게 함을, 눌린 자를 자유케 하라는 누가복음 4장 18절 말씀을 인용하시면서 이것이 예수님의 선교라고 정의하셨습니다. 복음의 핵심은 가난한 자들에 대한 정의 구현이고, 그것이 능력이라고 하셨습니다. 소외되고 가난한 사람들, 권력에 의해 감옥에 갇히고 고문을 당하며 힘겨워하는 이들에게 그리스도의 복음이 소망과 힘을 주었다고 말씀하시면서 히브리서 12장 1절 "이렇게 많은 증인들이 구름처럼 우리를 둘러싸고 있으니 우리도 온갖 무거운 짐과 우리를 얽어매는 죄를 벗어버리고 우리가 달려가야 할 길을 꾸준히 달려갑시다"라고 끝을 맺었습니다. 고난을 당하는 이들과 함께 진리 안에서 행하는 삶을 사시면서 예수 그리스도를 보여주신 성육신의 삶이 오명걸 목사님의 삶이었습니다.

오명걸 목사님이 한국에서 추방당하던 1974년 12월 14일. 경찰차에 실려 김포공항으로 끌려가셨고, 곧바로 비행기에 타셨습니다. 오명걸 목사님은 가족이나 친구들에게 작별 인사를 할 수 없으니 여러분들에게 작별 인사를 하겠다며 인사를 하고 돌아서는데 뒤에서 "평안히 가십시오. 곧 돌아오시기를 빕니다."라고 말해서 큰 용기를 얻으셨다고 합니다. 비행기가 일본 동경을 경유하여 미국을 향하자 여자 승무원이 저녁 식사를 가지고 왔는데, 음식이 담긴 접시 밑에 편지 한 장이 있었답니다. 그 편지에는 "우리는 왜 당신이 이 비행기에 타고 있는지 잘 알고 있습니다. 우리도 역시 우리 조국의 민주화를 위해 기도드립니다. 당신이 빠른시일에 돌아올 수 있기를 희망합니다"라고 쓰여있었다고 합니다. 경찰차에 있던 사람들이나 비행기 승무원이나 모두 오명걸 목사님의 활동이 정의로웠음을 알고 있었고, 나라가 평화롭기를 바라고 있었던 것입니다. 권력자들은 결코 이길 수 없는 정의가 있음을 그때 알게 되었다고 오명걸 목사님은 회고하셨습니다.

복음의 감동을 보여주신 오명걸 목사님! 하나님은 '오명걸 목사님의 죽음'을 도구 삼아 신뢰를 잃고 어려워하는 한국교회에 기회가 있음을 애써 가르쳐주고 계십니다.

복음의 감동이 되신 오명걸 목사님으로 인해 함께 모인 우리들이 복음으로 감동적인 교회, 복음의 감동으로 세상을 변화시키는 교회를 세워나갈 수 있기를 바랍니다. 오명걸 목사님의 신앙과 삶이 남북으로 나누어진 한반도의 교회들이 평화통일을 이루는 도구로 쓰이길 간절히 기도합니다.

※ 이글은 2020년 11월 27일 감리교 본부에서 있었던 추모예배 설교다.

추모의 글

한국을 너무 사랑하셨던 거목 선배님

정희수 감독(UMC 위스콘신연회, 세계선교국 이사장)

"오직 정의를 물 같이, 공의를 마르지 않는 강 같이 흐르게 할지어다." (암 5:24)

오글 목사님은 1954년 9월 9일, 젊은 나이에 전쟁의 상처가 할퀴고 간 격동하는 시기에 연합감리교회 단기 선교사로 한국과 인연을 맺었습니다. 신학교 동창이던 마경일 목사와의 우정이 한국에 첫발을 딛게 하였습니다. 전쟁의 상처 이후 한국 사회는 온 산천과 마을이 폐허에 가까운 현실이었고 그 아픔의 현장에서 하나님의 부름을 받고 한국과 특별한 사랑의 관계를 평생 이어가게 되셨습니다.

먼저 한국에서 활동하던 서위렴 선교사(William E. Shaw, 1890~1967)의 맨토링 영향을 받았던 조지 오글은 자신이 현장에 부딪히며 한글을 배우고, 소위 "융통성없는 학파" 식의 고집스런 코치를 받았다고 회고하지만, 바로 그런 현장 돌파식의 삶이 어쩌면 평생 오글 목사의 선교 전략이었다고 주목하게 됩니다.

처음 한국에서 한 방을 썼던 분이 전쟁으로 북에서 피난온 청년 손명걸이었고, 그를 통해서 우리가 그분을 조지 오글에서 오명걸이라는 이름으로 부르게 된 것을 기억합니다. 오글 목사와 손명걸 목사의 우정은 한국의 풍습을 배우고 분단의 아픔을 기억하게 하는 소중한 관계였습니다. 후에 손명걸 목사는 미국 연합감리교회 세계 선교국에서 소수민족개발을 책임지고 이민 교회 성장에 밑거름이 되신 분으로 추앙받았습니다.

인천 도시산업선교를 일구어 감리교회의 사회 산업선교 중심을 일구어 내신 선교적인 업적을 우리는 기억합니다. 이 일을 꿈꾸면서 오글 목사님은 한국의 산업 현장을 더 이해하고 현장 선교의 폭에 헌신하기 위해서 시카고(1957~1959) 서부 도시 지역에서 목회 하면서 시카고대학교, 루스벨트대학, 그리고 맥코믹신학교를 중심으로 산업, 노동 운동과 윤리 등을 익히고 지역 공동체를 바닥부터 만들어 가는 선교 전략을 배우게 되었습니다. 시카고 미션은 오글 목사의 영적인 뿌리로 구체적인 전략과 헌신의 가슴을 그에게 안겨 줍니다. 그 기간 복지단체 간호사로 일하던 록포드 출신 도로시를 만나서 결혼하고 평생 목회와 선교의 뿌리로 북일리노이 연회에 소속하게 된 동기가 되신 것입니다.

한국에 돌아와서 인천 도시산업선교를 시작하면서 사회에 잊을 수 없는 큰 자국을 남기고 가셨습니다. 도시산업선교를 통해서 가난한 사람들과 노동자들의 아버지 역할을 하였고, 유수한 사회 운동가와 후배 목회자들을 양육하시었습니다. 오글 목사님은 노동자들의 인권과 자유를 위해서 일하는 산업선교는 철저하게 노동자들과 한국교회가 이

끌어 가야 하고 저들의 손으로 형성되야 하는 목회현장이라는 소중한 생각을 가지고 계셨습니다. 다른 선교사처럼 본토 미국에서 기금을 가져다가 풀어 재정지원을 하는 것을 피하고 한국 현장과 교회에서 선교 보고와 예배 참여를 통하여 실제 모금을 하고자 하는 겸손한 길을 가셨던 것을 우리는 큰 자산으로 여기고 있습니다.

그를 추모하고 기억하는 우리들은 그가 신념처럼 믿었던 노동자들의 정의와 인권은 바로 저들의 손으로 이루어야 할 삶과 역사의 변혁이었다는 것을 우리는 유산으로 받게 되는 것입니다.

도로시 여사는 "조지와 저는 분에 넘치는 한국인들의 사랑을 받았습니다. 산업선교의 현장에서 수고하고 고생한 분들은 저희가 아니고 바로 현장에서 일한 노동자들과 저들과 함께 한 동료들이었습니다. 한국 교회가 바로 그런 정의의 일을 감당하였던 것입니다."라고 회고합니다.

오글 목사가 존경하였던 선교사의 모델은 1930년대 한국에서 사신 피도수(Victor Peters) 선교사였습니다. 피도수 선교사는 유일하게 이용도 목사님과 함께 사셨던 산 증인이셨습니다. 그분은 한국 사람과 결혼하고 두루마리를 입고 한국식 가옥 형태로 교회를 짓고 하던 토착적인 교회를 이루어 갔습니다. 물론 선교사들이 다 그런 모습을 좋아한 것은 아니었지만, 오글 목사는 한국인의 삶의 자리에서 하나가 되는 육화를 끊임없이 믿고 실천하고자 한 분이었습니다.

세상 모두가 외면하던 인혁당 피해자들의 편에 서서 정의를 세상에 알리고 고난 받은 이들의 벗이 되셨습니다. 금반지로 기억하는 인혁당 피해자들의 사랑과 우정으로 그가 끝까지 인권을 위해서 섰던 것은 바로 예수의 사람들이 가야 했던 바른 제자도라는 것을 우리는 기억합니다. 유신 치하에서 산업선교의 길은 고난의 길이었고 생명을 내어 놓아야 하는 위험스런 사역이었던 것이지만, 그는 현장에서 노동자의 사도로 자신의 소명을 다하게 되었습니다. 당시 현장이었던 한국기계, 대성목재, 대성보드공장, 대한제분, 동일방직 등을 기억하면서 그는 노동사제(Worker Priests)들과 함께 고난의 편을 들었던 그 날의 기억을 지금도 증언하여 주고 있는 것입니다.

그래서 한국사회가 인권상을 오글 목사에게 드리고, 지금도 인권의 사각지대에서 희생당한 사람들의 편에서 교회가 저들의 목소리가 되야 한다는 각오를 우리는 함께 하게 되는 것입니다.

아마 어두운 때 예수의 복음을 용감하게 들어 올리신 분이셔서 한국 사회와 세계가 함께 감동의 추모를 하고 있다 여깁니다.

유신정권으로부터 추방 당하신 후 에모리신학교와 워싱톤연합감리교회 교회와 사회국에서 정의 사역 디렉터로 일하면서 노동, 정의, 평화, 인권의 문제를 미국 사회에서 교회의 선교 과제로 역설하는 일을 하셨고, 희년 운동을 통해 도로시 여사와 함께 한반도의 평화와 정의 편에 서서 미국에 사시면서도 한국인의 벗으로 사셨습니다. 미국 의회와 거리의 증인으로 예수 제자도를 살아내셨던 거리의 예언자, 겸허한 목회의 선배이셨습니다.

개인적으로 제가 위스콘신 대학에서 학위를 마쳤을 때 이제 목사님의 후배가 되었다고 장문의 축하 편지를 주셨습니다. 저는 80년 초에 손명걸 목사님과 함께 뉴욕에서 오글 목사를 만났고 이제 그가 노동과 산업 사회학과 국제 관계를 공부하고 박사학위를 하였던 위스콘신대학교의 직속 후배가 된 것입니다. 메디슨에서 웨슬리 재단 캠퍼스목회 현장에서 두번 오글 목사를 초대하고 교수들과 학생들이 함께 대화를 나눈 소중한 경험이 있습니다. 모교를 방문하는 일이 그에게 즐거움이었고 위스콘신대학의 진보성은 우리들이 함께 이야기할 수 있는 학문적인 대화가 되었습니다. 그는 일찍 부터 학문적인 꿈이 강했는데 현장이 자신을 부르고 예수의 정의가 사람들이 사는 현장으로 자신을 불러 세웠기에 그런 현장에서 복음을 위해서 일하는 것이 최고의 기쁨이 되었다는 고백을 자주 하셨습니다.

오글 목사님이 서울대학교와 감리교신학대학에서 강의하면서 만났던 많은 제자들과의 관계도 깊은 우정의 관계로 지속되었던 것을 우리는 오늘 기억합니다. 공주 영명학교와 배제, 그리고 에모리대학교 등에서 그가 나눈 강의는 현장의 소리를 정의의 채널로 이야기하는 강한 산업현장 담론이었습니다.

제가 2004년 연합감리교회 중북부 지역에서 감독이 되고 시카고에 갔을 때 오글 목사님은 참으로 좋아하셨습니다. "정희수가 내 감독이 되었어" 하시며, 164년 연회 역사 상 첫 비백인 감독이 되었다고 춤추듯이 기쁘다 하시며, 약자 편에 서는 교회를 이루어야 한다고 당부하셨던 분이십니다. 전화로 "내가 희수입니다" 하면 되 받아서 "정희수"라고 한국식으로 이름을 불러 주시던 목소리가 귀에 선연합니다.

우리들의 대화는 대부분 한반도 평화와 화해에 대한 것이었습니다. 과거의 기억이 많은 분이었지만 늘 앞으로 이루어져야 할 한반도의 정의는 남과 북이 통일되고 화해의 역사를 이루는 것이었습니다. 도로시 여사와 함께 저들이 헌신한 마당은 바로 한반도의 평화라고 감히 말하게 됩니다.

목사님은 북일리노이연회 정회원 목사로 한국인 출신 감독의 연회원이 된 것을 마치 하나의 기쁨이고 자신의 삶의 열매로 여기신 것 같습니다. 저는 그런 어른들의 희생적인 삶의 결과와 열매로 지금 미국 주요사회의 한 교단인 연합감리교회 감독으로 일하고 있다는 생각을 하면서 깊은 감사를 드리고 있습니다.

오글 목사님이 참으로 겸손하신 것은 한 교단, 한 연회, 그리고 한 교회의 지체된 것을 자랑으로 여기셨습니다. 그리스도의 몸된 교회에 일원이 된 거룩한 성도의 길을 겸손하게 자랑하신 모습입니다. 은퇴하였어도 한 목회자로 그 본분을 다하는 길이 소명을 다하고 정의와 평화를 위해서 일하는 것이라고 믿었던 신실한 종이 바로 오글 목사님입니다.

오글 목사님은 세심하게 역사 자료가 될 수 있는 자료와 저작을 꼼꼼히 해 놓으셨습니다. 물론 도로시 사모가 이 일에는 아주 헌신적이었습니다. 대부분의 자료는 에모리대학교 Pitts Theological Library Archives and Manuscript(MSs 332)에 소장되어 있습니다. 그 자료는 실제 자신이 써놓으신 자서전적인 "*Our Lives in Korea and Korea in Our Lives*"에서 나누는 수없이 아름다운 우정의 관계를 넘어서서 교회사에서 소중한 자료라고 생각하면서 큰 유산을 남기신 것을 감사하게 됩니다.

다시 교회가 가난하고 약한 자들의 편에 서고, 억울한 사람들의 목소리가 되며, 모든 고난 현장에서 정의를 이루는 자리로 다시 나오라는 광야의 예언자 목소리를 이 추모의 시간에 듣게 됨을 감사합니다.

추모 편지

오명걸 목사님, 미안한 마음에 가슴이 미어집니다

최영희 이사장(전 국회의원, 사)탁틴내일)

우린 항상 당신을 오명걸 목사님이라 불렀습니다. 마지막 16년을 병마와 싸우면서도 쉼 없던 한국을 위한 기도가 이젠 하늘나라에서 계속되겠지요. 목사님을 사랑하고 존경하는 사람들이 당신을 기억하고 뜻을 이어받으려고 이렇게 노력하고 있습니다.

민주주의, 그리고 사회문제에 관심을 갖자마자 맞닥트린 전태일 사건, 저는 1971년 여름방학에 친구들과 인천도시산업선교회라는 생경한 곳에서 전태일의 '대학생 친구'가 되기 위해 노동자와 빈민들의 삶을 체험하는 한달살이 훈련을 시작했습니다.

낮에는 각자 현장에, 밤에는 강의와 토론으로 함께 하는 훈련이었습니다. 강의와 토론을 이끌어 가는 분들은 조승혁, 조화순 목사였지만 내용은 훈련 시작 며칠 전 한국을 떠난 오명걸 목사의 말씀과 생활이었습니다. 저는 그렇게 목사님을 처음 만났습니다.

그리고 1년 후, 인천산선에서 일하자는 제안을 받았습니다. 졸업하려면 한 학기가 고스란히 남았는데 떠밀리듯 결정해야 했습니다. 인천 산선은 오 목사님의 활동원칙대로 노동자 스스로 일어서고 해결할 수 있도록 하고 있는지, 우리가 모범을 보여 그들이 느끼고 감동할 수 있게 행동하는지를 서로 깨우쳐 주며 성장해갔습니다. 저는 회의 때마다, 노동자프로그램마다 뵌 적도 없는 오 목사님의 감시 속에서 활동했습니다. 전설처럼 들었던 오 목사님의 깍두기 반찬이 전부였던 '양은 도시락 사건'은, 왕복 다섯 시간이 걸리는 온기하나 없는 버스와 경인선 기차 통근에 지독한 동상이 걸렸어도 털신은커녕 바지 하나 새로 살 여력이 없는 초라한 제 몰골도 당당하게 견디도록 해준 힘이었습니다.

목사님 기억하세요? 목사님이 1973년 다시 돌아오신지 얼마 후 전국에서 활동하는 산업선교 빈민선교 활동가들이 다 모인 에큐메니컬 선교 심포지엄. 가장 오래 활동하신 조승혁 목사님과 가장 신참인 제가 대표 발제를 했던 날입니다. 목사님의 실물을 처음 뵌 날입니다. 조승혁 목사님은 업적과 긍정적 측면, 저는 비판적 시각의 발제였지요. 비판 후의 후과를 걱정하는 제게 "우리가 들어야 할 말은 진실입니다. 어린아이의 눈으로 보는 것처럼, 최 선생의 말을 통해서 우리가 반성하고 거듭나는 것이 오늘 이 모임의 목적입니다. 최 선생이 용감하지 못하면 우리는 빈손으로 돌아가는 것입니다."

저는 오 목사님의 말씀에 용기를 내어 "전국적으로 공유된 사례를 보면 아직도 일반 교회의 신도와 목사의 위상이 몸에 배어 있고, 빈민 위에 군림하는 태도, 당사자가 미숙하다고 직접 나서서 담판 짓기, 사회과학적 전문 지식의 부족과 이를 채울 시간도 방법도 없는 구조, 새로운 전략 모색보다 타성에 젖어 처리한다."라고 당돌하게 말했습니다.

그 후 저는 주말에는 노동운동의 불모지인 부평수출공단으로 눈을 돌렸습니다. 12월 초에 네 개 회사의 여성노동자들과 토요일 저녁마다 '리더십 교육'이라는 3개월 프로그램을 시작했습니다. 목사님 말씀대로 모든 것을 스스로 찾고 선택하는 프로그램이었습니다. 일찍 조직이 준비된 반도상사 1,400명의 노동자가 일치단결하여 1974년 2월 26일과 3월 5~7일의 대파업을 통해 근로조건 개선과 4월 15일 노동조합 결성까지 한 명의 희생도 없이 성공적으로 마쳤습니다.

그러나 너무도 용의주도함에 의문을 품은 정보당국이 서울 남산에서 승용차 두 대로 주동자 네 명을 데려가 각기 분리시켜 고문수사를 했습니다. 배후로 제가 탄로가 난 것입니다. 그들은 제가 북의 지령을 받아 파업을 부추긴 것이라 세뇌 교육을 하고 며칠 후부터 제 몽타주를 만들어 이들에게 보여주고 수배하고 있다고 했습니다. 조화순 목사님이 서강대학교 산업문제연구원 한 달 코스 숙박 교육 프로그램에 가서 밖에 나오지 말라고 했습니다. 그곳에서 오 목사님과 많은 대화를 했습니다.

서울대 초청으로 오셨지만, 서강대는 노사관계론 강의를 맡기시고 사무실도 드렸습니다. 목사님이 반도상사 사건에 대한 지대한 관심을 가지셔서 몇 번에 걸쳐 긴 시간 자세히 말씀드렸고 메모광이신 목사님은 열심히 적기도 하셨습니다. 목사님이 직접 겪으신 노동운동과 너무도 달라 놀라워하셨고, 저의 이런 방식의 선택에 많은 질문을 하셨습니다. 유신치하의 노동운동에서는 희생을 줄이고 저평가 된 근로조건을 크게 개선시키고 자신감을 찾게 하려면 이 방법밖에 없다는 제 의견에 동의하셨습니다. 저는 나머지 세 회사가 거의 동시에 해야 했는데 불발된 것이 안타깝다고 했더니 '최 선생, 지금 몇 살?' '스물네 살이요.' '아직 많은 일을 할 시간이 있으니 흔들리지 말고 이 길로 계속 가세요.' 그때만 해도 준비 없이 들어선 제가 이 길을 계속 간다고 생각하진 않았습니다. 목사님은 그 후에도 그들이 당신을 필요로할 거라는 말씀을 여러 번 하셨습니다. 결국 살아보니 목사님 말씀대로 제 의지로 그들을 떠난 적은 없었습니다.

난데없이 민청학련 사건으로 저를 잡으러 들이닥쳤다는 연락이 와서 오 목사님께 인사도 못 하고 서강대를 빠져나왔습니다. 숨겨준 사람도 처벌하는 긴급조치 4호였습니다. 동가식서가숙 며칠 고생을 하니 내리교회 전도사님이 여러 다리를 건너 전해주신 메모엔 추방당할 각오를 하셨다는 캐나다 선교사댁이었습니다. 감시가 심한 곳이지만 도우미 건이 엄마의 지혜로 미스 월라 커넌이 출근하신 시간을 고양이처럼 소리 없이 몇 달을 잘 견뎌냈습니다.

매년 대천 외국인 휴양지에서 한 달간 지내시는 커넌 선생님의 여름휴가는 빈집에 저만 남겨둘 수가 없어 함께 갔습니다. 며칠 후 우연히 그늘진 모래밭에서 만난 오 목사님 막내딸 크리스틴을 따라 숲속 통나무 집으로 가니 수배됐다던 저를 보시고 목사님과 사모님이 깜짝 놀라셨습니다. 커넌 선생님과는 초면이었지만 함께 식사 초대도 해주시고 저는 말이 통하는 사람들이 있는 통나무집으로 자주 놀러 갔습니다. 김성수 주교님도 오셔서 저녁 식사 후 시국토론이 벌어지기도 했습니다.

하루는 저의 남친 장명국 씨가 몇 가지 소식을 전하러 대천으로 찾아왔는데 목사님 댁에서 저녁 식사를 마치고 목사님 특유의 질문 공세가 쏟아졌습니다. 오 목사님 사전엔 적당히~, 얼렁뚱땅은 없습니다. 당연히 제가 걸려있는 민청학련과 인혁당 사건으로 옮아갔습니다. 수첩조차 없애버린 우리와 달리 목사님은 메모는 필수, 연관 파생 질문도 반드시 해결하고 넘어가십니다. 해방 후 정치 상황과 이념 대치 속에서 무수히 희생당한 사건들까지 궁금증이 너무 많으셨습니다. 1차 인혁당 사건의 허무맹랑함과 2차 인혁당사건을 필요로 하는 유신정권의 속셈이 이 비극을 만들고 있다는 것을 자세히 설명했습니다. 이들을 위해서는 기독교와 가톨릭이 나설 수밖에 없는데 너무 악질적으로 포장돼 있어서 선뜻 나서는 종교인들이 없다. 선교사들이 관심 가져주시라, 기독교회관에서 그 가족들을 연결할 수 있을 것이니, 장명국 씨는 그 가족들을 한번 만나보시면 확신이 서실 거라 했습니다. 침묵 속에서 팔짱을 낀 채 시계추처럼 서성이시며 고민하시는 모습이 역력했습니다. '목사님, 지금까지 들으신 얘기는 모두 그 가족에게서 들으신 겁니다.' 이 말에 껄껄 웃으시며 침묵을 끝내셨습니다. 새벽 두 시가 넘어 나는 숙소로 왔고 장명국 씨는 목사님 댁 소파에서 눈을 붙이고 새벽에 떠났습니다. 목사님 가족은 1주일 만에 대천을 떠나셨습니다. 커넌 선생님과 오 목사님은 북미선교사 모임에서 계속 만나셨습니다.

감성 때문에 불쑥 일을 터트리지 않는 오 목사님의 깊은 고민을 깨뜨린 건 역시 인혁당 가족들이었습니다. 그동안 자료도 보시고 선교사 모임에서도 공유하셨지요. 온갖 정성을 쏟던 가난한 자의 친구들을 키우기 위한 일까지 포기하고 확신이 섰을 때 이를 외면하지 않는 목사님의 결단에 가슴이 떨렸습니다.

12월 14일 오 목사님이 추방되는 모습을 저는 가까이 가지도 못하고 멀리서 떠나는 차만 보고 한참 울음을 삼키며 서 있었습니다.

2003년 한국을 모르는 한국의 젊은이들에게 보내는 이 책을 출간하신 이듬해 긴 병마와의 싸움에 들어가십니다. 이 책을 읽었던 젊은이들은 이제 중년이 되었고, 하늘나라로 가신 목사님이 다시 젊은이들을 만나고자 새 출발을 하셨습니다.

목사님이 소설이라고 하신 이글들은 당신께서 만난 한민족의 삶, 다큐멘터리입니다. 이 글들을 읽을수록 점점 목사님께 미안한 마음에 가슴이 미어집니다. 당사자인 우리는 기나긴 투쟁에 지쳐 조금 나아졌다고 위안하며 쉬어가고 있었을 때도, 목사님은 눈물 흘리던 한국 사람들을 생각하셨습니다. 외세에 의한 강압적 분단 속에서 남북 모두가 겪고 있는 국력 소모와 억압적 정치, 우리보다 더 갈라진 한반도를 절절한 눈빛으로 바라보셨습니다. 우리보다 더 통일을 기원하셨습니다. 그리고 마지막 땀방울까지 짜내어 쉽게 다가가는 소설까지 쓰셨습니다.

오명걸 목사님, 미안하고 고맙고, 사랑합니다.

제2부

조지 오글이 듣고 기록한
20세기 한반도 이야기

기다림은 언제까지, 오 주여!

How Long, O Lord

조지 오글 지음/ 함정례 옮김

기다림은 언제까지, 오 주여!

| 일러두기 |

책은 크게 네 부류의 글로 구성되어 있다. 부제는 편집자 표기.

1. **아버지와 아들** (제국주의와 분단의 희생물)
   1919년부터 1970년 중반까지 두 세대의 삶을 다루고 있다. 전라남도의 한 농민 일가가 일제의 탄압에 견디며 이상을 꿈꾸던 이야기. 엄청난 외세의 힘은 민족의 꿈을 짓밟으려 했지만 인간의 존엄성만큼은 파멸시킬 수 없었다. 이런 상황 속에서도 등장인물들이 지켜온 신앙과 전통의 숨결을 느낄 수 있다.

2. **이상한 일** (독재 정권과 노동자)
   되돌아가지 않으리(동일 방직 이야기)
   미완성의 갈등 (6월 항쟁과 노동자)
   산업노동자들도 인간의 존엄과 정의를 추구하고 원했지만 그들의 꿈은 강압적인 권력에 의해 좌절될 수밖에 없었다. 군사정부는 노동자들의 권익 요구를 받아들이지 않았기 때문이다. 도시산업선교회를 통한 필자 개인의 경험을 토대로 기록하였다.

3. **무고한 자들의 기도, 육신, 찻집** (인혁당 사건 1, 2, 3)
   그저 평범한 시민으로 평생을 평범하게 살기 원했던 선남선녀들이 어느날 갑자기 정권의 희생제물이 된 이야기. 정부 전복음모죄로 8명이 고문당하다 결국 형장의 이슬로 사라진 사건을 중심으로 그렸다. 필자는 이들을 위해 기도했다는 이유로 1974년 한국에서 강제 추방당하게 된다.

4. **어쩔 수 없는 탈출** (탈북자의 고난)
   필자가 러시아에서 만난 탈북자들과의 인터뷰에서 얻은 영감을 바탕으로 쓴 글. 고향으로 돌아갈 수 없는 두 북한 남성을 주인공으로 삼아 그들이 겪게 되는 고통의 삶을 통해서 한반도의 평화와 통일을 갈망하는 한민족이 처한 복잡한 상황의 내면을 파헤치고 있다.

사랑하는 한국인 독자들에게

감리교회의 선교사로 1954년에서 1974년까지 20년을 한국에서 살았고, 그 이후에도 몇 차례 한반도를 방문할 수 있었던 점이 저에게는 하나님의 은혜였습니다. 실로 지난 반세기 동안 저의 삶 대부분이 한국과 관계되어 있다고 해도 과언이 아닌 듯싶습니다.

비록 외국인이지만 저는 여러모로 한국 사회에 속해 살았습니다. 10년간 한국 동료들과 인천에서 노동 운동에 깊숙이 관계를 맺었고, 1970년대 초기에는 서울대학교에서 산업관계 교수로, 또 서강대학교 노동관리연구소에서 강의를 맡았습니다. 일제 치하 및 미군정 시대를 연구하기 위해 그 시대를 경험한 사람들을 만나 이야기를 들었습니다. 저는 1974년에 대한민국 정보부에 의해 조사를 받고 결국 추방당했는데, 그 이유는 공산주의자 혐의를 받고 비밀군사재판으로 사형이 구형된 8명의 한국인을 위해 기도하고 공개재판을 요구하였기 때문이었습니다. 그들은 결국 1975년에 사형당하였는데, 4반세기가 지난 2002년 9월 대통령 직속 진상규명위원회의 발표에 의하면, 이 사건은 반공산주의 분위기를 부추기기 위한 군사정권의 조작이었다고 합니다.

추방당한 후 10년 동안 비록 한국 방문은 허용되지 않았지만, 인권

및 평화 운동에 열심히 참여하였습니다. 1984년 이후 남한을 8번 방문하였고, 북한 방문도 1995년에 가질 수 있었습니다. 또한 국제사면위원회 일로 러시아에 사는 탈북자들을 만날 기회도 있었습니다.

물론 20세기 한반도를 다른 영문 책들이 많은 줄 압니다만, 농민이라든지 노동자, 혹은 가난한 사람들을 한반도 역사 형성에 중요한 역할을 담당한 차원으로 다룬 책이 있는지 모르겠습니다.

저는 한국에 관한 책 두 권을 이미 펴냈습니다. *Liberty to the Captives*는 도시산업선교 사역을 다룬 것입니다. *South Korea: Dissent within the Economic Miracle*이란 책은 외부인이지만 노동자의 입장에서 본 노동 운동의 역사를 담았습니다.

이번 책에서는 제가 아는 사람들의 실제 삶을 소재로 삼았습니다. 그리고 기독교 복음의 관점에서 경제·사회 정의를 구현하기 위한 가난한 사람들의 노력이 이 책의 핵심입니다. 그들의 용기가 한반도 역사 형성에 한 획을 그었다고 봅니다.

처음 이 책을 쓸 때는 독자를 한국 역사나 한미 관계를 모르는 미국인들로 삼았습니다. 그러나 20세기 한국에 대해서 알지 못하는 젊은 한인들이 미국 내에 많이 있음을 나중에야 알게 되었습니다. 또한 한국에 사는 젊은이 중에도 필자가 경험했던 사건을 잘 알지 못하는 경우가 많았습니다. 그런고로 이 책을 통해 역사의 한 장을 엮었던 같은 핏줄의 사람들을 기억하고 그 정신을 이어가길 바랍니다.

이 책에서 다룬 내용이 아직도 매우 민감하게 여겨질 소지가 있을지 모르겠습니다. 그렇다 하더라도 정의와 진실을 위해 고통당하면서도 인간의 존엄성과 끈기를 보여준 한민족의 피를 나눈 여러분의 이웃이 있었음을 알리고 싶었던 저의 의도를 독자께서 헤아려주시면 고맙겠습니다.

마지막으로 이 책을 번역해 주신 함정례 목사에게 감사드립니다. 뉴욕 감리교 선교부에서의 일들도 매우 분주할 터인데 수 개월 동안 틈틈이 작업해 주신 것을 진심으로 고맙게 생각합니다. 또한 이 원고를 다듬고 예쁜 책으로 세상에 펴낼 수 있도록 해준 '신앙과지성사' 최병천 사장과 직원들에게도 감사의 인사를 드립니다. 이 책을 내도록 권고해 주고 힘이 되어주신 애틀랜타의 김정호 목사에게도 감사를 드리며, 이 책을 읽는 모든 분들에게 주님의 참된 평화가 함께 하기를 진심으로 기원합니다.

조지 오글

이 책에 대하여

《기다림은 언제까지, 오 주여!》에 나오는 이야기는 정의를 위한 한 민족의 애절한 기도라 하겠습니다. 지난 20세기 전반기에 대한민국은 다양한 형태의 억압을 받았습니다. 초기엔 일본 제국주의의 지배를 받았고, 제2차 세계대전이 끝나면서 일본으로부터 해방되었지만, 미국과 구 소련에 의해 국토가 분단되었을 뿐만 아니라 그들의 냉전 정책의 영향을 받아 한반도에서 비참한 전쟁까지 치러야 했습니다. 그 결과 천만이 넘는 이산 가족이 아직도 이산의 고통을 당하고 있는 현실입니다. 평화협정이 아닌 휴전협정을 맺은 상태이므로 한반도에서 전쟁이 종결되었다고 말할 수 없습니다. 지금도 남한과 북한 양측은 엄청난 군사력을 계속 유지하고 있습니다. '상대방의 위협'이란 명분 하에 북한은 공산주의의 독재 정권이 지속되고 있고, 남한에서는 자본주의의 군사독재 정권을 묵인하며 백성에 대한 억압이 정당화되던 시절도 있었습니다.

이 책의 제목은 1988년 남·북 교회 지도자들에 의해 만들어진 공동기도문에 나온 구절에서 택한 것입니다. 이 기도문은 한반도 분단 50년을 맞이했던 1995년에 전 세계 교회들이 사용하였습니다.

이 책은 특이한 형식을 갖춘 역사 이야기책이라고 말할 수 있습니다. 독자는 20세기에 한반도에서 일어난 주요 사건들을 접하면서, 특히 농민과 산업 노동자와 평범한 시민들의 삶 속에 점철되어 있는 억압과 고난의 역사를 볼 수 있습니다. 동시에 그들이 억울하게 당한 고통 가운데서도 정의를 사랑하고 인간으로서 존엄성을 추구하는 데 도움이 되었던 신앙과 전통을 살펴볼 수 있을 것입니다.

한민족, 그들이 보여준 용기는 한반도의 역사 흐름 속에서 오늘의 국가 형성에 공헌하였다고 생각합니다.

첫 번째 이야기는 사람들이 그다지 관심을 많이 갖지 않는 시대의 역사입니다. '아버지와 아들'은 1919년부터 1970년대 중반에 걸쳐 두 세대의 삶을 다루고 있습니다. 한국에서도 가장 빈농이라고 할 수 있는 전라남도의 한 농민 일가가 일제의 압제를 견디며 이상을 꿈꾸던 이야기입니다. 엄청난 외세의 힘은 조상의 토지를 유지하고 자유를 회복하기 위한 민족의 꿈을 짓밟아 없애려고 했지만, 인간의 존엄성만큼은 파멸시킬 수 없었습니다. 이런 어려운 상황에서도 등장 인물들이 지켜온 신앙과 전통의 숨결을 이 글을 통해 느낄 수 있기를 바랍니다.

저는 최근까지만 해도 이런 이야기를 쓸 생각을 감히 하지 못했습니다. 제가 선교사로 남한에 파견된 때는 1954년으로, 휴전협정이 체결된 바로 다음해였습니다. 전쟁으로 인한 엄청난 피해는 도처에 산재해 있었습니다. 집, 교회, 학교, 공장이 거의 파괴되었고, 수백만 명이 목숨을 잃었습니다. 양측이 서로 암살과 대량학살을 일삼던 때였습니다. 선교사로서 저는 성도들과 교분을 나누며 일했습니다. 그들 가운데 많은 사람들이 북쪽에서 공산주의자들의 핍박을 피해 피난 온 사람들이었습니다. 이런 배경 때문에 '아버지와 아들'에 등장하는 몇 명의 인물과 사상에 대해서 반감을 가질 수 있을 것입니다.

이런 상황이 극적으로 변했습니다. 지속된 남과 북의 분단은 수십 년 동안 군사독재를 가능하게 했고, 한반도를 이 지구상에서 가장 위험한 지역의 하나로 만들었습니다. 그런데 1987년 한국인은 그 동안의 군사 독재에서 민주 개혁으로의 승리를 맛보았던 것입니다.

이 같은 정신의 변화를 잘 표현한 글을 소개합니다. 이화여대의 교수를 역임하셨던 서광선 교수가 1986년 호놀룰루에서 있었던 제4차 한·북미 교회 회의에서 발표한 내용의 일부입니다.

> 남과 북에 사는 대다수 기독교인들은 스스로 아벨의 자손이라 여기며, '어찌 아벨의 자손이 가인과 평화를 이룰 수 있는가?' 라는 질문을 합니다. 가인이 아벨을 죽인 것은 하나님의 속성을 닮지 않았기 때문이라고 보았기 때문입니다. 그들에게 가인은 나라를 둘로 나눈 자이고, 강하고 무서운 파괴력을 지닌 무기의 소유자였습니다. 가인은 신뢰할 인물이 아니므로 하나님의 벌을 받아야 된다고 그들은 말합니다.
>
> 그런데 지금에 와서 한국의 기독교인들은 죽음과 파멸의 두려움 없이 보람 있는 삶을 살아가려면, 아벨의 후손들은 '가인의 후손들' 과 더불어 살아야 함을 점점 더 깨닫게 되었습니다.

그 다음에 나오는 '이상한 일' 과 '되돌아가지 않으리' 는 도시산업선교회를 통한 제 경험을 토대로 기록한 것입니다. 첫 번째 이야기에 나오는 농민처럼, 산업 노동자들도 인간의 존엄과 정의를 추구하고 원했지만 이런 그들의 꿈은 더 힘센 권력에 의해 좌절될 수밖에 없었습니다. 군사 정부는 대기업과 똑같이 노동자들의 권익 요구를 받아들이지 않았습니다.

아내 도로디(Dorothy)와 함께 1960년 한국에 다시 나갔을 때는 한국에 산업화와 경제 발전이 막 움터오기 시작했습니다. 이런 기운은 의기소침했던 사람들을 미래에 대한 희망으로 가득 차게 변화시켰습니다.

1961년 기독교대한감리회 감독은 새로운 사역을 위해 저를 인천으로 파송하였습니다. 그 이후 10년 동안 도시산업선교회(Urban Industrial Mission)에 몸담고 있으면서 인천에 있는 공장과 부둣가 노동자들을 위한 사역을 지원하고 교육 프로그램을 도왔습니다. 한국인 동료들은 도시산업선교회의 준회원으로 인천에 있는 여러 공장에 노동자로 들어가 일하였습니다. 저는 소위 공목(工牧 - 공장 목사)이 되었습니다. 매주 여러 공장들을 방문해서 노동자들과 대화하거나 점심시간을 활용해서 노동조합(이하 노조) 지도자들과 회사 관리직 사람들을 만나고, 노동자 가정이나 입원한 노동자들을 심방하였습니다.

도시산업선교회에서 일하면서 한국의 산업 노동자들과 가까운 교분을 나눌 수 있었습니다. 이 일을 시작한 초기만 해도 한국에 노동자의 권리를 옹호하기 위한 민주 헌법과 노동법이 있었으므로 도시산업선교회는 정부와 회사 관리들과 좋은 관계를 맺을 수 있었습니다.

1970년대와 1980년대에 군사 정부와 경제개발 계획자들이 야심찬 경제개발 계획을 이루기 위해 노동자의 권리를 박탈하면서 도시산업선교회 직원들은 늘 경찰의 감시를 받아야 했습니다. 정보부에 끌려가 매맞고 감금되는 사람들도 있었습니다.

저는 1971~1973년 동안 안식년을 맞아 도시산업선교회를 떠나 위스콘신대학교에서 국제산업관계로 박사 과정을 밟았습니다. 논문이 거의 끝나갈 무렵에 서울대학교에서 교수로 초빙받았습니다. 이 제의를 수락할 때만 해도 저는 한국에서 어떤 큰 일이 있었는지 알지 못했습니다.

1973년에 유신헌법이 새로 공포되었습니다. 이 법으로 인해 정부에 대해서 비판을 할 수 없었고, 혹 비판을 하면 비밀 군사재판과 장기 감옥형을 받게 되었습니다. 정보부는 국민의 삶에 속속들이 개입할 권한이 있었습니다. 정보부 요원들이 교회까지 들어와 기도나 설교 내용을 일일이 종이에 기록했습니다. 수많은 목사들과 기독교 동료들이 투옥되었습니다. 그들을 위한 기도회가 매주 있었는데 저도 그 모임에 참석했습니다. 저는 그리스도를 믿는 죄수 부인들을 통해 사형선고를 받은 여덟 명의 아내들을 소개받았습니다.

'무고한 자를 위한 기도', '육신', '찻집'은 남한 정부 전복 음모죄로 여덟 명이 고문받고 결국 사형당한 사건을 중심으로 엮은 이야기입니다. 여기에 등장하는 중심 인물들은 몽상가는 물론 정의를 위한 투사도 아닙니다. 그저 평범한 시민으로 또 그렇게 평생을 살기 원했던 선남선녀들입니다. 그들은 무력의 희생제물일 뿐 영웅이 아닙니다. 그러나 세상이 기억해야 할 '무고한 자'에 속합니다. 저는 그들을 위해 기도했다는 이유로 1974년 12월 한국에서 추방되었습니다. 제 가족은 그 다음해 미국에 와서 저와 합류했습니다. 아내가 한국을 떠날 때 동료들은 그녀에게 "미국 가서 우리 이야기를 전해 달라."고 부탁하였습니다.

1975년 저는 한국에 관한 책을 집필했습니다. *Liberty to the Cap-*

tives : the Struggle against in South Korea. 이 책에 한국에서 선교사로 있으면서 겪었던 일을 모두 기록하였습니다.

그 이후 수년 동안 남한에서는 인권·민주화 운동이 거세게 일어났습니다. 여러 단체, 학생, 교육자, 농부, 노동자, 교회 및 시민 단체 지도자들간에 연대가 넓어졌습니다. 군사 정부에 의한 체포, 장기 투옥, 고문은 더욱 심해졌습니다.

1980년 민주화를 요구하는 광주에 정부군이 투입되어 수백에 달하는 민간인들이 목숨을 잃었습니다. 당시 민주 투사로 알려진 김대중 씨는 폭동 주동 혐의로 사형을 언도받았습니다. 그러나 군사정부 반대 운동은 계속되었습니다. 더 많은 일반 시민들이 민주화 운동에 가세했습니다. 정부는 이를 북한 공산주의의 위협으로 인한 불가피한 처사로 정당화시키려 했지만, 국민이 원하는 민주화와 통일의 염원을 잠재울 수는 없었습니다.

1987년 6월까지 대부분의 대도시에서 시민들의 데모가 끊이지 않았습니다. 데모 저지에 필요한 최류탄이 부족할 정도였다고 합니다. 대통령은 후계자를 점찍어놓고 민주 선거 의사를 밝혔습니다.

1989년 두 번째 책인 *South Korea : Dissent within the Economic Miracle*의 자료 수집을 위해 한국에 3개월간 머물렀습니다. 이 책에서는 한국의 노동자들이 인간으로서의 양심과 민주적인 권리를 위해 오랫동안 투쟁한 역사 이야기로 1987년 여름에 시작된 6월항쟁을 부각시켰습니다. 6개월 동안에 수천이나 되는 노동조합이 전국적으로 새로 조직되었고, 수만 명의 노동자들이 민주적인 노동 운동에 참여했습니다. 수년 동안 대규모의 노동 파업이 일어났고, 1만 명 내지 2만 명에 달하는 노동자들이 여기에 가담했습니다. '미완성의 갈등'은 네 번째 이야기로서 이러한 상황을 반영하고 있습니다.

마지막 이야기는 북한에서 탈출한 조선인을 러시아에서 만나 인터뷰하여 얻은 영감으로 썼습니다. '어쩔 수 없는 탈출'은 고향으로 돌아갈 수 없는 상황에 처한 두 북한 남성을 주인공으로 삼았습니다. 법적 권리가 전혀 없는 러시아에서 고난의 삶을 나누면서 두 사람은 의형제를 맺습니다. 그 중 한 사람은 남한에 피난처를 얻습니다. 새로운 친구들을 만나고 경험하는 과정을 통해서 한반도의 평화 통일을 갈구하는 한민족이 처한 복잡한 상황의 내면을 파헤쳐 보았습니다.

한반도의 평화와 화해 문제는 1984년 이후부터 우리 부부의 큰 관심사가 되었습니다. 그 해에 도로디는 놀랍게도 'American Friends Service Committee' 평화대표단의 일원으로 북한을 방문하였습니다. 이 기회는 삶을 변화시킬 만한 경험을 안겨 주었습니다. 그녀가 받은 가장 큰 인상은 한민족은 하나라는 사실이었습니다. 50년 넘게 서로 다른 제도에서 살았지만 그들은 공동의 뿌리를 가진 것이 분명했습니다. 한민족이 강압적으로 겪어야 했던 비극적인 분단으로 남한 사람들이 아픔을 겪었듯이 북한의 사람들도 마찬가지였습니다. 이산 가족의 아픔은 남과 북 다 같았고, 전쟁에 대한 두려움도 같았으며, 국가 안보라는 미명하에 억압받는 상황이라든지 전쟁 준비에 국력이 소모되는 것, 이 모든 것들이 같았습니다. 그러나 서로가 서로의 삶을 모르고 있었습니다.

도로디는 북한을 방문하고 돌아와서 미국 전역의 교회와 민간 단체를 순회하며 한반도 문제를 사람들에게 알릴 기회를 가졌습니다. 미주 한인들 가운데 북한을 방문하는 사람들이 꽤 있는 사실도 알게 되었습니다. 그러나 북한 방문 사실을 쉬쉬하며, 드러내는 데는 주저하는 모습도 보였습니다. 한인 사회에서 친 공산주의 세력으로 낙인찍힐까 봐 두려워하는 것 같았습니다.

뉴욕에 있는 교회가 도로디를 초청했는데, 그 이후 교회 안에 갈등이 있었다는 담임목사의 전화를 받았습니다. 그래서 한인 교회에서 모임을 갖는 대신에 이웃 미국 교회에서 모임을 갖도록 하고 원하는 한인들은 참석할 수 있게 준비했습니다. 75명의 한인들이 미국 교회에서 드리는 예배에 참석했습니다. 그들은 북한에서 온 책들을 살피고 궁금증을 풀려고 여러 시간 동안 남아 있었습니다. 그러나 놀라운 변화가 세상 한 모퉁이에서 일어나고 있었습니다.

1980년대에 남한에 있는 교회 및 사회 단체들이 남·북 화해 문제를 토론하려고 시도했지만 정부에 의해서 좌절이 반복되었습니다. 이런 심각한 문제를 공적으로 다루기 위해서 한국 교회는 세계교회협의회에 협력을 요청했고, 그 결과 마침내 1984년 일본 도잔소에서 역사적인 회의를 가질 수 있었습니다.

세계기독교교회협의회는 북한과 남한에 대표를 파견하고 양측에 사는 기독교인들의 모임을 주선했습니다. 미국기독교교회협의회도 북과 남을 방문했습니다. 1986년 그들은 〈코리아의 평화 통일〉이란 성명서를 발표했습니다. 이 성명서로 비록 의견 대립은 있었지만 미국에서 코리아의 북·남 문제에 관한 대화의 문을 열었습니다. 그리고 남한에서도 1987년의 민주 개혁과 아울러 통일에 대한 관심이 고조되었습니다.

1988년, 남한 땅에서 처음으로 통일에 관한 국제회의가 열렸습니다. 불행히도 북측 대표들은 참석하지 못했지만 예배 기간 중에 3천여 명의 참석자가 통일을 염원하는 통성 기도를 드리는 장면은 감격적이었습니다.

1989년 우리 부부는 미국의 수도인 워싱턴 디시에서 열린 통일 회의에 참석했습니다. 그 모임의 가장 중요한 순서는 분단을 상징적으로 끝내는 장면이었습니다. 회의장 마룻바닥에 한반도 지도가 그려져 있었고, 그 지도 한가운데 38선을 가로질러 새끼줄이 놓여 있었습니다. 북과 남에서 온 교회 지도자들은 새끼줄 양쪽에 불을 붙였습니다. 줄이 완전히 타 없어지자 모인 무리는 함께 덩실덩실 춤을 추며 새로운 희망을 염원하는 노래를 불렀습니다.

불행하게도 남·북 관계는 야당의 총수였던 김대중 씨가 1998년 대통령으로 선출되기 전까지는 거의 진전을 보지 못했습니다. 그 전부터 북한에 밀어닥친 홍수와 가뭄으로 북한 사람들의 삶이 어려웠습니다. 수많은 사람들이 굶주림과 질병으로 죽었습니다.

1998년에 김대중 대통령은 필자도 참석의 특권을 누렸던 취임식에서 '햇볕 정책'을 발표했습니다. 이 정책에 따라 김 대통령은 북한을 방문했고, 7천만 겨레에게 전쟁의 공포로부터 벗어나야 한다는 의지를 분명히 선언하였습니다. 또 북한의 김정일 지도자와 얼싸 안았습니다. 손을 잡고 "우리의 소원은 통일" 노래도 함께 불렀습니다. 이런 노력으로 그는 노벨 평화상을 수상했습니다.

이산가족 상봉과 공동 프로젝트가 진전되고는 있지만, 근본 문제는 해결되지 않은 채입니다. 남한 사람들은 경제 불황으로 어려움을 겪게 되자, 통일이 될 경우에 처할 경제적 부담에 두려움을 느끼고 있습니다. 미국과 북한의 관계가 답보상태에 있는 상황도 통일을 향한 과정을 지연시키고 있습니다. 김대중 대통령은 국내적으로 정치적인 어려움에 처해 있고 자신이 설정한 목표를 달성하지 못한 채 퇴임을 앞에 두고 있습니다.

진심으로 사랑하고 존경하는 한국에서 경험하고 만난 사람들은 거의 반세기에 걸쳐 필자의 생애에 큰 영향을 끼쳤습니다. 제 삶에 다가왔던 수많은 독특한 경험들은 이 책을 통해 한반도에 대해 말해야 할 의무감마저 느끼게 만들었습니다. 그러나 저는 미국인입니다. 외국인으로서 한반도 역사의 인물과 사건을 쓴 것입니다. 그러므로 이 책에 나오는 내용에 다소 실수가 있더라도 전체적인 이야기를 통해 제가 의도했던 본래의 의도가 손상되지 않기만을 바랍니다.

대부분의 역사책에서는 이러한 사건이나 사람들이 거의 아니면 전혀 언급되지 않으리라 봅니다. 그러나 이 책에 나오는 이야기들, 전통, 또 그들의 존엄성은 매우 값지므로 미래에까지 전수되기를 바랍니다. 그리고 우리는 그들의 삶에 그저 감사를 드리는 바입니다.

1

아버지와 아들

제국주의와 분단의 제물

| **배경** |

필자는 1998년 2월 서울을 방문했을 때에 미스터 김을 만났습니다. 그는 공산주의자로 몰려 20년 이상 옥살이를 했습니다. 감옥에 있으면서 아름답고 감동이 넘치는 시를 써 엮은 시집을 제게 선물하였습니다. 필자는 그의 시를 읽고 그와 나누었던 대화를 상기하면서, 미스터 김과 그 외 수많은 사람들이 당했던 고통의 역사를 반추하는 이야기를 써야겠다는 생각을 갖게 되었습니다.

이 이야기는 미스터 김의 자서전이 아닙니다. 물론 몇 사건은 미스터 김의 삶과 비슷한 면이 있기는 하지만, 이 글은 필자가 아는 한국 역사에 기초한 이야기입니다. 이 이야기에 등장하는 인물은 글 속에 설정된 역사적인 삶과 경험을 겪었으리라 상상할 수 있는 가상 인물입니다.

이 이야기 속에 나오는 잘 알려진 도시 이름이나 역사적인 인물은 실명이지만, 그 외의 인물이나 그들의 고향 이름인 '순조'는 가명입니다.

이야기의 시작은 조선이 일본의 억압적인 식민주의에서 벗어나려고 독립을 추구하던 때로 거슬러 올라갑니다. 1910년에 일본 제국은 조선을 강제로 합병시켰습니다. 한민족에게 있어 일본의 지배는 두 가지 측면에서 생각해 볼 수 있습니다. 교육과 산업의 현대화를 강압적으로 받아야 했고, 역사적으로 원수지간이었던 나라로부터 당한 치욕이란 점입니다. 일본은 16세기에 조선 땅을 침범해서 나라를 황폐화하면서부터 한민족의 미움을 받게 되었습니다. 20세기에 들어서 일본의 조선 식민지화는 수세기 전에 당했던 일본 침략의 상처를 되새기게 하면서 옛적의 반감을 부채질한 셈이었습니다.

일본이 조선을 지배하기 시작할 당시에 조선 인구의 80퍼센트는 농촌에서 대부분 소규모 농사로 살아가고 있었습니다. 이런 조선을 일본이 산업화의 길로 강제로 밀어 부쳤습니다. 농민들은 억울하게 땅을 잃고 도시에 새로 개발된 방직, 화학, 철강 산업에 일자리를 찾아 나서야 했습니다. 일본인들과 친일파들만이 그들의 농지를 차지했습니다.

1919년 3월 1일에 한민족은 서울을 비롯한 조선 땅 방방곡곡에서 "대한 독립 만세"를 외쳤습니다. 독립운동 지도자들은 무자비한 고통을 받으면서도 일본인들에게 결코 굽히지 않았습니다. 1920년대에 들어서면서 공산주의자들이 일본인들을 몰아내고 장차 '인민공화국'을 세우려는 준비 작업으로 산업노동자와 농민들을 포섭하여 지하 조직을 시작했습니다.

1945년에 제2차 세계대전의 종결로 한민족은 해방의 기쁨과 동시에 잃었던 땅을 되찾으리란 기대로 부풀었습니다. 그런데 독립의 꿈은 일장춘몽이 되어 버렸습니다. 제2차 세계대전의 승리 국가인 미국과 소련이 한반도를 두 동강낸 것입니다. 38선 북쪽은 소련이 차지하고 남쪽은 미국의 신탁통치로 들어가게 되었습니다. 3년 동안 남쪽은 미군정 통치하에 있었습니다. 당시 이러한 상황을 잘 극복할 수 있는 전문가가 부족했던 것은 참으로 불행한 일이었습니다. 게다가 미군정은 백성이 선호하는 지도자가 제시하는 정부 수립을 거부했습니다. 이렇게 되면서 심한 반목과 질시가 도처에서 거세게 일어났습니다.

1948년에 남과 북으로의 분단이 공식화되었습니다. 한반도에 두 개의 정부가 수립된 것입니다. 북쪽엔 조선인민공화국, 남쪽엔 대한민국으로 말입니다. 미국은 이승만이 이끌던 우익파에게 정권을 이양했습니다. 그 당시는 토지 문제로 온 나라가 혼란에 빠져 있었습니다. 이승만 대통령은 농민들이 땅 문제로 아우성을 치자, 이를 두려워한 나머지 공산주의자의 전복 의도로 생각했습니다. 북쪽과 남쪽 양측 모두 서로 극단적인 이념에 빠진 사람들은 중간노선을 지키려던 사람들을 없앴습니다. 수많은 사람이 투옥되거나 암살당했습니다.

북한이나 남한 모두 분단된 나라를 원하는 사람은 거의 없었습니다. 그 결과로 발발한 1950~1953년에 있었던 전쟁은 엄청난 비극을 초래했습니다. 북한은 무력으로 남한 땅 대부분을 3개월간 점령하였습니다. 그 짧은 시기에 벌어졌던 처형과 대량학살은 말로 형용키 어려울 정도로 엄청났습니다. 북한과 남한간의 증오와 단절은 더 깊어지고, 두 동강난 나라의 화해 시도는 점점 더 어려워졌습니다. 남과 북 모두 땅은 초토화되었고 수백만 명이 목숨을 잃었지만, 38선으로 나뉜 분단은 더욱 굳어졌습니다. 1953년에 휴전협정이 체결된 이후 10년 동안, 공산주의 체제인 북한과 자본주의 체제인 남한 모두 자체 정부 유지와 전쟁 피해 복구, 그리고 서로를 견제하기 위한 방위 체제 구축 등으로 힘겨워했습니다. 북한과 남한 모두 선례가 없을 정도로 군사력을 강화시키고 게다가 더 빠른 경제 개발을 이루려고 서로 경쟁하였습니다.

이승만 대통령이 4·19 학생혁명으로 물러난 후 얼마 되지 않아 군사정권이 들어섰습니다. 남한 정부는 억압적인 군사독재로 이어지면서, 북한 남침의 위협을 구실로 인권 탄압을 정당화시켰습니다.

'아버지와 아들'은 한 농민 가족이 2대에 걸쳐 당시 전 세계적으로 팽배했던 제국주의의 희생제물이 된 한민족이 당한 갈등의 소용돌이 속에서 자유와 정의를 추구하는 이야기입니다.

33인

점잖게 차려 있은 33인이 따스한 햇살을 받으며 앉아서 기다렸다. 그들은 말총으로 만든 검은색 갓을 쓰고 헐렁한 하얀 바지와 윗도리 차림의 전통적인 한복을 입고 있었다. 일년간 준비했던 일을 방금 치렀으니 이젠 결과만 지켜볼 뿐이었다. 탑골공원에 자주 드나들던 남정네들은 방금 귀에 들린 소리에 깜짝 놀라들 했다. 그들은 소리가 나는 곳으로 몰려왔다. "어르신들은 누구시오? 아니, 일본 치하에서 우리가 해방될 수 있단 말이오? 일본 놈들이 물러간단 말입니까? 어르신들 정신이 있으신 거요? 아니면 우리 모두 죽게 만들 셈이오?" 개중에 두려워 떨던 사람들은 제자리로 돌아갔다. 장기도 두고, 잡담도 하면서…. 그러나 그들의 시선은 공원 앞쪽으로 모아졌다.

이들은 점잖으면서도 위엄 있는 자세를 잃지 않고 조용히 기다렸다. 경찰이 들이닥치는 데 시간이 걸렸다. 손병희 옹이 자리에서 일어나 굵은 음성으로 가락 읊듯이 독립선언서를 낭독하였다.

> 吾等(오등)은 茲(자)에 我(아) 朝鮮(조선)의 獨立國(독립국)임과 朝鮮人(조선인)의 自主民(자주민)임을 宣言(선언)하노라.
>
> 此(차)로써 世界萬邦(세계만방)에 告(고)하야 人類平等(인류평등)의 大義(대의)를 克明(극명)하며, 此(차)로써 子孫萬代(자손만대)에 誥(고)하야 民族自存(민족자존)의 正權(정권)을 永有(영유)케 하노라. …

선언서에 서명한 33인은 조선 전체의 대표자로서, 특히 당대의 주류를 이룬 3대 종교를 대표하였다. 그들은 1919년 3월 1일 거사를 위해 일년 동안 비밀리에 선언서를 준비하였다. 일본 경찰은 다른 데 정신을 파느라 이 거사를 조금도 눈치채지 못했다. 손병희 옹이 선언서 낭독을 마친 후에 한 청년이 전화 다이얼을 돌렸다. 계획한 대로였다.

전화를 받은 경찰서에서는 처음엔 장난으로 여겨 대수롭지 않게 여겼다. "조선인 독립이라고? 말도 안 되는 소리!" 그들은 웃어넘겼다. 그러나 경찰관 한 명이 선언서 한 장을 쥐고 뛰어 들어오자 분위기가 싹 돌변했다. 이게 사실이라면, 경찰서 우두머리들은 물론이고 모두가 경을 칠 것이 분명했다. 순식간에 한 부대가 경찰서를 빠져나가고 대기 경찰대를 탑골공원으로 집결시키라는 비상 호출이 전달되었다.

공원으로 달려간 경찰은 이 사건에 충격을 받았다. 조선인들에게 허를 찔린 심정이었다. 분노를 억누를 수 없었는지 군중에게 곤봉을 휘둘렀다. 그렇다고 조선인들이 쉽사리 흩어질 리 만무했다. 그러자 이번에는 총을 쏘기 시작했고, 사람들은 총을 맞고 쓰러졌다. 그러나 33인은 그대로 좌정한 채였다. 경찰은 그들 머리와 어깨를 곤봉으로 무자비하게 때리고선 공원 밖에서 대기중이던 호송 차로 끌고 갔다. 그들은 투옥되어 모진 고문을 당했다. 대변자 격인 손병희 옹이 가장 심한 고문을 받았다. 2년 후 손병희 옹은 더 이상 고문을 견디지 못하고 옥사(獄死)하였다.

일본인들을 놀라게 한 건 이 사건만이 아니었다. 이들이 낭독했던 독립선언서가 한반도 방방곡곡에 이미 배포되어 있었기 때문이었다. 3월 1일 같은 날에 200여 도시와 마을에서 독립만세 운동이 일어났던 것이다. 처음엔 주저하던 일본 경찰이 야만인처럼 잔인해졌다. 남녀노소를 불문하고, 심지어 어린아이들까지도 때렸다. 사상자는 수천 명에 이르렀고, 주모자들은 잡혀 고문을 당했다. 어떤 마을에선 기독교는 물론 천도교(天道敎) 신자들까지 예배당에 가두고 불을 질렀다. 건물 안에 있던 사람들은 모두 다 타 죽었다. 33인의 독립 운동 여파는 전국적으로 예상보다 더 많이 번져 나갔다.

1919년 3월 1일, 전라남도 순조 마을도 예외는 아니었다. 산신령을 모시는 큰 떡갈나무 아래에 마을 사람들이 모였다. 김경실이 독립선언서를 낭독했다. 김씨 가족은 순조에서 대대로 살아왔다. 그는 신실한 천도교인으로 나라의 독립을 간절히 바라는 정의의 사나이였다.

김씨의 부친은 19세기 말에, 일본의 내정과 외세에 대항해서 일어났다가 결국 실패로 돌아간 동학란에도 가담했던 인물이었다.

김씨가 독립선언서를 낭독하자마자 일경이 들이닥쳤다. 떡갈나무 아래 모였던 사람들에게 곤봉을 휘둘러 흩어지게 하고, 미처 피하지 못한 사람들은 정신을 잃을 때까지 때렸다. 김씨는 경찰서로 끌려갔다.

7일 후에 떡갈나무에서 그리 멀지 않은 논두렁에서 김씨가 발견되었다. 양쪽 다리뼈가 부러지고 상처투성이가 된 그의 몰골은 차마 눈 뜨고 볼 수 없었다. 김씨는 경찰에게 협조하지 않자 죽도록 맞고 결국 논두렁에 내던져졌던 거였다.

토지 개혁

김씨는 6개월이나 혼수 상태에 빠져 있었다. 누군가 대문을 꽝꽝 두드렸다. "임자, 누가 왔나 봐. 문 좀 열어 주오." 6개월 만에 처음 하는 말이었다. 앉아 있기엔 그의 육신이 너무나도 쇠약했다. 그는 다시 드러누웠다. "여보, 손님을 안으로 드시게 해요."

그러나 손님은 방으로 들어오지 않았다. 자그마한 마당에 서서 모욕적인 언사로 소리쳤다. "김경실, 9월 5일까지 이 집을 비우시오. 아니면 이 집에 세 들어 살 수 있으니 그날까지 홍탁준과 계약하시오." 그리고는 종이 한 장을 마루에 휑하니 던지고 나가 버렸다.

"여보, 방금 그자가 누구요? 도대체 뭐라고 하는 거요?"

"당신, 반년이나 깨어나지 못했잖아요. 그 동안 일본 놈들이 우리나라 땅 전체가 일본 왕의 것이라고 합디다. 토지 개혁인지 뭔지 한답시고 온 마을을 뒤지고 다니더니 토지 구획을 새로 만들었어요. 그리고선 땅을 조금씩 팔고 있어요."

"내 땅, 아니 조상 땅을 판단 말인가? 그럴 순 없소. 이 땅이 어떤 땅인데…. 조상 대대로 내려온 땅인데…. 뭔가 잘못된 것 같으니 내 가서 말하리다."

"여보, 일본 놈들은 지네들하고 싶은 대로 합디다. 마을 전체를 일본 놈들이 사들이고 있어요. 아니면 조선인 매국노들이 산단 말예요. 게다가 당신은 몸이 너무 약해요. 일어서지도 못하는데 어딜 간단 말예요?"

며칠 더 지나자 김씨는 간신히 몸을 일으킬 수 있었다. 부러진 다리가 아직 아물지 않은데다가 6개월씩이나 누워만 있었더니 온 몸이 굳어 있었다. 그러나 그대로 누워 있을 수만은 없었다. 아내의 부축을 받아 마을 사무실까지 간신히 갈 수 있었다. 문패가 일본어로 쓰여 있었다. 사무실 책상 앞에 일본인이 앉아 있었고, 순사복 차림을 한 조선인들이 몇 명 주위에 서 있었다.

"이봐, 여기는 뭐 하러 왔어?"

젊은 조선인 한 명이 거만하게 내뱉었다.

김씨는 참말로 놀랐다. 이 젊은이가 어른한테 거친 언사를 함부로 쓰다니! 기분이 영 말이 아니었다.

"자네 예의가 없구만, 내게 그렇게 말하다니!"

젊은이는 빈정대었다.

"가서 잠이나 자구려. 이미 늙어 버린 신세잖소. 당신 시대는 이미 끝장이오. 우린 조선을 새롭게 만드는 중이란 말이오."

그러자 일본인이 끼어 들었다. 일본말로 뭐라 하자 조선인이 통역했다.

"늙은이, 우린 당신이 누군지 알고 있다. 마을 사람들을 유혹해서 황국을 반대한 것 말이다. 실은 더 심한 고문을 받아도 마땅했지. 벌을 적게 받은 거, 일왕의 은혜인 줄이나 알아라. 그러니 암말 말고 되돌아가 이사갈 준비나 해. 그리고 내가 부르기 전엔 여기에 다시 올 생각 마. 알겠나?"

김경실은 너무나도 심한 모욕에 어처구니가 없었다. 이 작자들 도대체 제 정신인 사람들이란 말인가? 어떻게 이런 일이 벌어질 수 있단 말인가! 내가 아직 혼수 상태인가? "나가!" 버럭 지르는 소리를 듣고서야 정신이 번쩍 들었다. 김씨는 아내의 부축을 받아 집으로 돌아왔다.

바로 그 다음날이었다. 자동차 한 대가 마을로 들어섰다. 사나이 둘이 차에서 내리더니 김씨 집을 향했다. 아내가 김씨에게 알렸다.

"남자 두 사람이 이리로 오고 있어요. 누군지 모르겠지만, 성난 표정이에요. 나가서 만나 보는 게 나을 것 같네요."

김씨가 꾸부정하게 일어서는데 이미 그들이 김씨 집에 다가왔다. 무례하게 대문을 세차게 두드리더니 큰 소리로 외쳤다.

"문 열어! 땅 주인이 왔다."

밖에서 문을 밀치는 바람에 안에서 문을 열려던 아내는 쓰러질 뻔했다. 그 사람 뒤로 양복 차림의 조선인이 들어왔다. 요즈음 행세하는 사람처럼 그 사나이도 경멸조의 어투였다. 김씨는 그 사나이가 하는 말 한마디 한마디에 분노와 굴욕감을 느꼈다.

"난 홍탁준이다. 이 집의 새 주인이 될 사람이다. 지난 3월 1일 네가 한 행위로 봐선 너 같은 작자가 내 땅에서 일할 수 없다만, 남게 해주지. 논 반 마지기와 밭 두 마지기를 갖고 일해. 여기 있는 이씨가 십장이다. 어디다 무엇을 심을 건지 알려줄 게다. 알아듣겠나?"

그러나 김씨는 입을 놀릴 수가 없었다. 홍이란 사람 만난 적은 없었지만, 일본 놈에게 나라를 팔아먹는 자와 일본인들에게 아첨하는 자들에 대해서 이미 들어 알고 있던 터였다. 분노가 끓어올랐지만 한마디도 내뱉을 수 없었다. 입을 열면 분노가 그대로 터져 나올 것 같았다. 이미 망가진 몸이니 배신자들에게 내던져버리고도 싶은 심정이었다. '아버지, 할아버지, 조상에게 뭐라고 변명하나. 조상 땅을 빼앗겼으니 무슨 면목으로 조상을 대하겠는가!' 김씨의 가슴은 찢어질듯이 괴로웠다.

"하나만 더 말하지. 수확은 반씩 나눈다. 다른 사람들과는 6대 4로 나누는데, 넌 병신이라 건강한 사람보다 수확이 적을 테니 적게 받는 거다. 알겠나?" 새 지주는 덧붙였다.

"예, 알겠소." 김씨는 간신히 말했다.

"좋다. 그럼, 이 서류에 도장 찍어." 이씨라는 사람이 종이 석 장을 가방에서 꺼냈다. 계약서는 한문으로 되어 있었다. 한문을 읽을 줄 모르는 김씨는 좌우지간 도장을 찍었다. 반항해봤자 쓸모 없는 게 뻔했다. 비료랑 운반비는 김씨가 물어야 한다는 조항이 계약서에 있는데도 그는 김씨에게 알리지 않았다. 그 외에 토지세도 김씨 몫이라는 항목이 있었다.

이씨는 도장 찍힌 계약서를 작은 가방에 넣으면서 말했다. "저기 저 큰 집이 내가 사는 집인데, 내일 아침 6시에 홍 지주와 계약한 사람 모두 그 앞에서 모인다. 그때 작업에 관한 훈시가 있겠다. 알겠나?"

"예, 알겠소."

그 이후로 김씨 내외는 25년 동안 농노 취급을 당하며 살았다. 홍은 해마다 쌀 수확의 절반을 받아갔다. 또 무모한 전쟁을 일으켰던 일본은 군비 충당에 쓰려고 토지세금도 올렸다. 김씨 내외는 말로 표현하기 어려울 정도로 비참하게 살아야 했다. 끼닛거리가 없는 날엔 김씨 아내는 마지막으로 남은 고구마를 남편에게만 주었다. 이런 사실을 김씨가 모를 리 없었다. 이렇게 기나긴 고통의 나날 가운데서도 김씨에게 위로가 되는 두 가지가 있었다. 자신처럼 고통 당할 자식이 없다는 것과 아내의 얼굴이 예쁘게 생기지 않은 점이었다. 미모의 아낙네들은 끌려가던 때라 천만 다행이다 싶었다.

야간 손님

1929년 들어 두 가지 사건이 일어났다. 첫째는 김씨네가 득남한 것이다. 원래 김씨는 자식을 원치 않았었는데, 막상 아들이 태어나자 그렇게 기쁠 수가 없었다. 조상 대대로 물려받았던 땅을 빼앗겨 조상을 부끄럽게 했다는 죄의식에 싸여 있었는데, 최소한 조상의 대를 이어갈 아들이 생긴 것이다. 그러나 아들이 태어난 날은 마치 운명과도 같은, 그리 기쁘기만 한 날은 아니었다. 3월 1일생으로, 바로 10년 전 그날, 조선 민족에겐 역사적이요, 김씨 자신은 엄청난 곤욕을 치렀던 날이었다.

이름만큼은 '3월 1일'의 나쁜 징후를 없애고 싶어서 마을 작명인을 찾아갔다. 그는 아기가 태어난 날과 시, 신체적 특징, 조상의 이름과 별들의 운행들을 확인했다. 작명인은 아기와 가족에게 맞는 이름을 지으려고 작명록을 들춰보았다. 3월 1일처럼 특별한 날에 태어난 아기의 작명은 일반 작명보다 더 많은 시간이 필요했다.

작명인은 2주 만에 김씨를 찾아왔다. "용기와 희망을 주는 의미를 가진 이름을 지었소. 이런 이름이라면, 이 아기가 커서 당신이나 조상에게 자랑스런 인물이 될 게요. 이름은 '명걸'이요. '명(明)'은 새날처럼 밝고 맑으며, '걸(傑)'은 영웅, 백성을 이끌 사람이란 뜻이 담겨 있수다. 그래, 아기 이름을 김명걸이라 작명했소이다." 김씨는 상상해 보았다. 내 아기가 우리 백성을 해방시킬 인물이 될지 모른다. 아니면 최소한 조상의 땅이라도 되찾을 게다. 그러나 산모의 생각은 달랐다. 몸이 튼튼해서 아버지를 도와 농사나 짓기를 바랬다.

명걸은 첫 아들로 부모가 애지중지하다 보니 막무가내였다. 두 살이 될 때까지 엄마 젖을 빨면서 온 집안을 쑤시고 다녔다. 그러나 다섯 살이 되면서는 집안 일을 곧잘 도왔다. 심부름은 물론, 산에 가서 땔감도 잘 해오고, 물을 길어 오는가 하면, 밭으로 음식을 날라 아버지가 집으로 오가는 시간을 일하는 데 쓰도록 도왔다. 여섯 살이 되자 소학교를 다니기 시작했는데 거기선 읽고 쓰고 말하는 것 모두를 일본 선생이 일본어로 가르쳤다. 그러나 집에선 조선어만 사용하면서 애국 정신을 배웠다. 그래서 조상에 대해서도 쉽게 배우고, "자유, 평등, 농민을 위한 토지"란 동학란의 표어도 쉽사리 외웠다. 또한 3·1 독립운동과 아버지의 다리가 왜 부러졌는지에 대해서도 귀가 따갑도록 들었다. 그러다 보니 명걸 자신도 자유를 갈구하는 마음으로 들끓고 있음을 느낄 수 있었다.

1929년에 생긴 또 다른 중요한 일은 바로 밤에 찾아오는 손님이 있었다는 것이다. 바로 옆집에 사는 이웃이 어느 날 오후에 쌀 농사에 관해 물어볼 것이 있다고 찾아 왔는데, "밤중에 우리 집에 좀 들리소."라며 지나치듯이 귓속말을 하는 게 아닌가.

김씨는 그것이 무슨 뜻인지 몰랐다. 그저 염려스러울 뿐이었다. 무슨 큰 문제가 있는 것 같은데, 처자를 거느린 처지에 어려움에 빠지지나 않을까 걱정스러웠다. 그렇지만 자정이 되기 몇 분.전에, 조용히 잠자리를 빠져 나와 약속된 집으로 향했다. 대문이 열려 있어서 문을 두드리거나 헛기침할 필요가 없었다. 집안으로 들어가니 이웃집 아낙네가 손짓으로 방을 가리켰다. 방안엔 안면이 있는 네 남자가 이미 앉아 있었다. 상석에 앉아 있는 사람은 손님인 게 분명했다. 등잔불 하나가 방안을 희미하게나마 밝히고 있었다. 또 다른 이웃이 들어올 때까지 아무도 입을 열지 않더니 집주인인 송마종이 낮은 소리로 말했다.

"잘 들으시오. 옆집과 담벼락 하나 사이니 크게 말해선 안 됩니다. 이 모임이 다른 사람들에게 알려지면 안 되니, 여기서 말한 내용은 비밀을 지켜야 합니다. 아주 위험에 처할 수 있으니, 혹 여러분 가운데 마음이 편치 않은 사람이 있으면 지금 나가 주시오."

잠시 침묵이 흘렀다. 김씨의 몸이 부르르 떨렸다. 여기에 남아 있고 싶은 생각은 없었는데도 몸을 움직일 수 없었다.

송씨는 계속 말을 이었다. "여기 계신 손님께서 소식을 갖고 왔습니다. 이분의 이름을 알 필요는 없습니다." 송이 손짓을 하자 손님이란 사람이 입을 열었다. 그이는 작은 체구에 양복 차림이었다. 목소리는 굵었지만 꽤 서두르는 어조였다. "동지들, 내 좋은 소식 갖고 왔어요. 저기 저 북쪽에 있는 소련이란 나라에서 대혁명이 일어났습니다. 노동자와 농민들이 정권을 잡았다고 합니다. 지주나 착취자들이 쫓겨나고, 농민들은 땅을 되찾았다고 합니다."

좌중의 한 사람이 말을 가로챘다.

"몇 년 전 일본이 소련과 전쟁해서 이겼잖아요. 그런데 그런 나라가 우리를 어떻게 도울 수 있단 말입니까?"

"그게 우리랑 무슨 상관이오? 그들은 우리가 일본으로부터 해방되도록 도울 겁니다. 때가 오면, 군대를 보내서 우리를 구할 거요. 그 동안 우린 준비해야 되구요. 이미 방직공장 등 여러 공장에서 조직망을 짰어요. 며칠 전 대구에 있는 방직공장에서 한 3백여 명의 여공들이 일본을 반대하는 전단을 돌리다가 잡혔답니다. 이 나라에 있는 모든 공장에서 비밀리에 조직을 짜고 있고요. 혁명의 때가 오면 농민이 앞장서야 하오. 농민과 공장 노동자들이 중심이 돼서 혁명의 날을 준비해야 하오."

한 사람이 말을 가로챈다. "지주나 경찰이 알게 되면, 잡혀가거나 남은 땅마저 몰수당할 텐데, 이건 할 수 없소."

"3·1운동 기억나시죠? 그때 일본놈들은 사전에 그 모든 계획을 전혀 눈치채지 못했죠. 동학란을 생각해 보십시오. 우린 그런 정신과 목적을 갖고 있어요. 그 작은 왜놈들을 바다로 쫓아내야 해요."

김경실이 대화에 끼어 들었다. "여러분, 그 난쟁이들이 내게 한 못된 짓 아시죠? 사실 난 자식 때문에 두렵소. 그러나 여러분과 함께 하겠소. 지금 우리의 처지가 노예와 다를 바 없잖소. 그러니 우리가 할 일이 뭐요?"

"여기 우리가 같이 학습할 책 두 권을 갖고 왔습니다. 내용은 많지 않지만, 여기엔 노동자 계급이 승리를 이끌 수 있게 하는 공산당과 세계 혁명에 관한 게 적혀 있소. 이걸 여러분께 드리겠습니다." 그리고선 안내서 두 권을 김경실에게 주었다.

"이걸로 어떻게 하죠?"

"돌아가면서 읽고 공부하면 됩니다. 당과 혁명에 여러분 목숨을 바쳐야 합니다. 그러나 베껴 쓰는 일은 절대 안 돼요. 그리고 언제든지 이 책을 숨겨두세요. 어느 누구도 이 모임이나 책자에 대해 발설해선 안 되고, 혹여 누가 알게 될지라도 발설하지 않도록 단단히 다짐해 두어야 합니다. 여기 여섯 사람은 혁명의 희망입니다. 자, 난 떠나야 하오. 두 달 후에 다시 오겠소. 혁명 만세!"

그는 문밖으로 나갔다. 남아 있던 여섯 사람은 말없이 그대로 앉아 있었다. 천천히 한 사람씩 조용히 일어나더니 자리를 떴다.

집으로 돌아오는 길에 김경실은 의심스러운 점을 발견했다. 송마종과는 같은 마을에서 아주 오래 같이 살았는데도 그가 믿을 만한 훌륭한 일꾼이란 것 외엔 아는 게 없었다. 그런데 최근에 송이 보이지 않던 사실이 새삼 떠올랐다. 대부분의 마을 사람들은 위장병을 앓았던 처지라, 남편이 위가 아파서라는 송씨 아내의 말을 의심하지 않았다.

그런 밤 모임이 있고 나서 며칠 후에 김씨는 송씨를 밭에서 만날 수 있었다. "이번엔 우리 집에서 만납시다."라며 김씨가 운을 뗐다. "지난번처럼 자정이오." 주저 없이 송씨가 동의했다.

이번에도 등잔불 하나만 켜 놓고 서로 무릎이 맞닿을 만큼 가까이 앉아서 조용히 속삭였다. 김씨가 일단 말문을 열었다.

"자네, 그 사람을 어떻게 알게 된 거요? 그가 주고 간 책자로 무엇을 할 생각이오? 이제부터 어떻게 되는 거요?"

"난 당신이 이런 질문을 하지 않기를 바랬소. 아주 극소수만 이 일을 아는 것이 좋고 안전하오. 정말 내 말을 듣고 싶소? 일단 알게 되면 더 깊이 빠지게 되고, 체포되면 고문을 지독히 받을 거요."

"나도 그 정도는 알고 있소. 전에 내가 당했던 고문보다 더 심하기야 하겠소. 대체 무슨 일이오?"

자, 내 말하리다. 몇 년 전 정월 초하루 아버님과 조상에게 성묘를 갔었어요. 차례를 드린 후 형제와 함께 아버님 묘 아래 앉아 있는데 마을에서 올라온 한 사내가 우리 옆에 앉더군요. 내 동생은 나를 그자에게 소개하더니 동학 운동 같은 걸 다시 하게 되는데 내가 합세했으면 좋겠다고 했어요. 물론 모든 게 비밀이라면서요. 경찰이 알았다면, 고문과 죽음뿐이겠죠.

그자는 내게 지난번 손님이 당신에게 주고 간 것과 같은 안내지를 주면서 생각해 보라고 하더군요. 그리고선 한 주 정도 말미를 주겠다고 했는데 난 거절했죠. 그러나 여하튼 이 만남에 대해서 아무에게도 말하지 않았어요.

한달 후엔가 연락도 없이 내 동생이 찾아왔어요. 난 안내지를 읽은 후라 그들이 말하는 것이 반 일본 운동이고 소위 공산주의자들의 모임인 것을 알게 되었죠. 난 공산주의자에 대해선 모르지만, 안내서 내용을 보자니, 그들은 해방과 농민을 위한다고 되어 있더군요. 그래 어떻게 가담하는 것인지 동생에게 물었어요. 동생은 이 운동에 가담할 마을 사람들을 모집할 만한 마땅한 사람을 원하였소. 당신도 아시다시피 난 지난해에 서너 번 아팠지요. 그걸 방패삼아 사람 모집에 나섰소. 지금까지 거의 2년이나 이 일에 가담하고 있습니다.

김씨는 희미한 어둠 가운데 잠시 상념에 잠겼다. 아버님과 조부님은 동학 운동에 가담하신 분들이었다. 지금 내 자신도 백성을 위해 그러한 운동에 가담할 기회가 주어진 것이다.

"얼마나 많은 사람이 이 운동에 가담하였소?"

"정확한 숫자는 나도 잘 모르겠소. 그걸 알 사람은 아마 없을게요. 단지 이 나라 대부분의 지역마다 세포 조직이 되어 있다는 것은 알고 있습니다. 농민노동자조선연맹이라는 조직이 있어요. 이것은 합법적인 조직이라 일제 치하에서도 공개적으로 알려져 있지만, 그 내면으로 들어가 보면 전국적인 혁명가들의 집합소로 쓰이고 있답니다."

"송씨, 나도 가담하겠소. 그럼 내가 어떻게 하면 좋겠소?"

"우린 당신이 이미 당했던 그 어려움을 잘 알고 있소. 그러니 그냥 마을에서 무슨 일이 일어나고 있는지 주시하고 있다가, 때가 오면 그때 주민을 선동해서 혁명을 지원하시면 됩니다."

당장 할 말도 별로 없고 해서인지 송씨는 일어섰다. "당신 마누라가 당신을 의심하지 않도록 하고, 만에 하나라도 다른 사람에게 당신에 대해 말하지 않도록 꼭 단도리해 두시오. 나는 당신에게 다시는 이 문제를 거론하지 않을 것이오." 그런 후 송씨는 신을 신었다.

결혼

그날 밤 이후 김씨의 온몸은 두려움으로 휘감겨 있었으나, 가슴엔 희망의 싹이 자라고 있었다. 작달만한 손님은 그 이후에도 한 5년 동안 가끔 마을에 나타났다. 소련 블라디보스토크에서 일어난 모임에 대해서 알려준 것이 그 사람의 마지막 방문이었다. 조선과 소련의 지하 당원들이 혁명을 위한 계획을 이미 세웠다고 했다. 조선 반도 도처에 있는 공장 노동자와 농민들이 조직화되었다고도 주장했다. "미국과의 전쟁이 다가오고 있소. 이미 일본은 중국과 전쟁중이잖소. 그네들이 서로 피 흘리며 싸우고 나면, 혁명이 내부와 외부에서 일어날 것이니, 우리가 조금만 더 고생을 참읍시다."

김씨를 비롯한 마을 주민들의 고통은 더욱 심해졌다. "이같이 거룩한 전쟁을 하는 모국을 지원하기 위해 쌀 생산을 증가시켜야 한다. 추가로 가구당 1퍼센트의 토지세를 늘리기로 했다. 이건 작은 희생에 불과하다." 마을 촌장의 지시였다.

김씨와 아내는 낙담한 채 서로 얼굴만 바라보았다. 김씨의 육신은 나이보다 훨씬 지쳐 있었다. 이미 더 이상 버틸 힘조차 없었다. 아내 역시 중노동에 시달려 이미 한계선에 달한 상태였다. 해결책이 있다면, 그건 명걸이가 학교를 중단하고 일에 매달리는 것이었다. 김씨는 아들을 방으로 불렀다.

"명걸아, 난 네가 학업을 마쳤으면 하고 간절히 바랬었는데…

음… 근데, 어쩔 수 없구나. 네가 공부를 접어두고 나랑 일을 하자꾸나. 정말 미안하구나. 조상 땅 잃고 어찌 머리 들고 산다 했더니, 이젠 네 장래까지 희생시켜야 하다니. 용서해다오, 아들아."

"아버지, 그런 생각일랑 마세요. 아버지랑 밭에 나가 일하는 거 전 괜찮아요. 아버지, 우린 땅을 잃은 게 아니에요. 도둑질당한 거잖아요. 저도 내일부터 일할게요."

김씨는 묵묵히 앉아만 있었다. 이런 자식을 둔 내가 얼마나 복인지. 아! 조상께서도 이런 후손을 보시면 분명 기뻐하실 게다. "얘야, 이야기할 게 하나 더 있다. 네 어머니가 늙어서 부엌일도 도와야겠구나. 네 나이 벌써 14살이 되었구나. 장가 갈 나이니 어머니가 색시 감을 알아보고 있다. 금방은 아니겠다만, 이 일 잊지 않고 있다는 거 네게 알리고 싶다."

"네, 알겠습니다."

일본 치하에서 새로 부과된 배당량을 채우려고 아버지와 아들과 어머니는 함께 부지런히 일했다. 어느 날 오후, 뙤약볕에 지친 명걸 어머니는 기어이 쓰러졌다. 가족은 간신히 부축해서 집에 데려다 뉘였다. 다음날이 되자, 그녀는 아픈 몸을 이끌고 일어서긴 했으나 쇠약해진 게 여실했다. 이웃마을 농부의 딸이었던 그녀는 당시 대부분의 처녀와는 다르게 글을 읽을 줄 알았다. 아버지가 글공부를 시켰기 때문이었다. 그녀는 틈만 나면 고전이야기를 즐겨 읽었다. 그녀의 어머니와 김경실의 부친 사이에 혼담이 오갔다. 그러나 혼담이 성사되기 전에 이미 김경실을 보고 사랑에 빠졌던 그녀였다. 자신이 너무 평범한 처녀라는 생각에 그 남자의 아내가 되리라고는 꿈조차 꾸지 못했었다. 그러던 그에게 아들을 낳아 준 것이 그녀에겐 크나 큰 영광이었다. 이제 생을 마감할 날이 멀지 않았다.

김경실이 일하고 집으로 돌아오는 길에 아들에게 말했다. "이제 혼인할 때가 되었나보다. 네 어머니 건강이 안 좋구나. 마을 처녀들을 알아보았는데, 네게 마땅한 처녀를 찾은 듯싶다. 그 처녀 가족은 기독교인이라지만, 기독교에서 가르치는 내용이 우리 천도교랑 별 차이가 있겠느냐. 다음 주에 약혼식을 하고 혼례는 가급적 속히 치르고 싶다."

"알겠습니다. 어머님이 정한 배필이라면 좋은 사람일거예요. 어머니가 원하실 때 결혼하겠어요."

이렇게 김명결은 혼례를 치렀다. 양가 모두 전통 혼례식을 치르지 못할 만큼 가난했다. 신랑, 신부의 아버지가 직접 식을 진행하면서, 신혼 부부가 건강하고 가정의 부귀를 누리라고 건배했다. 원래 관습으론 신랑 가족이 신부 식구 모두에게 예물을 주게 되어 있으나 이런 관습을 따를 처지가 되지 못해 축배로 대신할 수밖에 없었던 것이다.

혼례식 날 명결은 신부집에 찾아가 장인 장모에게 절을 했다. 그런 후 신랑이 신부를 데리고 집에 와서 기독교식으로 혼례를 치렀다.

손님 모두가 떠난 후 새로 가약을 맺은 젊은 내외는 준비된 신방에 들어갔다. 이제서야 얼굴을 마주 대할 수 있었다. 둘 다 싱글거리는 표정에서 좋은 배필임을 서로 직감할 수 있었다.

명결이 먼저 말을 꺼냈다. "우물가에서 당신을 본 적이 있소."

"저도 밭에서 당신을 보았어요. 지난번 추수 때, 아버님과 저희 아버님이 함께 일할 때 말예요."

"이름이 좋소. 순애란 깨끗한 사랑이란 뜻, 맞소?"

"예. 아버님이 지어 주셨어요."

순애가 시어머니가 손수 마련한 이불을 꺼내자 잠시 침묵이 흘렀다. 그녀가 이불을 바닥에 깔았다. 겉옷을 벗고 자리에 누웠지만 창호지 문을 사이에 두고 그 건너편에 계시는 어른들을 의식하였다. 어른들은 신방에서 흘러나오는 그 어떤 소리도 궁금해하였다. 시간이 얼마나 지났을까. 어머니의 깊은 숨 소리와 아버지의 코고는 소리에 젊은 내외는 한결 마음이 가벼워졌다. 속옷을 천천히 벗었다. 서로 애무하며 관계를 가졌다. 그런 후 둘 다 곤히 잠이 들었다. 바로 그 날 밤에 첫 아기가 잉태됐다.

일본 패망과 미 정권

일본과 미국 사이에 전쟁이 벌어졌다. 이때 일본 제국이 예상하지 못했던 사건들이 조선에서 일고 있었다. 농민과 노동자들의 지하 조직이 기회가 생길 때마다 생산에 방해를 놓았기 때문이었다. 무장 게릴라들도 산을 거점으로 조직되었다. 더 거세진 억압을 견디기 어려운 농민들은 산 속으로 도망쳤고, 공산당 당원들이 그들에게 군사 훈련을 시켰다. 직접적인 공격을 하기엔 그 수가 많지 못했으나, 일본 경찰 부대를 부수거나, 기차를 습격해 쌀 짐을 빼앗는 일, 밀밭을 태우는 일은 충분히 할 수 있었다. 농민들은 이런 군사 습격을 혁명이 가까이 다가오는 것으로 예견하고 받아들일 수 있었다.

일본은 미국과의 전쟁에서 첫 2년 동안은 무적 무패를 자랑했다. 그러나 그런 상황이 점차 변해서 히로시마에 원자 폭탄이 떨어진 이후에 일본 제국은 쉽게 멸망했다. 조선의 해방은 곧 다가왔다. 일본이 항복하자마자, 소련 군대가 북쪽으로 진군해서 조선인들이 이끄는 친소 정부를 수립했다. 순조 마을 사람들은 그들이 남쪽까지 점령해서 혁명이 완수되리라 기대했는데 소련이 약속을 어긴 것이다. 그들은 미국과 비밀 조약을 맺어 38선 이남은 건드리지 않겠다고 한 것이다. 이전에 마을 사람들과 한 약속보다 후에 미국과 맺은 약속을 택한 것이다.

미국 측은 일본이 패망한 후 한 달이 지나도록 조선 땅에 들어오지 않았다. 조선총독부 사령관은 조선에 남아 있던 일본인들의 대량 학살을 염려해서 조선 애국지사로 인기가 있던 여운형에게 정권을 이양할 준비를 하고 있었다. 여운형은 진보주의자로서 당대 다양한 정치 세력 모두가 존경하던 인물이었다. 그의 지도력 하에 일본인들은 별 사고 없이 철수했다. 그러나 그보다 더 중요한 것은 여운형과 그의 동지들이 전국 각처의 마을과 도시 산업마다 '인민위원회'를 조직했다는 것이다. 이 위원회가 임시정부 구조인 소위 '인민공화국'의 기반이었다.

그러나 여씨는 미국의 의도를 알지 못했다. 미국이 조선 땅에서 민주적인 구조를 가진 정부가 이미 가동되고 있음을 환영하리라고 판단했던 것이다. 미 군부는 조선에 대해, 특히 조선의 정치적인 면에 대해서는 거의 아는 바가 없었다. 미군정 담당 장군은 1945년 9월 9일 조선 땅에 도착하면서 이미 워싱턴 디시로부터 조선 남쪽에 군정을 실시하라는 명령을 받은 상태였다. 어떤 정치 단체도 인정될 수 없었다. 제임스 하지 장군만이 이 나라를 통치하게 되어 있었다.

여운형은 그의 형제와 영어를 할 줄 아는 비서 세 명을 인천항에 보내 하지 장군을 영접토록 했다. 하지의 지시가 어떤 것인지, 또 그의 반공 정신을 알지 못했던 여씨는 인민위원회에 관한 역사 개요, 조직, 장소 등이 담긴 서류를 작성했는데 거기엔 인민공화국이 제안한 간단한 정책 성명서도 포함되어 있었다. 그는 정국의 혼란을 미연에 방지하고 평화적으로 민간 정부 이양을 할 수 있도록 한 자신의 노고를 하지 장군이 치하해 주리라 기대했었다. 그 다음날 예정된 모임에서 여운형은 미 장군에게 인민공화국에 대한 보고를 할 참이었다.

깨어진 약속

"왜 아직 그들이 오지 않지?" 아버지 김경실은 1945년 8월 한달 내내 묻고 또 물었다. "우린 그들을 믿네. 약속했거든. 그들이 오지 않으면, 모든 걸 잃게 되는데."

소련이 아무 조치도 취하지 않자 모두 당황했다. 그들은 우리에게 혁명을 약속했었다. 8월 어느 때든지 쉽게 올 수 있었다. 그들이 오면 환영을 받았을 것이다. 얼마나 오랫동안 혁명을 기대하며 살아왔었는데…. 지금이 바로 그때다. 미워하던 일본인들도 다 떠났다. 농민들이 토지를 되찾을 수 있는 기회다. 지금이야말로 백성의 정부가 세워질 때다. 1929년 양복 차림의 키 작은 사람이 방문한 이후 내내 들어왔던 내용들이었다. 그런데 소련 사람들이 그 약속을 깼다. 오지 않은 것이다.

"그러나 여운형은 좋은 사람이에요. 모두가 존경하는 분이랍니다." 난 의기소침해지신 아버지에게 말했다. "그분이 하고자 하는 일들이 혁명과 거의 같은 목적을 갖고 있어요. 이변이 생기지 않는 한 우린 그를 지지해야 합니다. 그가 미 육군 장군을 내일 만나서 명분의 정당성을 설득할 수 있을 거예요. 우린 그를 지지해야 해요."

"그래, 네 말이 맞다. 그리하마. 오늘 밤 마을 모임 때, 우리 모두 여를 지지하자고 권하마. 근데 왠지 불길한 예감이 드는구나."

"아버님, 우리가 여기 있잖아요. 일한 보람이 있을 거예요. 아버님의 손자도 있고요. 너무 실망하지 마세요." 나의 아내 순애도 아버지의 손을 잡았다.

아버지는 순애를 나만큼이나 사랑했다. 그녀의 말이 위로가 되었는지 아버지 얼굴엔 미소가 지어졌다.

"순애 말이 맞아요. 혁명을 위해서 우리가 얼마나 오랫동안 일했는데요. 지금 돌아설 수 없어요." 비록 말은 용감하게 했지만, 내 가슴은 아버지 가슴만큼이나 떨렸다. 단지 나는 혁명이 실패로 돌아갔을 때 다가올 그 결과를, 이미 상처를 받은 아버지만큼 분명하게 깨닫지 못했을 뿐이었다. 내가 혁명에 대해서 알게 된 것은 몇 년 되지 않았다. 어느 날 밤, 아버지 방에서 들려오는 소리에 잠이 깼다. 새벽 동이 트기 전이었는데 몇 명의 남자들이 소곤거리고 있었다. 그때 나는 조선의 혁명을 가져오겠다던 소련인들의 약속을 처음 엿들었다. 다음날 아침 난 아버지에게 엿들었다고 고백했다. 그리고 나도 아버지처럼 혁명에 가담하겠다고 말한 것이다.

"난 네게 이 문제를 알릴 생각이 아직 없었느니라. 넌 아직 어리구. 그러나 네가 혁명에 운명을 걸 생각이라면, 기쁘게 환영하마. 혁명은 우리 조상의 전통과 천도교와 기독교의 가르침을 따를 것이니 말이야."

그날 저녁 마을에서는 큰 모임이 열렸다. 연사마다 혁명을 부르짖었다. 아버지 차례가 되자 그는 조용히 침울한 어조로 말했다. "동지들, 소련군이 조선 북쪽에 진군한 지 한 달이 되었소. 미군은 내일이면 도착합니다. 그러나 소련인들은 미루고 있어요. 그들은 약속한 혁명을 완수하지 않았습니다."

무리 중에 많은 사람이 아버지의 말을 듣고 소란스럽게 반대했지만, 대부분은 그의 말이 사실 그대로임을 알고 있었다. "한 가닥 희망은 여운형에게 달려 있습니다. 내일 남한에 미군정사령관이 인천에 온답니다. 여 박사는 그를 환영하고 인민공화국에 대한 우리의 안을 제안할 것입니다. 여 박사는 우리 백성을 위한 민주 헌법을 수많은 동지들과 함께 작성했습니다. 미국이 그를 협조하도록 우리 모두 기원합시다. 그러면 혁명의 꿈을 어느 정도는 실현할 수 있을 겝니다."

"여 박사를 위하여 만세! 만세!"를 외쳤다. 아버지의 연설이 끝나자 군중은 환호하였다.

인천에서 어떤 일이 일어났는지 이틀 후에야 그 소식을 들었다. 여 박사가 모욕을 당했다고 했다. 하지 장군이 여 박사를 만나주지도 않았다는 것이다. 대신 여 박사에게 자신만이 남한의 통치권을 갖고 있고 '인민공화국'과는 아무 상관이 없다고 전했다고 했다. 우린 분노했다.

어떻게 존경받는 백성의 대표자를 모욕한단 말인가! 이런 분노 가운데엔 두려움이 도사리고 있었다. 하지 장군이 조선의 정당 중 이쪽 아니면 저쪽에 기대야만 하는 것을 우린 잘 알았다. 여운형을 거부했다면 그건 다른 당의 선택을 의미했다. 바로 이승만이다. 그는 미국에서 오래 살았고 부인은 외국인이었다. 철저한 반공주의자로도 알려진 인물이었다. 그의 추종자 가운데 우두머리는 일본과 손잡았던 매국노였다. 우리 마을에선 살지 않으면서도 지주 노릇을 해서 미움을 샀던 사람 가운데 이승만을 물질적으로 도왔던 사람들이 꽤 많았다.

그날 밤 마을에선 또 다른 모임이 있었다. 분위기는 침울했다. 얼굴엔 불안감과 근심이 역력했다. 아버지가 선도하자 사람들이 원을 그리며 에워쌌다. "여러분, 우린 서로 정직해야 합니다. 혁명을 연기해야 되겠어요. 미국 정책은 여운형과 다를 겁니다. 그들이 아는 이승만에게 정권을 넘길 게 분명해요. 그는 미국에서 20년이나 조선 독립을 위해 일했던 애국지사입니다. 그러나 그는 부유층에게 자신을 판 인물이요, 혁명에 어긋나는 입장에 처한 사람이란 말입니다."

"이승만과 미국이 결탁하면, 우린 큰 위험에 빠질 것이오. 다시 힘든 억압에 처할 수 있어요."

"그러나 소련 사람들은 동맹국가가 미국에 의해 멸망되도록 놔두지 않을 게 분명하오. 전쟁이 일어나고 소련이 승리할 거요. 혁명은 연기되었지만 패배하진 않았소." 무리 중에서 들려온 소리였다.

내 나이또래의 젊은이는 말했다. "우리 젊은이들이 지리산에 가서 빨치산에 합류하겠어요. 외세와 매국노들한테 또다시 굴복할 수는 없습니다."

궐기대회를 마친 그날 밤, 난 아버지와 순애와 함께 그날 일에 대해 차분하게 이야기를 나누었다. "저 빨치산에 들어가고 싶습니다. 그게 우리 자신을 지킬 수 있는 유일한 길 같아서요." 나의 말에 아버지는 생각에 잠기신 것 같았다. 잠시 침묵 후에 "물론 당신이 산에 가야 된다고 생각해요." 순애가 대답했다. 그녀는 내 손을 꼬-옥 잡았다. "그러나 아버지 가까이 있어야 해요. 아버지는 혁명 지도자로 알려져 있잖아요. 나쁜 사람들이 오면 당신의 도움이 절대적으로 필요할 거예요." 말은 단호했지만 울먹이는 음성이었다.

그녀의 말이 옳다는 것을 난 알았다. 아버지에게 닥칠 위험이 그때처럼 선명하게 예감됐던 적은 없었다. 나보다 아버지가 산으로 가셔야 될 것이다. 그러나 안 될 말이다. 불구인데다 늙지 않으셨던가! 순애의 울음은 우리 모두가 지닌 두려움의 표현이었다.

체포

내가 마을 사무실에서 비료 배급 신청을 막 끝냈는데, 이웃 송씨가 허겁지겁 들어왔다. "명걸아, 서둘러! 네 아버지가… 경찰한테 지금 잡혀갔어."

집으로 달려가자 순애가 왼쪽 뺨에서 피를 흘리며 마루에 쓰러져 있었다. 얼른 무릎을 꿇고 그녀를 일으켜 안았다. 이웃이 물을 가져와서 피를 씻고 보니 그녀의 눈 주위가 찢어져 있었다. "어찌 된 거요?"

"경찰, 경찰이 아버지를 때리잖아요. 그래서 내가 아버지를 보호하려고 하자, 총으로 나를 쳤어요."

"아버지를 어디로 끌고 갔소? 아버지를 어떻게 한답디까?"

"모르겠어요. 몰라요. 그러나 매우 지독했어요. 불쌍한 아버지. 그동안 받은 고통도 컸는데…."

난 곧장 경찰서로 달려갔다. 일본이 패망했는데도 일본 경찰이 아직 남아 있는데다가 그들 밑에서 심부름하던 조선인 순사도 그대로 있었다. 변한 게 거의 없었다. "우리 아버지 어디 있어요? 당신들, 내 아버지에게 무슨 짓을 한 겁니까?" 화를 누르지 못한 채 소리를 질렀다.
"여기서 소리치지 마. 당신 누구야? 점잖게 말하지 못해?"

"내 아버지 존함은 김경실이오. 당신네가 조금 전에 잡아가지 않았소. 도대체 무슨 이유로… 지금 어디 계시오? 아버님을 뵈러 왔소."

"김경실? 그 반역자? 당신이 아들이 아니었으면 좋을 뻔했다. 나라를 배반한 자니 말이다."

"당신 미쳤소? 내 아버지는 독립선언서를 낭독한 사람이오. 애국자란 말이오."

"공산주의자들에게 팔려 혁명을 선전하기 전에는 그랬는지 몰라도, 지금은 3·1정신을 배반한 사람이란 말이다."

쓰레기 같은 인간과 싸워봤자 별 볼일 없다는 것을 알기에 음성을 낮추고 겸손하게 되물었다. "어디 계시오. 만나 볼 수 없겠소?"

"지금 목포 형무소로 가는 중이다. 아마 볼 수 없을 것이다. 그러니 여길 나가. 그리고 늙은이의 실수를 되풀이하지나 마."

난 그 이후 아버지를 다시 보지 못했다. 목포 형무소를 수없이 찾아갔지만, 모든 게 허사였다. 수년 후에 나 역시 감옥에 수감되었다. 그때 아버지가 체포된 후 1년 만에 고문에 못 이겨 돌아가셨다는 소식을 들었다. 그 소식을 들었을 때, 내게도 닥쳐올 위험을 처절히 느꼈다. 위대하고도 존경의 대상이었던 분이 이 세상에 계시지 않는구나. 그리고는 나를 키워주신 아버지의 뜻과 운명을 따라가겠노라 다짐의 기도를 드렸다. 아버지의 시신이 묻힌 곳만이라도 알 수 있다면… 오, 아버지, 아버지! 아버지를 그 심한 고통에서 벗어나게 할 수만 있었더라면!

아버지가 잡혀간 후 순애와 난 계속 밭일을 하며 자식을 키우느라 정신이 없었다. 우린 최선을 다했다. 그러나 세상은 우리를 그냥 놔두지 않았다. 일본이 패했는데도 그들의 제도는 그대로 남아 있었다. 오히려 더 심했다. 세금에 덧붙여 정부에 쌀을 팔라고 관리들이 요구해왔다. 그들이 쌀값으로 우리에게 준 돈은 실제 농사비보다도 적었다. 마을 아이들은 먹을 게 없었다. 푹 들어간 눈에 풍선처럼 불룩한 배는 영양실조를 여실히 드러냈다. 마침내 사람들이 봉기했다. 처음에 우리 마을에서 동쪽인 경상도에서 시작되더니 삽시간에 우리 마을까지 퍼졌다. 농민들이 일을 거부했다. 갖고 있는 쌀을 팔지 않기로 했다. 경찰서를 습격해서 몇 명의 경찰이 사망했다. 미군정은 우리나라에 파괴를 가져왔다.

그러던 때 선거가 공포되었다. 남한 사람에게 남한의 정권을 이양한다고 했다. 일단 국회의원을 뽑고 나중에 대통령을 선출한다고 했다.

우리 모두는 알고 있었다. 이 선거가 우리나라를 영구히 갈라놓을 것임을! 분명히 북쪽의 정부는 남쪽에게 양보하지 않을 것이요, 그 반대도 이루어지지 않을 것이다. 마을에선 선거를 반대하는 모임이 있었다. 나라가 둘로 나뉘는 것을 원치 않았기 때문이었다. 연사마다 나와서 선거를 반대하는 연설을 하고 난 뒤, 모든 시선이 내게로 왔다. 김경실의 아들인 난 어느 입장에 서야 하는가! 순애를 바라보니 그녀의 눈에 불안감이 역력했다. 연단에 섰다.

> 30년 전, 제 아버지께서는 이 떡갈나무 아래서 3·1 독립선언서를 낭독했습니다. 그 일로 해서 아버지는 고문을 당하고 다리가 부러지셨습니다. 그러나 그 모든 고통을 참으셨습니다. 그분은 가족과 마을을 위해서 한평생 사셨고, 일본으로부터 해방되기 위해 일하셨습니다. 또 우리 모두에게 정의와 잃은 땅을 되찾아 주려고 혁명에 참여했습니다. 지금 미국과 매국노들은 나의 아버지를 배신자라고 부릅니다. 그들은 우리 반도를 갈라놓으려 하고 있습니다. 남쪽은 지주들과 억압자들이 지배하길 원합니다. 이 선거를 받아들여서는 안 됩니다. 일본 사람에 의한 패배보다 더 나쁩니다.

한 번도 대중 앞에 서 본 적이 없는 나였다. 박수 갈채에 놀랐다. 그러나 모임이 끝난 후 대부분의 사람들이 나를 피하는 것을 보고 더욱 놀랐다. 몇 사람만이 내 손을 잡았다. 순애와 내가 집으로 걸어오는데, 이웃집 송씨가 우리 옆을 지나쳤다. 앞만 보고 걸으면서 아무도 눈치채지 못하게 말을 건넸다. "명걸아, 너 산으로 도망가. 여기에 밀고자가 몇 명 있었어. 서둘러."

"그래요. 때가 왔나봐요." 순애는 내 손을 쥐고 서둘러 집으로 가서 짐 좀 챙겨 도망가자고 했다. 그러나 이미 늦었다. 그들이 이미 집에 와 있었다. "이 반역자! 꼭 네 애비 같구만. 너 이제 맛 좀 봐야겠다." 건장하게 생긴 두 사나이가 내 팔을 뒤로 잡아끌더니 문밖으로 밀쳐냈다. "여보, 여보." 순애의 외침이 들려왔다. 까만 차에 내 몸이 밀쳐 실렸다. 나는 경찰서로 끌려갔고, 그 이후 몇 년 동안 어쩔 수 없이 감옥 생활을 했다.

1300번

다음날은 마을 장날이었다. 대부분이 아낙네들로 먹을거리, 옷, 그릇, 닭, 개 등등 팔 수 있는 것이면 어떤 것이든지 들고 나왔다. 아침부터 밤까지 시장은 사람들로 복작거렸고 물건 하나라도 더 팔려고 외치는 장사꾼 소리로 시끄러웠다. 상품이라야 볼품은 없었지만 장날 분위기는 대단했다.

소란한 시장 한복판에 다섯 명의 젊은 사나이들이 큰 현수막을 들고 있었다. "농민협회에 가입하자", "토지와 정의를 위해 일하자"란 표어였다. 하지 장군은 여운형과의 면담을 거절한 지 두 달 후에 인민공화국을 비 합법화시켰다. 그리고 며칠 후, 여운형은 대낮에 서울 거리에서 저격당했다. 격분한 인민공화국 지지자들이 농민협회라는 이름의 새 조직을 시작했다. 현수막에는 미군정으로부터 받은 모욕을 상기

시키고, 동시에 농민의 권리를 보호하는 새 조직 결성을 선포하는 내용이 쓰여 있었다.

젊은이들의 이러한 노력에도 불구하고, 이를 주목하는 사람들이 별로 없었다. 그러나 경찰서장은 현수막 내용을 보더니 매우 놀랐다. 최근에 북한에서 넘어온 사람이라 곧 공산주의자들의 짓이라고 해석했다. 그래서 거리에 나가 있던 경찰들을 안전한 곳으로 집합시키고 상부에 지원을 요청했다. 잠시 후에 무장한 경찰 트럭이 현장에 나타났다. 다섯 명의 젊은 사나이들이 체포되어 트럭에 실렸다. 그런 후 장터와 마을 거리마다 탐색이 시작되었다. 젊은이들로 꽉 찬 트럭이 서서히 마을을 빠져나갔다. 그날 밤 마을 전체에서 조용히 귀신 탐색 작전이 이루어졌다. 날이 밝은 후 마을 전체가 젊은이들을 잃고 슬픔에 잠겼다. 그들은 정부 전복을 꾀한 공산주의자 혐의를 받고 모두 체포된 것이다.

그들 대부분은 나처럼 목포 형무소로 끌려갔다. 내가 순애 앞에서 끌려갔던 그날 밤엔 경찰서로 잡혀갔는데, 거기서 경찰들은 번갈아 가며 나를 때리고 욕설을 퍼부었다.

목포 형무소에 도착했을 때엔 죽은 시체나 다름없었다. 내가 들어간 감방에는 이미 19명의 젊은이들이 있었는데 대부분이 순조 출신이었다. 우린 무릎을 뺨에 대는 자세로 앉아 있어야 했다. 머리는 무릎에 얹힌 채였다. 감방 옆이나 뒷벽에 기댈 수 없었다. 어떤 움직임도 금지되었다. 이를 어기면 머리나 등뒤를 회초리로 세차게 맞아야 했다. 며칠을 우린 그런 자세로 있었다. 던져진 음식을 받아먹고, 하루에 한번 배급되는 물은 신발에다 받아 마셨다.

난 정신착란에 빠졌다. 아버지와 순애, 어머니, 어린 시절, 내가 지녔던 이념에 집중하려고 애를 써도 잠시일 뿐 의식을 잃고 신음하였다. 나흘째인지 닷새째인지 아니면 열흘째였는지 잘 모르겠다. 간수가 조사하러 왔다. "도와주세요. 구해주세요. 미칠 것 같아요." 나는 본능적으로 소리를 질렀다. 그만큼 고통이 심했다.

"누구야?" 간수가 물었다.

"김명걸입니다. 제발 도와주세요." 손을 들고 그를 쳐다보지 않은 채였다.

"끌어내." 간수의 명령이 떨어졌다. 난 일어섰다. 자세가 바뀌자 등뼈를 칼날로 도려내는 듯한 통증이 왔다. 그래도 일어섰다는 기쁨이 있었는데 내가 감방을 나오자마자 간수가 총 개머리판으로 세게 쳤다. 다시 쓰러졌다. 온몸을 쭉 뻗은 게 어찌나 좋던지…. 그러나 곧 의식을 잃었다.

눈을 떠보니 시멘트 바닥이 느껴졌다. 천장은 내 키보다 낮았지만 팔을 벌릴 수 있을 만큼의 공간이었다. 주위는 칠흑같이 어두웠다. 시멘트 바닥에 아기처럼 오그리고 누워 내 머리 전체에서 고통의 맥박을 들었다. 일어나려고 했으나 이도 여의치 않았다. 천장이 너무 낮아 허리를 펼 수가 없었다. 주위를 둘러보았다. 사방은 그만했다. 난 다시 앉았다. 불빛도 소리도 없었다. 아무것도 볼 수 없었다. 귀도 아무 쓸모가 없었다.

그러나 생각만큼은 멈추지 않았다. 그 동안의 생애를 더듬어 보았다. 아버지, 어머니, 순애가 나타났다 없어지곤 했다. 순애의 사랑스런 얼굴을 잡으려고 집중했지만 어림없었다. 그 모습이 사라지고 대신 그녀의 울음소리만이 귓가에 울렸다. 아버지를 붙잡으려 하면, 금세 그 영상이 사라지고 대신 총 개머리판이 내 머리를 친 영상이 나타났다. 난 내 마음을 채운 영상과 말하기 시작했다. 알아듣지 못하는 말을 재잘대기도 하고, 바보처럼 말하기도 했다. 큰 소리를 지르다가 울었다. 참으로 무섭게도 어두웠다.

이런 암흑 감방에서 홀로 얼마나 누워 있었는지 모른다. 마치 영원 같았다. 스스로 미치지 않았나 싶었는데, 갑자기 가물가물하게 소리가 들리고 희미한 불빛이 보였다. 문 틈새로 보리밥과 깍두기 접시를 누군가 밀어 넣었다. 말은 없었지만 누군가 거기에 있는 걸 느꼈다. 난 들었다. 또 보았다. 어찌나 좋던지! 허공에 긴 숨을 뿜어내고선 게걸스럽게 음식을 먹어 치웠다.

그 이후 그렇게도 싫은 삶이 반복되었다. 심문 받고, 먹고, 운동하고… 그러나 이 모든 것이 규칙적이지 못했다. 운동 시간도 낮과 밤 아무 때나 있었다. 어떤 때엔 30분이 주어지다가도 단 5분만 허락된 때도 있었다. 음식을 받는 날도 있었고 없는 날도 있었다. 변기 청소도 간수의 변덕에 좌우되었다.

"1300번" 감방 문이 열리는 소리를 들었다. 나는 1300번이었다. 내 이름이 없어진 것이다. "1300, 똥통 닦아," "1300, 운동 시간," "1300, 심문 시간" "행진. 하나, 둘, 셋, 넷… 하나, 둘, 셋, 넷…."

심문에는 일정한 방식이 있는 듯싶었다. 언제나 욕된 이름을 장황하게 들어야 했다. 나를 배신자, 인간 쓰레기로 치부하는 그들은 인간으로서 도저히 상대하고 싶지 않은 사람들이었다. "네 어미도 너 같은 인간 쓰레기를 낳았으니 수치스럽겠다." "네 아빈 지 백성 팔아먹은 배반자다. 쥐새끼 같으니라고." "공산주의자, 개 같은 놈아. 넌 죽어도 마땅해. 그런 널 우리가 관대하게 살려주었는데도, 넌 감사하다는 말조차 할 줄 모르는 놈이구나. 못된 개새끼 같으니라고."

아버지와 혁명에 관해 질문할 때마다, 또 내가 모국의 반역자고 공산주의자임을 고백하라고 할 때마다 늘 더럽고 무서운 말로 공격해 왔다. 그들은 동료 음모자들의 이름을 대라고 협박했다. 심문은 '고문실'에서 있었다. 질문 중간 중간에 때리고 전기로 충격 주고, 입과 항문에 강제로 물을 주입하는 고문이 이어졌다. 이렇게 고문을 받는 동안에는 간수와 심문 고문관 이외엔 아무도 보지 못했다.

심문이나 운동하러 통로를 지나칠 때면 머리를 숙여 주위를 보지 못하게 했지만, 내가 있던 감방 같은 것들이 줄줄이 늘어서 있다는 것을 모를 리가 없었다. 열려 있는 틈이 있다면, 죄수들이 기어 들어갈 수 있을 만한 좁은 구멍뿐이었다.

온 몸은 두들겨 맞고 영양 부족인데다 나쁜 공기까지 겹쳐서 육신은 해골만 남은 채 어디 한 구석 아프지 않은 곳이 없었다. 기나긴 정적과 어둠은 내 간을 집어 삼켰다. 얼마나 말하고 듣고 만지고 싶었는지 모른다. 이 감방에 다른 사람이 있을지 모른다는 생각에 벽을 치고 긁어보기도 했다. 벽을 긁는 것은 잠시 기쁨을 주는 듯하다가도 이내 아무 소용이 없어졌다. 손톱으로 시멘트를 긁어봤자 소리도 나지 않았다. 고문의 소리라도 들었으면 할 정도로 소리가 이처럼 그리울 수가 없었다.

그러나 이상하게도 전에 가졌던 그런 공포와 절망에 다시 빠지진 않았다. 상상의 기억으로 주절거리지도 않았다. 오히려 더 침착해지고,

아버지의 음성과 어머니의 얼굴과 개똥지빠귀의 날개 같은 순애의 갈색 눈이 떠오르기 시작했다. 간수와 고문관들이 오히려 내 정신을 말짱하게 만들었다. 그들은 내가 처한 현실을 분명히 보여주는 증거가 되었다. 그들에 대한 증오는 나의 모든 생각과 신경에 깊이 박혔다.

어느 날, 호출 소리를 들었다. 심문 받으러 다시 끌려갔다. 고문실로 들어가자 고문관 하나가 소리쳤다. "한국 땅에 기쁜 소식이 있구만. 네 아비가 죽었다. 얼마나 듣기 좋은 소식인가?"

그러면서 그는 나를 바닥에 내동댕이쳤다. 이미 아버지의 죽음을 알고 있던 터라 그 자의 말이 아무렇지도 않았다. 아버지가 이런 자들에게 당하는 악몽에 시달렸었는데, 이제 조상 곁으로 가셨다고 생각되니 오히려 마음이 편안해졌다. 소식을 전해 준 고문관에게 감사했다.

그러다 어느 날 아침 새로운 호출이 들렸다. 소지품을 다 들고 나오라는데 가진 것이 하나도 없었다. 서울 서대문 형무소로 옮긴다고 했다. 거기서 최종 판결을 받고 사형당할지도 모를 일이었다.

내 손은 뒤로 묶이고, 끈으로 허리를 묶어 앞에 선 죄수들과 줄줄이 연결되어 있었다. "머리 숙여. 절대로 좌우를 보거나 말하면 안 된다." 대기중이던 버스로 갈 때까지 내려진 명령이었다.

버스에 앉을 때 다른 사람을 흘깃 보았다. 거기엔 마을 사람들이 몇 있었다. 하룻밤을 대전 형무소에서 지냈다. 그 다음날 서울에 도착해서, 일본인들이 우리의 독립 투사들을 투옥하고 사형을 집행했던 서대문 형무소에 손과 허리가 끈으로 묶인 채 들어갔다. 나중에 알았지만 우리가 도착한 날이 바로 1950년 6월 24일로 북한이 남침하기 하루 전날이었다.

아무것도 몰랐지만 뭔가 있다는 것을 직감할 수 있었다. 간수들은 불안해했다. 염려하는 기색이 역력했다. 한 사흘 후에 총소리를 희미하게 들을 수 있었다. 간수들은 총을 들고 복도를 오르락내리락했다. 전처럼 조용했지만, 평상시에 보이던 오만한 태도로 인한 과묵함이 아니라 마치 갇혀 있는 쥐처럼 조용했다.

나흘째인 수요일이었다. 간수들이 없어졌다. 총소리도 멈췄다. 정적. 그리고는 형무소 정문이 열리는 소리가 들렸다. 심장이 멈추는 듯했다. 감히 숨을 쉴 수가 없었다. 그러자 화산이 폭발하는 듯했다. "만세! 만세! 혁명 만세! 동무들 자유다! 북한 인민군이 여러분을 해방시켰다."

나는 날아갈 것 같았다. 희망이 되살아났다. 아버지가 그토록 원했던 혁명이 마침내 오다니. 감방 문을 열고 기어 나오면서 엉엉 울었다. 일어섰다. 그리고 맑은 공기를 흠뻑 들이마시며 신과 인민군에게 감사했다. 혁명과 해방의 전쟁이 이 땅에 다시 한번 온 것이다.

전쟁

고등학교 건물을 향해 행진했다. 전시라 학교 건물은 텅 비어 있었다. 들뜬 기분마저 짓이겨지고 굶주림에 지쳐 있어서 힘겨웠다. 그토록 애타게 다른 사람과 말하고 만져보고 싶었는데 막상 밖에 나오니 한마디도 할 수 없는 황홀감에 젖어 있었다. 지치고 늙어버린 얼굴엔 웃음이 번졌다. 앞에 서 있던 인민군이 손뼉을 세 번 치자 잠잠해지기 시작했다.

"동무들, 이제 자유의 몸이 된 것을 축하한다. 인민군이 영광스러운 조국의 해방을 완수하는 데 동무들이 앞장서기 위해 풀려난 것이다. 지금 이 시간에도 인민군들은 미 제국 군대를 바다로 몰아내고 있다. 그러니 여러분이 도와야 한다. 남 여 모든 동무들에게 각자 할 일이 주어질 것이다. 여기 수비대가 하라는 대로 한 사람씩 앞으로 나와 신분을 밝히기 바란다. 난 최용훈 대위다. 내가 동무들에게 할 일을 알려주겠다. 알겠나?"

"예, 알겠습니다." 우렁찬 함성이었다.

몇 시간이 지나고 내 이름이 호명되었다.

"신분을 밝혀라!" 최 대위의 명령이었다.

"난 1300번이오." 앞에 놓여 있는 죄수 기록부를 보자 나온 답이었다. 이렇게 나를 소개하는데도 마음이 편안한 것이 참 이상했다.

"동무는 이제 자유의 몸이다. 더 이상 번호가 필요 없단 말이다. 이름을 대라." 대위는 소리쳤다.

"김명걸이라 합니다."

대위는 앞에 놓인 또 다른 책을 들추었다. "아- 아, 동무와 부친에 대해 들은 적이 있다. 혁명을 위해 일할 준비가 되어 있겠지?"

"예, 동무, 난 싸우고 싶은데, 군인이 아니고, 또 보시다시피 온몸이 고문과 옥살이로 만신창이가 되었습니다. 그러나 어디든 보내주십시오. 싸울 준비는 되어 있습니다."

"제4사단 문화 지휘관에게 즉시 신고하라. 내 뒤에 있는 동무가 안

내할 게다."

군복과 군화와 담요 한 장과 밥 한 공기가 배급되었다. 쌀밥을 먹다니! 감격의 눈물이 하염없이 흘렀다. 창살 없는 곳에서 인민위원에 소속된 다른 사람들 사이에 끼어 자유의 첫 날 밤을 보냈다. 살맛이 났다. 사랑하는 아내 순애를 보고픈 마음이 가슴속을 후벼팠다. 이제 만날 수 있겠지. 그날 밤 떡갈나무 아래서 순애랑 앉아 있는 꿈을 꾸었다.

아침이 되자 부대가 남쪽으로 향했다. 트럭에 함께 탄 부지휘관이 각자에게 맡겨진 임무를 설명했다. 남한 군대는 부산으로 계속 밀려가고 있었다. 적군이 도망갈 구멍이 없으므로 수일 안에 인민군 4사단이 낙동강을 건너가 적군을 반으로 분산시켜 바다로 몰아 넣을 작전이라 했다. "적의 사기는 떨어져 있다. 우리의 책임은 그 잔류를 괴멸하는 데 있다." 지휘관의 자랑스런 선전이었다. 우린 신이 났다. 완전한 승리를 이룰 날이 얼마 남지 않았다.

우리에게 주어진 임무는 인민군을 따라 강을 건너가 주민들을 조직해서 혁명을 지지하는 데 있었다. "마을마다 들어가서 이미 잠복해 있던 조직원을 속히 찾아야 한다. 그들은 왼팔에 하얀 완장을 두르고 여성 동무들은 검정 저고리를 입었으니 구분이 될 거다. 그들의 지시를 따르기만 해라."

"지휘관 동무, 조직원이 없으면 어떻게 합니까?"

"그럼, 적을 빨리 색출해서 없애라. 시간이 없다. 사람 죽이는 것 겁낼 것 없다. 동시에 인민들을 집결시켜 사회주의 교육을 시작한다."

예정된 장소에 도착해 보니 제4사단은 이미 공격에 들어가 있었다. 낙동강은 그 폭이 800여 미터에, 깊이는 2.5미터 정도였다. 강 양쪽은 큰 산맥으로 둘러싸여 있었다. 위대한 아군은 이런 장애를 극복했다. 아군은 피해를 많이 보지 않은 채 속결로 가교를 만들어 강 동편을 장악하였다. 방어하던 적군은 후퇴했다. 아군은 천천히 그러나 확실하게 앞으로 진격해 나갔다. 제국주의 군대는 인민군의 공격을 막을 수 없었다. 적군이 있는 북쪽 대구에서 남쪽 부산까지는 40킬로미터의 거리밖에 안되니까 한 이틀이면 남한군을 말살할 수 있을 것이었다.

그 다음날 아침에 선봉 부대가 강을 건널 예정이었다. 모든 준비가 완료되었다. 군인이 전투 준비를 하듯 우리는 주민의 정신을 개조시킬 만반의 준비가 되어 있었다. 아침해가 환하게 아름다움을 더하며 밝아왔다. 구름 한 점 없는 하늘이었다. 진격 명령이 떨어졌다.

갑자기 아름답던 하늘이 폭발했다. 엄청난 굉음으로 방향 감각을 잃었지만 강을 건너려 했다. 그러나 전투기들이 폭격을 가해왔다. 그들은 사라지는가 하면 또다시 우리 위로 쏜살같이 날아왔다. 폭탄이 소낙비처럼 쏟아졌다. 삽시간에 트럭과 건물과 다리가 화염에 휩싸이면서 무너졌다. 폭탄의 불길은 땅 위에 재만 남겼다. 수많은 동지들이 비참하게 죽어갔다.

이처럼 파란 하늘이 가장 큰 적이 될 줄은 미처 몰랐다. 계속 폭격을 가하는 전투기 때문에 우린 강을 건널 수 없었다. 동시에 남북 방향 도로로 진격하는 아군에게 또 다른 전투기들이 날아와 폭탄을 퍼부었다. 아군은 공중 사격에 대한 방어 준비가 전혀 되어 있지 않았는데 미군은 지상 지원까지 받았다. 이미 지쳐버린 제4사단 인민군은 새로 투입된 미 해병대와도 싸워야 했다. 우리측의 공격은 정지되었다. 낙동강 서쪽에서 재집결하려고 했지만 전투기는 성난 벌떼 같았다. 순식간에 동지들이 쓰러졌다.

그러나 적군에게 강을 건널 만한 여력은 없었다. 인민 장교들은 전열을 정비하고 공격을 준비했다. 적군은 우리의 동정을 살피면서 같은 공격을 되풀이했다.

그때부터 수 주 동안 교착상태에 빠져 있었는데, 엄청난 소문이 돌기 시작했다. 연합군이 진지에서 북쪽으로 600여 킬로미터 떨어진 인천에 상륙했다는 소식이었다. 그들은 신속히 우리를 향해 남쪽으로 진격했다. 인민군은 군사물자와 병력지원 통로가 차단되었다. 양쪽에서 벌이는 협공작전에 걸려들었다. 처음엔 소문을 믿지 않았으나 불안은 공포로 변했다. 장교들은 명령 체제를 유지하려 했지만 수많은 인민군들이 무질서하게 북쪽으로 향했다. 이런 사람들은 남쪽으로 진군하는 연합군에게 쉽게 잡히고 말았다. 엄청난 패주였다.

난 주저 없이 마음을 정했다. 북쪽으로 가지 않고 남쪽에 남기로 말이다. 순애를 만나야 했다. 우리 마을인 순조는 거기서 그다지 멀지 않은 곳이었지만 온 나라가 후퇴하는 인민군과 인민공화국 포섭원들로 들끓고 있었다. 이 두 집단에 속한 사람들에게 발각되는 날이면 죽음을 면치 못할 게 뻔했다. 밤에만 움직였다. 산길도 뒷길만 택했다. 발각되지 않은 게 천만 다행이었다.

순조에 다다랐을 때엔 해가 뉘엿뉘엿 저물어 가는 어스름한 저녁이었다. 늙은 떡갈나무는 그대로 마을 어귀에 장승처럼 우뚝 서 있었다. 나무를 타고 올라가는 것이 여간 반가운 것이 아니었다. 순애가 밭에서 돌아오는 게 보였다. 집안에 들어간 그녀가 다시 물동이를 이고 우물가로 갔다. 내가 그녀를 처음 만난 바로 그 우물가. 계속 나무 위에 머물렀다. 희미한 등잔 불빛이 마을 집에서 새어나오지 않을 때까지. 그래도 조금 더 지체했다. 대문을 향해 발소리를 죽이며 조심스레 걸었다. 놀랍게도 싸리문이 비스듬히 열려 있었다.

"여보, 오셨군요." 순애는 조용히 내 가슴에 안겼다.

"어서 안으로 들어가세요." 그녀는 내 손을 잡고 속삭였다.

"저녁 식사 준비해 놨으니 어서 드세요."

"아니, 내가 올 줄 어찌 알고 있었소?"

"며칠 전 꿈에 당신과 내가 이 떡갈나무 아래 서 있더라고요. 그런데 어젯밤에도 같은 꿈을 또 꾸어서 당신이 오시는가 싶었죠. 얼마나 보고싶었는지 몰라요. 자, 어서 드세요. 국이 식겠어요. 쉿! 조용히 말해요. 아이가 깨면 안돼요."

"아이라뇨?"

"기억 안 나세요? 아들 말예요."

"아참! 잊을 뻔했네. 내 아들을 봐도 좋소?

"그럼요. 그러나 먼저 식사부터 하세요."

네 살배기 아들은 인물이 훤했다. 순애는 말도 잘 듣는다고 칭찬을 했다. 아들에게 할아버지와 아버지에 대한 이야기를 들려주고 장차 옳은 생각을 갖기 바란다고도 했다. 그녀는 내 손을 잡더니 옆방으로 갔다. 잠자리가 준비되어 있었다. 처음엔 마치 첫날밤 같아 서먹서먹했지만 서로 다신 헤어지지 말자고 사랑을 나누었다.

잠시 눈을 붙인 것 같았는데 순애가 깨웠다. "아이가 당신이 여기 있는 걸 알면 안 돼요. 첩자들이 도처에 깔렸어요. 애가 곧 깨어날 거예요. 곳간에 숨을 곳을 마련해 놨으니 거기서 애랑 제가 떠날 때까지만 계셔요. 정오에 아이를 이웃집에 맡겨놓고 잠시 올 수 있어요. 그 동안 숨을 곳을 생각해 봐야 하는데… 어떻게 하죠? 여긴 당신이 머물 곳이 못돼요." 그녀를 품에 안자 그녀의 눈물과 내 눈물은 하나가 되었다.

순애가 되돌아 왔을 때엔 이미 내 마음을 정한 후였다. 혁명은 파멸로 끝났다. 희망을 걸 미래도 없고 되돌아갈 과거도 없었다.

"한 가지 선택이 있다면, 산에서 수년간 숨어 지내는 거요." 순애에게 말했다. "모든 게 좀 잠잠해지면, 그때 궁리해 봅시다. 그렇지 않으면 감옥엘 다시 가든지, 아니면 더 나쁜 일이…."

순애는 내 말에 고개를 끄덕이고선 밭으로 다시 나갔다.

다음날 서둘러 집을 떠났다.

지리산을 찾아가는 길은 그리 어렵지 않았다. 동트기 전에 산자락까지 갈 수 있었다. 바위 밑에 웅덩이를 발견하곤 기어 들어가 곤한 잠에 빠졌다. 불행히도 그곳은 이미 다른 사람들이 숨던 곳이었다. "빨리 안 나와, 이 개새끼 같으니!"

재 수감

인민복 차림의 당원이나 군인은 사형을 당했다. 내겐 종신형이 내려졌다. 독방 생활을 하게 되었는데 이번엔 부산에 있는 아주 오래된 형무소였다. 감방의 지독히 썩은 냄새는 참기 힘들었다. 산소가 충분해서

인지 심장은 뛰고 있지만 졸도와 경련도 견디기가 어려울 지경이었다.

목포에서 당했던 감방 생활이 부산에서도 반복되었다. 지금 감방은 전보다 더 작았다. 잠자리는 다시 시멘트 바닥이었다. 가끔 운동시간에 밖에 나가는 것 외엔 어둠 속에서 지냈다. 다시금 사람이 그리웠다. 보고 말하고 느끼고 싶었다. 난 간수를 보지 못해서 얼굴이 어떻게 생겼는지 몰랐지만 그 사람이 보고 싶었다. 음식을 작은 구멍으로 들이밀면서 큰 소리를 지르고 어떤 때엔 뭔가 내게 하고픈 말을 삼켰던 그 간수가 그리웠다.

그렇게 어둠 속에서 지낸 지 10년이 지났다. 내가 살 수 있었던 건 순전히 내 의지 때문이었다. 이젠 내가 나를 지배했다. 오랫동안 아무 생각 없이 멍하니 있을 때도 있었다. 어떤 때엔 영화 필름이 돌아가듯이 내 생애를 되돌아 볼 수 있었다. 거기엔 아버지, 어머니, 순애와의 삶이 되살아났다. 시간이 더 이상 나를 괴롭히지는 않았다.

그러던 어느 날 갑작스런 소리에 몽상에서 깨어났다. 녹슨 감방 문이 삐걱 열렸다. "나와." 사람 소리였다. 주저했다. 그러자 소리가 커졌다. 엉금엉금 기어 나와 그 사람 발아래 엎드렸다. "일어서!" 간수는 으르렁거렸다. "따라와." 따를 수밖에. 묻는 것보다 더 좋은 방법을 이미 터득한 터였다. 고개를 숙인 채 복도를 지나갔다. 층계를 따라 올라갔는데 갑자기 총의 개머리판 같은 것이 번쩍했다. 너무 심했다. 휘청대다 "아야" 하며 눈에 손을 대고 쓰러졌다. 몇 분이나 흘렀을까. 다시 일어서라는 명령이 떨어졌다. 난 일어서서 눈에 손을 댄 채 휘청대며 그를 따라갔다. 사람들이 있는 걸 알았지만 좌우를 둘러보지 않았다.

의자에 앉으라고 했다. 더듬거려 의자를 잡아 머리를 숙인 채 앉았다.

"너 1300번, 김명걸이지?"

"예"

"이 공산주의자야. 인민군 제4부대 정치 인민위원 밑에서 일했지?"

"맞습니다."

"넌 배신자니 죽어 마땅하다고 생각지 않나?"

"죽고 싶습니다."

"그러나 관대하게 너를 사회로 내보내기로 했다. 이제 독방에서 나와 제재소에서 일한다. 사회 정치 교육을 받게 될 것이다. 과거에 저지른 반역을 반성하고 전향해서 대한민국에 충성한다는 서약을 하면 풀려날 수 있다. 알겠나?"

"예, 알겠습니다." 답은 했지만 단지 습관에 불과한 것이지 알아듣고 한 대답은 아니었다. 그의 음성은 내 고막을 진동시켜 제대로 알아들을 수가 없었다.

세 명의 정치범이 한 방에 있었다. 10여 년을 애타게 사람과의 접촉을 기다렸었는데, 막상 현실이 되고 보니 매우 힘이 들었다. 오히려 당혹스러웠다. 하도 오랫동안 홀로 지내서인지 다른 사람과 같이 있다는 것이 꿈만 같았다. 다른 사람을 대하는 나의 말과 행동이 엉뚱했다. 정치 교육반에서도 내 실력은 형편없었다. 말이 뒤죽박죽이었다. 머릿속으로는 아는데 이를 표현하거나 답하는 능력이 퇴보해 있었다.

간수와 선생들과 심지어 감방 동료들 중에도 나의 이런 증상을 오만하고 '극악한 공산주의자의 태도'로 풀이했다. 그 결과는 억울하게 맞는 몰매였다. 일을 할 때는 참 잘했다. 매일 제재소에서 일을 했는데 거기서 나오는 톱밥은 순식간에 산더미가 되었다. 나에게는 품질 조사하는 업무가 맡겨졌다. 나무 조각이 내 앞을 지나칠 때 결점을 조사하는 일이었다. 혼자 일하고 반장한테만 보고하면 되었다. 지루하고 더러운 작업이었다. 그러나 하루에 두 번 식사가 나오고 일하는 중간에 씻을 물도 나왔다. 이것이 내겐 환각처럼 여겨졌다.

이처럼 딴 세상에 들어온 지 한 달인지 두 달인지 지나서였다. 한 달에 한번 쉬는 날이 생겼다. 감방에 누워 있는데 간수가 소리를 질렀다. "1300번 면회." 감방 문이 찰칵 열릴 때처럼 그 말에 귀가 번쩍했다. 좀비처럼 간수 뒤를 따라갔다. 그녀가 나를 금세 알아보았다. 그 아름다운 갈색 눈동자. 내가 처음 빛을 보았을 때처럼, 이게 생시인가! 무릎을 꿇고 오열했다. 그렇게 보고 싶었는데… 이제 내 눈으로 그녀를 직접 보다니 이 얼마 만인가. 이제 난 그녀를 보고 있다!

간수가 나를 일으켜 순애 앞쪽 의자에 앉혔다. 그녀에게 손을 내밀었으나 가로막힌 유리창에 부딪쳤다. 작은 구멍을 통해 말을 전할 수 있었지만 서로 말이 나오지 않았다. 말을 하려면 목 울음이 먼저 나왔다. 주어진 5분이 말없이 지나갔다. 마침내 그녀가 속삭였다. "하나님이 내 기도를 들어주셨어요. 다음 달에 또 오겠어요." 그리고 그녀는 떠났다. 마치 유령을 본 것 같았다. 간수가 내 목덜미를 잡을 때까지 움직이지 않고 있었다. 다시 감방으로 되돌아 왔다.

한 달 동안 환각에 빠진 게 아닌가 반신반의하며 멍했다. 정말 순애였을까? "1300번 면회." 그녀가 기다리는 방으로 달려갔다.

그녀의 미소는 너무 환했다. 그 옆에 어린 소녀가 서 있었다. 그녀를 빼 닮았다.

그녀를 보며 말을 더듬거렸다. “난 몰랐는데… 참 예쁘구나.”

“당신이 떠난 그날 밤에… 그때 정말 황홀했어요.”

“어떻게 내가 여기 있는 줄 알았소? 꽤 오래 되었는데.”

“지리산 자락에서 당신이 잡혔다는 소식을 그 다음날 들었어요. 당신이 부산으로 잡혀갔다는 소문이 돌았어요. 그리고 당신이 여기 있는 줄은 진작에 알았는데 면회가 허락되지 않았어요. 그런데 이게 몇 년 만이에요? 우리가 다시 만난 게….”

“그러나 어떻게 순조에서 여기까지 왔소? 아주 먼 거린데.”

“이젠 순조에서 살지 않아요. 당신 가까이 있을 작정으로 아이들 데리고 아예 부산으로 이사왔어요.”

“그럼 땅은 어떻게 하고?”

“또 토지 개혁이 있었어요. 뭐라고 설명하기 어렵지만, 딴 사람이 우리 땅에서 농사를 짓고 있어요.”

한번에 이 모든 사실을 알아듣기가 어려웠지만 서서히 순애가 감옥에서 멀지 않은 판자촌에서 살고 있다는 걸 알게 되었다. 우리처럼 옥살이하는 남편을 둔 이웃이 많다고도 했다. 순조에서 온 몇 명의 아낙네들과 가까이 지낸다고 했다. 순애는 과일 야채 장사로 생계를 꾸려 나가고 있었다. 두 아이는 학교에 다니고 있었다. 둘 다 착하다고 했는데 아들은 16살이 되면서 반항하기 시작했다고 했다.

수개월간 바쁘게 수레바퀴 맴돌 듯 살았다. 매일 제재소에서 일하고, 저녁엔 감방 동료들과 같이 정치사상교육을 받고, 매달 순애의 눈을 마주칠 수 있는 5분이 있었다.

죽음

창살 너머 세상으로의 복귀는 죄책감과 동시에 근심 보따리가 딸려 있었다. 순애는 매달 찾아왔다. 올 때마다 깨끗한 속내의와 책과 음식을 장만해 왔다. 속내의와 책은 내 몫이었지만, 음식은 주로 간수 몫이었다. 수개월 아니 수년 동안 순애의 면회와 선물을 그녀의 사랑으로 받으면서 그녀가 면회 올 때마다 조금씩 그녀의 쇠잔해가는 모습을 볼 수 있었다. 그녀는 매우 야위었다. 함께 살면서 그녀를 감싸주고 시장도 같이 가고 아이들 자라는 것도 보고 싶었다. 남편 노릇은커녕 그녀에게 짐만 되었다. 종잇장에 도장만 찍으면 더 이상 그녀를 고생시키지 않아도 되는데….

그러나 걸림돌이 있었다. 출소해서 순애랑 있으려면 내가 그 동안 지켜온 사상과 아버지의 이념을 부정해야만 했다. 어떻게 진리라고 믿었던 것들을 저버릴 수 있단 말인가? 내 양심과 아버지에 대한 도리가 마음에 걸렸다. 새 동지들 외에도 정치범들이 있었다. 그들 중에는 순조에서부터 알던 사람들도 있었다. 그들에게 나의 존재는 김경실의 아들이었다. 우린 일제에 대항해서 싸웠다. 사회주의 혁명으로 우리 땅을 되찾고 외세로부터의 지배를 없애고 우리나라를 하나로 만들려고 하였다. 옥중에서의 삶과 체험이 동지의식을 더 깊게 만들었다. 결코 혁명에 가담한 우리의 행동에 대해 후회하지 않으리라. 또 현 정부에 협조한다는 도장도 찍지 않으리라. 우리를 담당한 정치사상 교도관이 우리에게 전향 의도가 있는지 가끔 물었다. 그럴 때마다 우린 고개를 숙여 바닥만 응시한 채 돌처럼 침묵만 지켰다.

희망, 아니 꿈이라고 하는 게 좋을 것이다. 우린 아직 꿈을 간직하고 있었다. 혁명을 이룰 날이 온다고 말이다. 학생들의 봉기 소식이 감옥 벽을 타고 흘러 들어왔다. 우린 단식으로 그들을 지원했다. 우리도 자유와 민주화가 이 나라에서 이루어지기를 원했다. 잘 먹고 안전한 곳에서 일하길 원했다. 한 주가 되면서 우리는 동맹 파업할 힘이 최악으로 약해지자 포기할 수밖에 없었다. 육신이 극도로 쇠약해 단식을 유지할 수 없었다. 그럼에도 불구하고 동맹한 데 대한 자부심은 남아 있었다. 그런 유대가 우리를 더 담대하게 만들었다.

형무소 직원이 남편이 풀려날 수 있는 조건을 아내에게 알려주었으므로 순애는 나의 난처한 입장을 이미 알고 있었다. 그렇지만 나에게 잘못했다고 빌고 도장 찍으라는 말은 한 번도 하지 않았다. 이 문제만큼은 내 스스로 해결할 과제였다.

그 갈등의 딜레마는 불행하게 해결되었다. 순애의 몸이 점점 더 쇠잔해져 가는 게 역력했다.

"제발, 나 때문에 책 사고 음식 장만하는 데 돈 쓰지 말아요. 다른 사람의 책을 빌려보면 되고 음식도 그래요. 대부분 간수들 몫이 된다니까. 대신에 당신과 아이들이나 챙겨 들어요. 내가 나갈 때까지 당신 건강해야 하지 않겠소." 이 말은 진심이었다.

"난 괜찮아요." 그녀의 선물은 늘 끊이지 않았다. 어쩜 어머니랑 이렇게 똑같을까? 어머니도 아버지를 위해 목숨까지 바치셨는데.

하루는 순애랑 아들 이야기를 했다. 순애의 근심이 이만저만이 아니었다. 부산 빈민촌에서 아버지나 삼촌이나 일가 친척 없이 자랐고 게다가 어머니는 입에 풀칠하느라 정신 없이 바빴다. 학교는 다니면서도 시간만 나면 또래 불량배들과 어울려 거리를 배회했다. 가끔 말썽도 피웠다. 경찰에 붙잡힌 적도 한 번 있었다. 가난과 죄인의 아들이란 족쇄가 아들을 올바른 길에서 더욱 멀어지게 하였다.

순애는 울음 섞인 말을 하다가 기침을 해 댔다. 몸을 구부려 멈추려 해도 기침이 멈춰지지 않았다. 그날 이후 그녀를 볼 때마다 기침 횟수가 잦아졌다. 근심과 죄의식은 나를 더 짓눌렀다.

난 두 달 동안 그녀를 만나지 못했다. 소식도 없었다. 무슨 일일까? 바빠서? 아니 병이 악화된 걸까? 아이들에게 문제가 생긴 것은 아니겠지? 내 가슴은 찢어지는 것 같았다. 작업 중에 딴 생각을 하다가 회전톱날에 팔을 거의 잘릴 뻔했다.

3개월째였다. 내 번호가 불려졌다. 안도의 숨을 쉬었다. 그녀에게 큰일은 없었겠지. 그런데 창살 너머 그녀가 보이지 않았다. 대신 딸이 서 있었다.

"아버지, 어머니가 너무 아파요. 의사 말론 결핵이래요. 앞으론 아버지 면회 오실 수 없을 거예요. 전 오전에만 어머니를 돌보다가 오후엔 일하러 가야 해요. 시간이 날 때마다 제가 대신 면회 올게요."

지난번 기침과 가래로 혹시나 의심은 했지만 순애가 결핵에 걸리다니… 받아들이고 싶지 않았다. 결핵으로 죽어 가는 동료 죄수들을 많이 보아서 난 잘 알고 있었다.

"네 어미 보러 내 나가마. 어머니는 살아야 한다. 때맞춰 음식 챙겨 들고 약 먹는 것도 잊지 않도록 네가 잘 보살피렴. 어미에게 꼭 내가 간다고 전하렴. 네 어미 죽으면 안 된다." 나의 덜덜 떠는 소리는 절망적이었다.

당장 교도소장에게 면담을 신청했다. 놀랍게도 내 신청이 받아들여졌다. 손이 등뒤로 묶인 채 소장실로 들어갔다. 가정 형편 전모를 다 말하고 풀어달라고 애원했다.

"네가 풀려날 조건을 잘 알잖아. 그건 바꿀 수 없다."

"그러나 그건 내게 불가능한 조건입니다. 어찌 내 과거에 대해 잘못했다고 빕니까? 그건 내 아버지를 모욕하는 겁니다. 그렇게 되면 참을 수 없는 치욕으로 남을 겁니다. 대한민국 정부에 충성하고 어떤 정치적 행위도 하지 않겠다고 맹세하겠습니다. 허락해 주십시오."

"그렇다면 네가 그 동안 공산주의자들과 공산주의 혁명에 했던 충성을 저버리겠다고 맹세할 수 있는가?"

"예."

"그러나 나 혼자 결정할 사안이 아니다. 상부에 알아보겠다. 네 안건은 다음 9월 모임 때 다루게 되니 그리 알아라."

"그러면 3개월이나 걸리지 않습니까? 그 전에 아내가 죽을지도 모릅니다. 선처해 주십시오. 제발 부탁합니다." 나는 빌었다.

"그럴 순 없네." 그는 고개를 저었다.

3개월의 기다림은 너무나 길었다. 그 동안 단 한번 딸이 다녀갔다. 순애는 더 이상 일어설 수 없다 했다. 누워만 있다고 했다.

형무소장의 호출 소식을 접했다. 고개를 숙인 채 들어갔다. 그의 얼굴을 보고 싶지 않았다. 거절의 소식이라면 그걸 미리 알고 싶지 않았기 때문이었다.

"김명걸, 안보부에서 네 청원을 받아들였다. 이틀 안에 풀려나게 될게다. 의복 한 벌과 약간의 돈이 지급된다. 그러나 이 서약서에 도장을 찍어야 한다. 대한민국에 충성하겠다고 말이다. 만일 이 서약을 지키지 않으면 그때엔 가차없이 평생 옥살이 할 각오를 해라."

"네, 기꺼이 서약하겠습니다." 내 앞에 종이가 놓였다. 그것을 읽고 나서 내 이름 석자 밑에 인장을 찍었다.

이틀 동안 아무하고도 말하지 않았다. 아니 아무도 내게 말을 걸어오지 않았다는 게 옳은 표현이다. 3일째 되는 날 딸이 날 데리러 왔다. 수년을 동고동락했던 동료들은 문 쪽으로 나가는 나를 묵묵히 지켜보았다.

우리는 하천 근처 빈민 판자촌에 이르렀다. 몸을 낮추고 방안에 들어섰다. 안은 컴컴했지만 그녀를 알아볼 수 있었다. 얄팍한 이불을 덮고 누워있는 그녀를. 그녀 옆에 조용히 다가가 앉았다. 그녀도 나를 알아보는지 잠시 눈동지가 반짝였다.

"기다렸어요. 당신 올 때까지 죽을 순 없잖아요. 이젠 얼굴을 보았으니 편히 갈 수 있네요. 하나님이 또 내 기도를 들어주셨군요."

"여보, 가면 안 돼. 살아야 해. 당신 없는 나는 송장이나 다름없소."

"하나님이 당신을 돌봐주실 거예요." 힘없이 속삭이던 마지막 말. 잔잔한 미소를 남겨둔 채 그녀는 하나님 나라로 갔다.

조상

다시 감옥으로 되돌아가고 싶은 생각만 남았다. 내가 알고 바랬던 순애, 아버지, 어머니, 내 마을, 내 땅. 그 모든 것이 다 떠나가 버렸다. 가난의 숲 속에 내팽개쳐져 목숨만이라도 건져보려는, 지푸라기라도 잡아보려는 내 모습을 보았다.

어떻게 도와야 할지 몰라 바보처럼 딸 미경이를 따라만 다녔다. 며칠 동안 함께 장터를 다녔는데, 딸은 내가 집에 있어 주었으면 했다.

아들은 내게 한마디의 말도 건네지 않았다. 자신과 가정의 이 모든 처지를 모두 내 탓으로 돌렸다. 전과자인데다가 공산주의자였던 아비를 둔 자식이었으니 따돌림이 얼마나 심하였겠는가! 선생까지도 불량 학생으로 낙인찍었고 학교의 모든 활동에서도 제외되었다. 물론 대학도 그런 아들을 받아줄 리 만무했다. 내가 아들의 삶을 망가뜨렸다. 그러니 아들의 삐뚤어진 태도를 비난할 처지도 못되었다. 난 그에게 아비노릇을 한 적이 없었다. 더욱이 우린 서로를 잘 몰랐다. 아는 것이 없었다.

어느 날 길거리를 배회하고 있는데 감옥 동지를 우연히 만났다. 그도 내 처지랑 같았다. 출옥 후 얼마 있다가 아내를 잃었고, 친구나 일가 친척도 없이 홀홀 단신 외로운 처지였다. 같이 살기로 하고 아이들 집에서 나왔다. 그도 빈민가 판잣집 방 하나에 세 들어 살고 있었다. 아이들은 내가 나가자 좋아했다. 그 후 몇 년 동안을 우연이 아니면 서로 만나지 않은 채 따로 살았다.

그러던 어느 토요일 저녁이었다. 판잣집에서 친구들과 화투를 치고 있는데 밖에서 큰 소리가 들렸다. "늙은이 나와. 같이 술 마시자!" 아들이었다. 화가 치솟았다. 이놈이 어떻게 아비에게 그런 말을 할 수 있단 말인가! 호되게 야단을 치고 싶었다. 아들은 술에 만취해 있었다.

"늙은이, 가자. 내가 술 한잔 사지."

난, 아무 말 없이 아들을 따라 술집에 들어갔다. 막걸리를 주문하더니 아들은 자신이 그 동안 당한 울분을 내게 다 퍼부었다. 아들의 주정이 점점 더 심해지자 거기 있던 주객들이 아들에게 조용히 하라고 소리쳤다. 순간 말다툼이 벌어지겠구나 싶었는데, 아들 친구가 들어왔다. 우리를 보고 옆으로 다가와 앉았다. 내 아들과 나를 번갈아 보더니 내가 누군가 하는 표정이었다.

아들은 주정뱅이였다. 그는 내가 아버지라는 것을 아무에게도 말한 적이 없었다. 또 내게 '아버지'란 말을 한 적도 없었다. 잠시 괴로워하더니 내뱉었다. "오랫동안 잃었던 아버지야." '아버지'란 말을 하자마자 그는 울음을 터뜨렸다. 친구는 아들이 좋아서 우는 줄로 알았다. 그러나 난 안다. 모욕의 눈물임을!

다음날 아들 승혁이 다시 찾아왔다. 이번에는 문을 똑똑 두드리며 경어를 썼다. "미경이와 제가 아버님을 모시고 살고 싶어요. 그렇게 해 주실래요?" 순애가 우릴 위해 기도했나보다. "오냐. 나도 그러면 좋겠구나. 이젠 너와 네 여동생에게 힘이 되었으면 싶다."

우린 서로 잘 지냈다. 미경이는 내게 장사하는 법을 가르쳤다. 승혁이도 낮엔 우리랑 같이 일하고 밤엔 작은 지방 대학에 다녔다. 기술자가 되고 싶다고 했다.

그런데 무엇인가 허전했다. 살기 위해 일하는 것이 왠지 공허했다. 조상의 부재를 느꼈다. 자식은 부모에 대해, 더욱 더 조부모나 증조부모에 대해서 아는 바가 없었다. 고향 방문을 추진했다.

우린 기차로 진주로 가서 거기서 순조행 버스에 몸을 실었다. 버스 정거장은 마을에서 5킬로미터 정도 떨어져 있어서 그때부터는 걸었다. 20년 전 강제로 잡혀갔던 언덕과 계곡이었다. 순조로 가는 길에 아버님이 조상을 섬기던 천도교당과, 순애가 예수의 사랑을 배운 교회를 지나쳤다. 아이들이 태어난 그 집은 초가지붕과 토담 그대로였다. 이미 낯선 사람이 그 집에 살고 있었다. 우물가로 걸었다. 아이들의 어머니를 처음 만난 곳. 마을 다른 편엔 우람한 떡갈나무가 아직도 서 있었다. 우리 셋은 그 밑에 앉았다. 가족 이야기를 들려주고 싶었다. 난 1919년 3월 1일 독립선언서의 몇 구절을 암송하면서 이야기를 시작하였다. 바로 이 나무 아래에서 할아버지께서 선언문을 낭독하셨다고, 그리고 일본인들이 조부를 고문하고선 그 망가진 몸을 던져버렸던 곳도 보여주었다. 어떻게 일본인들이 우리 조상의 땅을 빼앗고 강제로 노예처럼 부렸는지도 빼놓지 않고 다 이야기해 주었다.

> 어느 날 밤이었다. 어떤 키 작은 사람이 북쪽에서 와서 우리에게 혁명을 약속했는데, 소련이 배반을 해서 그 혁명이 이루어지지 않은 것이 기억나는구나. 그래서 우린 여운형이 인도하는 인민당에 우리의 희망을 걸었지. 그러나 미군정이 그를 무시하면서 그 꿈마저 깨졌어. 우리 스스로 나라가 갈리는 것을 막으려고 했는데 결국 실패한 거지.

어느 날 저녁이었어. 그땐 내가 팔팔한 청년이었단다. 아버님이 잡혀 가신 후 마을 사람들 앞에서 남한만의 단독 정부를 반대하는 연설을 했지. 나라가 영구히 분단된다고 보았기 때문이야. 그것 때문에 난 공산주의자로 찍혀 지금껏 20년 옥살이를 하였다.

미경과 승혁은 이 모든 것이 놀랍기만 한지 조용히 듣고 있었다. 이야기를 마치려는데 승혁이 작은 소리로 우물댔다. "아버지, 용서해 주세요. 전 몰랐어요."

그러나 난 여기서 내 이야기를 멈추고 싶지 않았다. 어머니와 아버지의 사랑을 들려주고 싶었다.

"6·25전쟁 때였지. 인민군에 합세했다가 남한에 남기로 하고 이 떡갈나무 위에 올라가 네 어미가 나타나길 기다렸다. 어미는 문을 열어 놓고 나를 기다리고 있더구나. 전날 밤 나를 떡갈나무 아래서 만나는 꿈을 꾸었나더구나. 엄마의 꿈과 기도가 나를 지금까지 살리고 온건하게 만들었단다."

"아버지, 용서해 주세요. 전 몰랐어요."

"네가 알 리가 있나. 이제야 네가 누구인지 알았겠지. 네 근원이 어딘지 늘 유념해라. 승혁아, 네 이름이 지닌 뜻은 알고 있겠지?

"뜻이요? 모르는데요. 그저 이름 아닌가요?"

"네 할아버지가 너를 위해 미리 작명하셨단다. 승은 '승리'란 뜻이 있고, 혁은 '혁명'이란 뜻이다. 네 이름은 너의 미래다. 넌 이름처럼 살아야 한다. 조부께선 조상의 혈통을 기억하고 늘 옳은 편에 설 용기를 갖기 원해서 그렇게 지으셨지."

"미경아, 너도 네 이름의 뜻을 알고 있니?"

"예, 어머니께서 말씀해 주셨어요. '아름다울 미' 에 '마음의 거울 경' 이라고요."

"그래, 네 어미가 마을 촌장에게 부탁해 네 이름을 작명했다는데 아름답고 인품 있는 여인이 되라고 지었다더라."

마을을 지나 걸으면서 나는 수많은 증인의 무리가 우리를 에워싸고 있음을 느꼈다. 아이들도 나와 똑같이 느꼈으리라고 믿는다. 모든 비극이 우리를 덮쳤어도 내 가슴엔 더 이상 분노나 후회가 남아 있지 않았다. 이 땅에서 수고했던 모든 마을 사람들, 옥중 동료들, 아버지, 어머니, 아내, 여기 이 두 자식 모두가 고마웠다. 교회와 천도교당을 지나면서 무언의 감사 기도를 드렸다.

2

이상한 일

독재 정권과 노동자

| 배경 |

1960년에 일어난 학생혁명으로 부정선거를 노골적으로 단행했던 이승만 초대 대통령이 물러났습니다. 한 일년간의 혼란기를 거친 후 박정희 장군이 군사혁명을 일으켜 권력을 장악했습니다. 그리고 1963년에 대통령으로 선출되었습니다.

한국은 70년대와 80년대에 '한국식 자본주의' 정책으로 급격한 경제 개발의 초석을 다지기 시작했습니다. 처음엔 훌륭한 노동법을 제정하여 민주 노동조합과 시민들의 정치 참여의 길을 터놓았습니다.

60년대에 기독교인들이 인천에서 산업노동자를 위한 선교 사역을 시작했습니다. 10년 동안 필자도 한국인 동료들과 함께 '도시산업선교회(Urban Industrial Mission – UIM)' 사역에 동참했습니다. 처음 이 사역을 시작할 당시 노동자와 산업계와 정부가 서로 긴밀한 연대를 갖고 왕성한 활동을 할 수 있었지요.

그러나 1960년대 후반기에 박 정권이 대통령직을 포기하지 않는 게 분명해졌습니다. 헌법상 규정된 재임을 마치고도 오히려 군사 독재 체제로 바꾸기 시작했습니다. 민주화를 부르짖던 시민과 노동자와 학생들은 심한 억압을 받았습니다.

1972년 박 정권은 종신제 대통령직을 허용하는 새 헌법을 반포하고 계엄령을 선포하였습니다. 대한민국 정보부는 박 정권의 집권을 강화시키려고 백성들의 삶에 개입하기 시작했습니다. 이런 일련의 사건들로 도시산업선교회는 물론 수많은 민간 단체들이 정부와 마찰을 빚게 되었지요.

다음의 이야기인 '이상한 일 발생'은 이러한 역사적 허구입니다. 도시산업선교회와 관련된 사람들 이외에는 모두 가상 인물이지만, 역사적 사건에 기초하였습니다. 주인공은 인천에 사는 철강 노동자입니다. 필자는 이 이야기에 오 선교사로 등장하지요. 이 이야기에 나오는 사건을 기억하는 사람은 극소수지만, 정의 추구와 자신의 권리를 보호하기 위한 노동자들의 노력은 남한에서 민주화를 이룩하는 데 큰 공헌을 했다고 봅니다.

어머니는 내가 빨리 결혼하기를 원했다. 죽기 전에 손자를 보고 싶은 것이 어머니의 소원이었다. 그러나 나는 어머니가 며느리 감을 점찍어 놓았어도 계속 반대했다. 그녀가 싫어서가 아니었다. 단지 결혼하고 싶지 않았다. 내 나이 스무 살이니 입대할 연령이었다. 이를 빌미 삼아 어머니의 간청을 연기시켰다. 3년간의 군 복무를 마치자 어머니는 다시 졸라댔다. 이번엔 도망갈 구멍이 없어서 마지못해 승낙했다. 그런데 문제가 생겼다. 어머니가 점찍어둔 처녀가 다른 사람과 이미 혼인해 버린 것이다. 어머니는 다시 색시 감을 물색했다. 그러다 보니 총각으로 일년을 더 지낼 수 있었다. 어머니가 다시 선보라고 한 처녀는 첫 번째 처녀보다 더 예쁘기도 하고 내 마음에도 들었다. 그래서 우린 결혼을 했다. 3년 동안에 두 아이를 낳았고, 세 번째 아기는 결혼 5주년 되는 날 태어났다. 아들이 둘이라 어머니는 너무 너무 좋아하셨다.

군복무 이후 인천에 있는 제강소에 취직이 되었다. 처음엔 임시직이어서 정규직 노동자에 비해 임금이 절반도 되지 않았다. 임시직은 언제든지 해고될 수 있었다. 임시직으로 2년 일한 후 정규직 노동자가 되었다. 회사에 1년 이상 고용한 사람은 정규직으로 채용해야 한다는 법이 있었다. 그러나 실제로 몇 년씩 임시직에 그대로 남아 있는 노동자들이 꽤 있었다. 월급이 오르자 전셋값으로 아버지와 형님한테 꾼 돈을 갚는 데 도움이 되었다. 우린 방 두 개와 부엌이 딸린 전셋집에서 살았다. 넉넉하지는 못했지만 그럭저럭 꾸려나가면서 행복할 때도 있었다.

나는 삼대째 기독교인인 집안에서 태어났다. 조 부모님은 20세기 들어설 때쯤 기독교로 개종하셨다. 할아버지께 들은 이야기가 기억난다. 할아버지는 충청남도 공주 근처 작은 마을에서 사셨다. 그 마을은 계룡산맥 밑자락에 위치해 있었다. 맑고 깨끗한 시냇물은 마을의 생명수였다. 그 물을 논에 끌어다 쓰기도 하고, 식수는 물론 생활용수로 사용하였다. 시냇물은 마르지 않아 그 다음 마을까지 평화로이 흘러 내려갔다고 한다. 저녁이 되면 남정네들은 시냇가 옆 풀밭에 앉아 술을 마시거나 담소하며 옛 이야기도 나누는 전통이 있다고 했다.

어느 날 저녁 조부님과 여러 마을 사람들이 담소를 나누고 있었는데 이상한 일이 생겼다. 조부님의 말씀은 대략 이랬다.

> 장대 같은 키에 노랑머리와 각진 얼굴에 큰 코를 가진 사람이 우리 마을에 나타났어. 지금까지 그렇게 생긴 사람은 처음 보았지. 개중엔 산에서 귀신이 나타난 게 아닌가 해서 겁을 엄청나게 먹기도 했어. 그런데 그 사람이 우리한테로 왔어.
>
> 우리 옆자리에 앉아서 우리말을 하는데 참말 사람이더군. 미국이라는 나라에서 왔다고 하면서 하나님과 예수 그리스도를 우리한테 전하는

데, 그게 무슨 말인지 다 새로웠다. 아무튼 미국이란 나라와 하나님과 그 외 그 사람에 대해서도 물어봤지. 그날 밤 그 사람이 우리 마을에 머물렀는데, 우리랑 똑같이 먹고 자고 마시더군. 미국 이름이 있다던데, 한국 이름은 '우명리'라고 했어. 그 이후 그 미국인이 여러 번 우리 마을에 다녀갔어.

난 이 미국인이 말하는 사랑과 희생의 하나님이 별나다고 생각하긴 했지만 유심히 들었다. 그리고 점점 그 하나님을 나도 믿게 되었어. 미국인한테 마을 사람들은 시냇물로 세례도 받았지.

그 이후 온 가족이 기독교인이 되었다고 했다. 내 아내도 기독교 가정에서 자랐다. 우리 가족은 모두 집에서 그리 멀지 않은 정동감리교회에 출석하고 있다. 교회에선 집사고 내년에 권사 시험을 볼 생각이다. 노동시간이 길고 불규칙해서 응시 자격에 필요한 교회 모임 참석이나 공부를 다 해낼 수 있을는지 모르지만 일단 도전을 해볼 참이다.

공장에서의 일은 쉽지 않다. 나는 용광로 앞에서 일한다. 용광로에서 강철로 시뻘겋게 달구어진 철근을 집게로 집어서 오른쪽에 있는 커다란 냉각통에 집어넣는 일이다. 순식간에 처리해야 하며, 힘들고 매우 위험한 작업이다. 처음 이 일을 할 때엔 팔과 다리에 여러 번 화상을 입었다. 한번은 옆 냉각통으로 철근을 넘기다가 미끄러지면서 그 뜨거운 철근에 넘어졌다. 옷을 두껍게 입은 데다 잽싼 동료들 덕에 심한 부상은 면했다. 다행히 난 튼튼한데다 순발력이 좋은 편이다. 지금은 그다지 실수를 하지 않는다.

이런 작업을 13년이나 반복하고 지내던 어느 날 이상한 일이 생겼다. 새 사람이 이 일을 맡게 되었다. 첫눈에 그는 얼간이 같았다. 어떻게 이런 사람이 이처럼 위험한 일을 맡게 되었는지, 난 도저히 이해가 되지 않았다. 실수하면 아주 심한 부상을 입게 되는 일인데…. 줄 당기는 걸 보여주라는 명령이 내게 떨어졌다. 그는 젊은데다 열심이라서 금방 우리처럼 강철을 잘 다루었다. 30분 작업 후엔 10분의 휴식이 주어진다. 일 자체가 힘들어서 이렇게 하지 않으면 사고 빈도가 높아지기 때문이다.

어느 날 휴식 시간에 이 신입 노동자는 자신을 도시산업선교회라는 교회 단체에서 일하는 감리교회 목사라고 소개했다. 나도 감리교인이었지만 그런 조직을 들어본 적이 없었다. 목사 중에는 일반 교회에서 목회하는 목사가 대부분이지만, 공장에 가서 일하는 목사도 분명히 있었다. 조라고 하는 이 사람도 노동자 목사였다. 모든 게 신기해서 여러 가지 물어보고 싶었지만 다시 작업이 시작되었다.

작업량이 많지 않은 어느 추운 날이었다. 몇 사람이 톱밥 난로 주위에 둘러앉았다. 커다란 드럼통으로 만든 난로에 톱밥을 넣으면 뽀얀 톱밥 먼지가 이글대며 벌겋게 타올랐다. 난로통은 불빛에 녹아 연지색을 띠었다. 난로를 마주한 몸 앞부분은 뜨거운데 등뒤는 시렸다. 공장 안으로 찬바람이 밀려왔다. 지붕과 벽 일부가 전쟁 때 폭격으로 없어져서 공장 안에 있더라도 외부 날씨의 영향을 그대로 받았다. 이 공장 건물은 일제 시대 때 세워진 거였다. 기계는 아주 낡아서 어떤 때는 사람의 힘으로 하는 것과 별 차이가 없었다. 부상과 사고는 흔히 볼 수 있었다. 한 20여 명의 직공들이 난롯가에 둘러앉았는데 그 중에 일곱 명이 손가락이 없는 게 보였다. 1950년 전쟁 이후엔 금속이 귀할 때라 금속이란 금속은 다 모았다. 이 같은 짜투리 금속더미에 묻어 들어간 불발 수류탄이 용광로에서 폭발한 적도 두 차례나 있었다.

난롯가에 앉아서 점심을 먹고 있는데 반장인 박용희가 웬 외국인과 함께 합석했다. "여기 외국인 손님을 소개합니다." 미스터 박이 말했다. "미국에서 온 오 선교사입니다. 이분이 기독교에 대해서 우리랑 이야기 나누고 싶어하십니다. 그래서 제가 초청했습니다."

그리고 박은 오 선교사에게 시작하라는 표시를 했다. "제가 오늘 여러분을 방문할 수 있게 된 것을 기쁘게 생각합니다. 전 여러분이 제가 하는 한국말을 알아들으셨으면 하고 바랍니다. 전 아직도 배우는 중입니다. 미스터 박이 말했듯이 여러분에게 기독교 신앙과 그 신앙이 우리의 일상의 삶과 어떻게 관계가 있는지를 말하고 싶은데, 그렇다고 설교하고 싶은 마음은 없습니다. 그저 서로 자기의 신앙을 나누길 바랍니다. 관심이 있으시면 매주 수요일 점심 시간에 다시 오겠습니다. 따뜻한 이 난롯가에서 만납시다. 다시 말씀드립니다. 원하시면 다음 수요일에 시작하겠습니다."

질문이 쏟아져 나왔다. "당신은 누구세요?" "왜 우리랑 이야기하고 싶어하십니까?" "우리를 개종시키려구요?" "미국 노동자들은 잘 삽니까?" "그들도 조직이 있나요?" "혹시 미 정보부 요원은 아닌가요?"

그는 마지막 질문을 받고선 폭소를 터뜨리더니 미 정보부와는 무관하다고 안심시켰다. 그런데도 의심하는 사람들이 몇 있었다.

"그럼 왜 여기 왔습니까?" 여러 사람이 동시에 던진 질문이었다.

"난 도시산업선교회라는 교회 단체에 속해 있습니다. 우린 두 가지 목적이 있어요. 한국이 서둘러 산업화하는 중인데 이런 상황에서 교회가 하나님의 뜻을 찾아야 한다고 보고요. 또한 여러분과 여러분의 가족에게 목사로서 도움을 줄 수 있지 않을까 해서지요."

난 오 선교사의 말이 잘 이해가 되지 않아서 재차 물었다. "예수님이 여기 공장에 있는 우리들과 무슨 상관이 있습니까? 그는 이 세상에서 하늘나라로 가는 것과 관계된 것 아닌가요?"

"글쎄요. 예수님은 여러분처럼 가난하게 노동하던 사람들과 어울려 사셨어요. 예수님에 대해 배운다는 말은, 우리가 처한 상황에서 우리 자신을 보면서 알 수 있다고 보지요. 그래서 우린 배워야 되고요. 가능하면 여러분에게 도움이 되고 싶군요." 그의 답은 애매 모호했다.

그때 반장이 와서 대화가 중단되었다. "자, 이제 다시 작업 시작하세요. 오 목사님은 다음 수요일에 다시 오도록 할 테니 그때 계속 물어보세요."

그 이후 몇 개월 동안 매주 수요일 점심시간에 한 20여 명이 톱밥 난롯가에 둘러앉았다. 화제의 내용은 예수의 구원에서부터 불교, 유교, 미신에 이르기까지 우리의 흥미를 끌기에 충분했다. 베트남 전쟁에서 한국의 역할에 대해서도 몇 번 다루었고, 노조를 의제로 내 놓는 사람도 있었다.

세 번째 수요일 이른 아침이었다. 용광로 앞, 쇳조각 더미를 삽으로 퍼내던 사람들이 실수로 전쟁에서 쓰다 버린 수류탄을 용광로에 집어넣었다. 폭발이 되면서 공장 전체가 흔들리고 용광로 근처는 아수라장이었다. 두 사람이 사망했고, 아홉 명이 부상당했으며 그 가운데 둘은 중상이었다. 부상자들은 인근 인천기독병원에 실려갔다. 반장인 미스터 박이 오 선교사에게 전화를 걸어 사고를 알렸다. "병원에 저랑 같이 가 주실 수 있을까요?"

"물론 가죠. 언제가 좋을까요?"

"지금 당장요. 음, 병원 정문 앞에서 30분 후에 만납시다."

"그리로 가겠습니다."

부상자 가족들이 병원 복도에서 기다리고 있었다. 병실에선 아내와 아이들이 통곡하고 있었다. 간호사들은 부상자들을 돌보느라 분주했다. 미스터 박은 부인들을 한 사람씩 오 선교사에게 소개시켰다. 부상자의 상태를 확인한 후 오 선교사는 그들을 위해 기도해도 좋은가 물었다. 부상자 가운데 한 사람만이 기독교인이었다. 그런데도 모두 선뜻 승낙했다. 오 선교사는 무릎을 꿇고 짧은 기도를 드렸다. "하나님 아버지, 당신의 종인 이들에게 자비를 베푸소서. 최 형제와 송 형제의 영혼을 천국으로 인도하여 주시고, 주님의 치유의 손으로 사고로 다친 모든 이들을 어루만져 주십시오. 또 가족에게 힘과 마음의 평안을 주십시오. 오늘 당신의 자비를 간구합니다. 아멘."

그날 오후 점심 시간의 화제는 온통 폭발과 부상자들에 관한 것이었다. 오 선교사는 병원을 방문한 후 공장에 와서 부상자들의 상태를 우리에게 알렸다. 톱밥난로 곁을 떠나기 전, 공장장이 오 선교사를 찾는다는 전갈이 왔다. 나중에 공장장의 여직원을 통해 들은 바에 의하면, 대화는 대충 이랬다.

"오늘 아침 우리 직원들을 방문해 주셔서 감사합니다."

"난 부상자 중 몇 명을 알고 있어요. 그들은 수요일 모임에 참석하였죠. 저도 병원에 찾아가 가족과 같이 기도 드리게 되어 참으로 기쁩니다."

"선교사님이 노조 사무실을 방문하고, 위원장과 공장을 견학하신 것도 이미 알고 있습니다. 공장에 노조가 있는 게 특권이지요. 또 수요일 점심 모임도 알고 있습니다."

"작업에 방해가 되지 않도록 시간만은 엄격히 지킵니다. 사람들이 좋아하는 것 같고요. 어떤 식으로든 방해가 된다면…."

"아닙니다, 전혀. 계속 하십시오. 언제나 환영이죠."

단 한 번의 병원 심방이 오 선교사를 인정하고 공장 안에서 존경을 받게 만들었다. 석달 후 점심 모임이 중단되었을 때, 공장 내 다른 부서에서 오 선교사를 모시고 모임이 새로 시작되었다.

폭발 사건이 있고 몇 주일 후 오 선교사를 교회에서 보았다. 다른 두 사람과 함께 있었다. 한 사람은 조문걸이라는 공장의 동료 노동자고, 다른 사람은 모르는 사람이었다. 나는 이 세 사람을 보자마자 뭔가 나 때문에 온 것 같은 예감이 들었다. 예배 후 그들이 내게 다가왔다. 서로 인사를 나누었는데 세 번째 사람은 조승혁 목사라 했다. 문걸은 나에게 시간을 내달라고 부탁했다. 넷이서 근처 다방으로 갔다. 조 목사가 화제를 주로 이끌었다. 도시산업선교회에서는 인천에 있는 기독교 노동자들을 위한 훈련 프로그램을 계획하고 있다고 했다. 열 두 공장에서 남자 열 명 여자 두 명을 선정해서 훈련에 들어간다고 했다. 내가 그들에게 뽑힌 것이다. 그들은 내가 열 두 명의 하나가 되었으면 했다. 난 진퇴양난에 빠졌다. 여기에 가담하면 명년도에 권사가 되기는 어렵다는 생각이 들었다. 이 두 가지 일을 할 시간과 여력이 없을 테니까. "아내랑 상의해 보구요." 일단 이렇게 말하고선 내 스스로도 놀랐다. 아무리 중요한 문제라 해도 아내랑 상의한 적이 지금껏 없었기 때문이다. 아무튼 엉겁결에 아내 이름을 들먹여서 생각할 시간을 벌었다.

나는 아내에게 이 문제를 털어놓고 함께 장단점을 살폈다. 훈련을 받으면 '공장 사도'로 위임받아 노동 현장에서 현대판 사도로서 사역하는 것이라고 아내에게 설명했다. 여기엔 시간과 여력을 더 들여야 할 뿐만 아니라 그녀에게도 지장을 줄 것이다. 가정에서 보낼 시간이 줄 것이다. "여보, 하세요. 대부분의 시간을 공장에서 보내잖아요. 그러니 신앙을 삶에 적용하는 법을 배우는 게 좋은 생각 같네요. 해보세요. 너무 힘들면 그때 그만두면 되잖아요." 아내는 주저하지 않았다.

우린 6개월 동안 한 달에 한번씩 만났다. 토요일 일이 끝나면 열 두 명의 노동자는 조씨와 오 선교사와 함께 저녁으로 장국밥을 먹었다. 그 후 공부에 들어갔다. 일정은 매번 같았다. 성경공부를 '발견, 봉사, 연합' 이 세 가지 면에 적용시키며 했다. '발견'이란 동료들과 우리가 처한 노동 현장에서 하나님이 어떻게 인도하시는지를 찾아보는 것이다. '봉사'는 어떻게 하면 가정이나 일터에서 어려움 당하는 동료를 도울 수 있는지 그 방안을 찾는 것이다. '연합'이 가장 이해하기 어려운 부분이었다. '연합'은 보다 나은 공의로운 공장의 삶을 만들기 위해 다른 사람들과 연대하는 것을 뜻한다 했다. 이것은 일종의 노조의 역할과 같아서 그렇게 되면 임금, 노동 안전, 건강 복지, 보호 등 공장 측과 대립할 가능성이 많았다. 이처럼 성경공부는 공장이라는 현장에서 어떻게 하나님의 말씀을 적용할 수 있는지를 토론하는 것으로 나아갔다. 노동 현장에서 하나님을 어떻게 발견하는가? 동료들이 고심하는 문제는 무엇인가? 등. 기도를 끝으로 모임을 마치면 밤 10시나 되었다. 가끔 토론이 더 길어질 때도 있었다. 시간이야 어떻든 끝이 나는 즉시 모두 요를 깔고 잠에 곯아 떨어졌다.

아침 6시 30분이 기상 시간이었다. 간단한 아침 식사 후에 과제 점검 시간을 가졌다. 동료들의 도움을 받아 각자 스스로 다음 모임 때까지 해야 할 일이 주어졌다. 각자 맡은 과제는 앞서 언급된 세 가지 원칙 가운데 한 가지에 부합되면 되었다. 그런 후 다음 번 모임의 과제 점검 시간에 각자에게 주어진 과제 보고를 하게 되어 있었다. 그리고 함께 성찬을 하고 훈련을 끝냈다. 그 후에는 각자 자신들이 다니는 교회의 주일 예배에 참석하기 위해 뿔뿔이 흩어졌다.

내가 맡은 책임을 다하려면 삶의 변화가 필요했다. 내 부서에서 함께 일하는 동료들과 더 많은 교제를 가져야 했다. 동료의 가정을 방문하고 술은 마시지 않지만 경우에 따라선 술집에도 갔다. 부상당한 동료를 병원으로 찾아가는 일도 빈번해졌다. 가끔 조 목사님이나 오 선교사님이 동행하곤 했다.

공장 노조 운영위원회에는 각 부서의 대의원이 참석하게 되어 있었다. 마침 우리 부서에서 대의원 선출을 하게 되었는데 변고가 생겼다. 내가 뽑힌 것이다. 그 동안 난 노조에 별로 관심이 없었다. 그럼에도 불구하고 노조 지도자의 한 사람이 된 것이다. 노조는 그 동안 '사도반' 에서 배운 '연합' 을 실천하는 곳 같았다. 그러나 공장 노조의 실태를 파악하고 나자 실망이 컸다. 정의나 노동자의 권리를 위해 대변하는 단체라기보다는 뭔가 서로가 서로를 헐뜯는 모임 같았다. 노조위원장 자리에 관심 있는 두 사람이 서로 상대방을 심하게 비방하는데 더 이상 참을 수 없었다. 난 발언권을 얻어 일어났다. 사도반에서 배운 몇 마디 단어를 인용해 가면서 두 사람은 개인적 야망을 접어두고 모든 노동자의 권익을 위해 일해야 하는 것 아니냐고 했다. 짧은 내 소견이 끝나자마자 박수갈채가 이어졌다. 이 두 후보는 나의 말을 좋아하지 않았음이 분명했지만 그렇다고 내게 반격의 발언은 하지 않았다.

가을에 있었던 노조 총회에서 이 두 사람이 위원장 후보자로 나섰다. 그들의 후보 연설은 거친데다가 분을 내뿜고 있었다. 주먹싸움이 터졌다. 마침내 투표가 실시되었다. 무승부였다. 어느 쪽도 다수 표를 얻지 못한 것이다. 그러나 세 번째 투표에서 변고가 생겼다. 누군가 내 이름을 적어 넣었던 것이다. 그 다음 투표에서 내가 대다수 표를 얻어 위원장으로 선출되었다. 얼떨결에 내가 노조위원장이 되었다. 어이가 없었다. 어찌할 바를 몰랐다. 사실 난 노조가 운영되는 방법이나 그 주된 목적이 무엇인지도 모르는 사람이었다. 다행히 도시산업선교회가 도움을 줄지도 모른다는 희망이 있었다. 그날 밤 퇴근 후에 조 목사님을 만나러 도시산업선교회 사무실로 갔다.

우린 밤늦도록 이야기를 했다. 우리는 두 부분으로 나누어 계획을 세웠다. 첫째이자 가장 중요한 임무로 공장 내 사람들과의 관계 강화를 삼았다. 노조위원장은 노동을 하지 않아도 되었으므로 그 시간에 다른 노동자들과의 연대를 강화시킬 수 있다고 보았다(이로 인해 교회에서 권사 임직을 받으려던 계획이 연기될 수밖에 없었다). 둘째 임무로 다른 임원들과 함께 몇 개월 후 봄철에 있을 회사측과의 협상 준비를 하는 것이었다. 이 면에서도 조 목사님이 큰 도움을 주었다. 그는 내게 이미 집단 협상 경험이 많은 다른 노조 지도자들을 알선해 주었다. 그들의 도움과 조 목사님의 지도를 받으며 우리는 함께 일해 나갔다. 임금 인상이 가장 중대한 사안이었다.

위원장으로 선출되고 한 주간이 지난 후 노동관계 담당자인 김배운 부회장의 호출이 있었다. 그의 사무실로 들어가니 환영의 인사를 부드럽게 하면서 여 사무원에게 차 대접을 시켰다. 친근감을 표시하려는 듯 커다란 책상 의자 대신에 내 옆 의자에 가까이 와 앉았다.

"승리에 축하드리오."

"승리보다는 책임이 막중하다는 생각만 듭니다."

"우린 당신이 노조위원장 자리를 원하는 줄 미처 몰랐소. 알았다면 우리가 먼저 만나서 위원장으로서 회사와 어떤 관계를 맺어야 할지 이야기를 나누었을 터인데."

"난 이 자리 때문에 출마한 게 아닙니다. 그러나 내 역할이 무엇인지는 안다고 믿습니다. 이처럼 관심 가져 주시니 감사합니다."

"자, 앞으로 도움이 필요한 일이 생기면 언제든지 찾아 와요. 회사측은 어떤 상황에서도 당신과 협조할 의사가 있으니까. 장부 기록 문제가 있다거나 재정 혹은 그 외 문제로 곤란을 겪게 되면 내게 와요."

"감사합니다. 일 잘하도록 노력하겠습니다."

"봄에 있을 협상에 대해 알고 있을 거라고 믿네만 정식으로 협상이 시작되기 전에 한 두 차례 우리 둘이 만나게 될 것이오. 거기서 일단 예비 협상이 이루어질 텐데, 작년에 회사가 재정적으로 어려움을 겪었소. 노동자들이 이를 잘 알아서 회사에 계속 충성하길 바라오."

"예, 봄 협상에 대처해서 준비하고 회사의 재정 상태에 대한 보고를 받겠습니다."

내가 김 부회장의 사무실을 나오는데 사무 직원이 노조 사무실로 따라왔다. 그 사람은 노조 회원이었다. "김 부회장하고는 첫 번째 회동이군요. 그 사람 그 동안에는 노조 지도자들과 매우 우호적인 관계를 유지했어요. 그러나 조심하세요. 회사에 유리하도록 노조 위원장에게 불리한 소문을 퍼뜨리는 사람으로 유명해요. 당신을 자주 만나면서 신빙성 있는 소문거리를 찾을 거예요." 그 직원의 예상이 맞아 떨어졌다. 김 부회장은 내게 의외의 관심을 보였고, 본인 사무실에서 멀지 않은 노조 사무실에 자주 들렀다.

봄이 되자 우린 준비를 마쳤다. 우리측 협상 단원은 다섯 명이었다. 회사측도 다섯 명으로 구성되었다. 작업 안전, 작업 할당, 초과 업무시간에 관한 협상은 오래 걸렸다. 각 사안마다 서울 본사의 승인을 얻어야 했기 때문이었다. 마침내 임금 인상안 이외의 모든 협상 안에 합의를 보았다. 그 해 생활비가 15퍼센트 정도 증가되었으므로 노조는 20퍼센트의 임금 인상을 내 놓고 15퍼센트 선에서 합의를 볼 계획이었다. 회사측은 10퍼센트 이상은 인상할 수 없다고 버텼다. 교착상태로 한달 가량 지냈다. 마침내 노조는 파업할 수밖에 없었다. 노조원들은 두 주 안에 협상이 이루어지지 않으면 파업하는 것으로 거의 만장일치 합의를 했다. 실상 파업을 원하는 노동자는 아무도 없었다. 노동자 월급만으로 그 동안 어렵게 살아왔는데, 이제 수입원이 없으면 하루도 살아가기 어려운 게 노동자 가족의 처지니 말이다.

그 와중에 이상한 일이 또 터졌다. 서울 본사에서 회사 사장이 내려왔다. 그는 조승혁 목사도 포함해서 나와 면담을 원했다. 어떻게 회장이 조 목사를 알게 되었는지 알 재간이 없었지만 일단 이 제의를 받아들였다. 셋이서 양측의 입장을 하나하나 검토해 나갔다. 타결점을 찾는 게 쉽지 않았다. 조 목사가 전례 없는 제안을 내 놓았다. 노조측과 회사측이 공동으로 대학 교수를 중재자로 초빙하자는 안이었다. 노조 임원들에게 상의한 결과 동의를 얻어냈다. 파업 날짜는 연기되었다. 교수는 맡은 바 책임을 잘 수행하고 양측과 좋은 관계를 유지했다. 짧은 시일에 그는 타협안을 제시했다. 13퍼센트로 임금을 올리고, 생산량이 증가되면 연말에 보너스 지급이 가능하다는 안이었다. 이 안을 노조원들은 대다수 찬성으로 통과시켰다. 이처럼 제삼자가 중재자로 나서서 협상한 경우는 회사 역사상 처음 있는 일이라고 나는 생각한다.

그 이후로 내 명성과 노조의 위치가 좋아졌다. 공장을 순회하다보면 노동자들은 나를 반갑게 맞이했다. 노조 모임에도 많은 회원들이 참여하기 시작했다. 노조 위원장으로서의 역할에 재미가 붙었다. 한 일년간은 행복감에 젖어 살았다. 그런데 우리로선 감당할 수 없는 일이 벌어졌다.

1971년에 우리나라 정치 상황이 악화되었다. 군부 출신인 박정희 대통령이 헌법에 규정된 재임을 마쳤는데도 대통령직에서 물러나지 않은 것이다. 대신에 삼선 출마를 허용하는 헌법 개정을 밀어 부쳤다. 물론 승리였다. 그렇다고 그것만으로 만족하지도 않았다. 그는 완전 장악을 원했다. 어떤 자치적인 단체도 허용하지 않았다. 노조 활동이라든가 집단 협상이 모두 중지되었다.

정치적인 변화의 여파가 마침내 우리에게도 몰려왔다. 10월 어느 날 오후였다. 사무실을 떠나려고 하는데 검정색 잠바 차림의 두 사나이가 문을 밀치고 들어왔다. "원지헌 있나?" 한 사나이가 거칠게 말했다.

"접니다."

"당신 삼청대에 잠시 다녀와야겠어."

"예? 어디에 간다고요? 왜죠?"

"잔말말고, 자 가자."

"알겠습니다. 잠시 아내에게 전화 한 통만 하게 해 주십시오."

"아니, 그럴 필요 없어. 금방 풀려날 테니까."

그들은 내 팔을 잡더니 반 강제로 대기해 놓은 차에 태웠다.

그 당시 인천에서, '삼청대'라고 하면 대한민국 중앙정보부를 말했다. 정보부란 말을 직접 사용하는 게 당시 상황에선 어려워서 삼청대란 은어를 사용하였다. 삼청대 조사관은 처음엔 나를 불편하게 해 드려 죄송하다며 예의를 갖췄다. 그러면서 노조와 노조원들, 회사와의 관계를 쉴새없이 물었다.

그러다가 갑자기 태도가 일변했다. "미스터 원, 잘 알고 있겠지만 우리나라는 위급한 비상에 걸려 있어. 북한 공산주의자들이 남한 노동자들에게 침투 전략을 써서 정부 전복을 도모한다는 정보를 입수했어."

공산주의자 계획에 대해선 전혀 아는 바가 없었기에 대꾸를 하지 않았다. "미스터 원, 도시산업선교회에 대해 아는 대로 말하시오."

"거기서 일하는 사람 몇 명을 알고, 모임에도 몇 번 참여했습니다. 그러나 그들은 기독교인들입니다. 교회만큼 공산주의를 반대하는 곳이 없지 않습니까?"

"넌 그렇게 생각할지 모르나 요즘 공산주의자들은 가장 의심할 수 없는 교회까지 침투해 들어가 있어. 조승혁 목사를 아는가? 그 자가 당신과 다른 사람을 속이고 있단 말이다. 오 선교사라는 외국인을 아는

가? 그자도 일본이나 미국을 통해서 북한 간첩과 접촉하는지도 모르지. 조화순 목사 알지? 도시산업선교회에서 일한다는 그 여 목사 말야. 그 사람 방직공장 여공들을 혼란시켜 적을 이롭게 한 죄로 오늘 체포되었다."

"그럴 리가 없어요. 내가 그들을 아는데 좋은 기독교인들입니다. 우리를 위해 일하는 사람들이에요." 난 어이가 없었다.

"그렇게 생각하나? 미스터 원, 넌 속은 거야. 조 목사가 지난 봄 회사 협상 중재자로 소개한 교수 있지? 그 교수란 자가 공산주의자 혐의를 오랫동안 받아왔는데, 자네는 물론 모르겠지. 우린 적당한 체포 시기를 기다리고 있었지. 미스터 원, 이건 우리나라의 미래가 달린 문제야. 자넨 어떤 사람들하고 어울려야 할지 좀 더 신중할 필요가 있어. 우리가 최대한 도울 테니."

그날 밤 난 풀려나지 못했다. 난 그들이 가족과 동료들에게 겁주려는 것으로 믿게 되었다. 다음날 아침 근무 교대 시간에 교대 노동자들은 노조 사무실로 까만 지프가 들어오는 것을 볼 수 있었다. 모두가 보는 앞에서 검정 재킷의 사나이 둘이서 나를 지프에서 끌어내 땅바닥에 내동댕이쳤다.

몇 주 동안은 별일 없이 지나갔다. 모두 어리둥절해지고 두려움에 떨었다. 다른 노조 지도자들이 체포되어 고문당했다는 얘기가 비밀리에 유포되어 내 귀에도 들려왔다. 공포감이 순식간에 번졌다. 검정 재킷의 사나이들은 예기치 않은 때에 나타나 주위를 서성거렸다. 사람과 말하는 경우가 거의 없었다. 회사 부사장으로 노동관계 담당자인 김배운이 그 동안 해왔던 공장 방문을 뚝 그쳤다.

어느 날 저녁, 집으로 돌아오는데 아내가 대문 밖까지 달려 나왔다. "어서 들어와요. 라디오에서…." 그녀를 따라 라디오 소리가 들리는 방으로 들어갔다. "들어봐요." 두려운 음성이었다. 갑자기 무슨 영문인지 알 수 없었는데, 서서히 모든 걸 짐작할 수 있었다. 공산주의자들에 의한 남한 전복 기도가 있었다는 소식이었다. 도시산업선교회는 북한에 이용당해서 노동자를 반정부 운동에 가담시키려 했다는 것이었다. 온 몸이 덜덜 떨렸다. 아낸 울기 시작했다. 정말로 위험에 처해 있는 우리. 공산주의자로 연루되어 나나 내 아내가 체포되고 감옥에 갇힐지도 모른다. 어쩐담? 이를 어쩌지?

그런데 그럴 필요가 없게 되었다. 문제는 내게 달려 있었다. 또다시 노조 협상을 할 때가 다가왔다. 노조의 활동은 반쯤 죽어 있었다. 아무도 말하거나 행동할 용기를 갖지 못했다. 김배운 사무실에서 오라고 전갈이 왔다. 이번엔 차 대접도 없었고 친절한 말은 두말할 것 없었다. "원지헌 씨, 회사가 당신과 협상하긴 어렵게 되었소. 그러니 사표를 내시오. 그리고 전에 하던 작업으로 돌아가시오."

난 아무 말 없이 사무실을 나왔다. 노조 지도자 모임이 그 다음날로 예정되어 있었다. 모두 모였다. 그러나 입을 여는 사람은 한 사람도 없었다. 내가 회의를 시작하고, 마음속으로 준비한 말을 하기도 전이었다. 누군가가 가로막았다. "위원장 불신임 투표를 하고 퇴임을 즉각 시행할 것을 제안합니다." 투표를 하였다. 비밀 투표였다. 실내는 죽은 듯이 조용했다. 12명 중 10명이 나를 반대했다. 난 더 이상 노조 위원장이 아니다. 3년 동안 일을 해왔던 위원장 자리에서 물러나, 다시 이전에 해왔던 쇠막대기와의 씨름을 시작했다. 검정 재킷의 사나이들은 나를 더 이상 주목하지 않았다. 난 외톨이가 되어 버렸다. 동료 노동자들도 나에게 말을 걸거나 가까이 하려 하지 않았다.

조 목사님과 오 선교사님을 찾아가고 싶었지만, 그들이 있는 사무실이 감시를 당할지도 모를 일이었다. 당장 그들을 만날 마음의 준비가 되어 있지 못했다. 난 그들이 공산주의자라는 것이 믿어지지 않았다. 터무니없는 비방으로밖에 보이지 않았지만, 내 가족의 안전을 위해선 조심할 수밖에 없었다. 일하고 자고 교회에 가고 아무에게도 노조라든가 '삼청대'에 관해 말하지 않았다.

그 후 수개월 동안 정보부의 손길은 어디에서나 느낄 수 있었다. 노조원들이 더 잡혀 들어갔고, 꽤 많은 학생들이 감방 신세를 졌다. 국가 비상령이 전국에 공포되었다. 반정부 행동으로 해석되면 모두 친 공산주의자로 몰려서 장기형이나 그 이상 되는 벌을 받게 되었다. 검정 재킷의 사나이들은 엄청난 권력을 가진 듯 보였다. 도시산업선교회는 노사문제에 더 이상 중요한 역할을 담당하지 못했다. 조승혁 목사도 두 차례 잡혀갔다. 조화순 여자 목사도 방직공장의 여공들을 교육시킨 혐의로 잡혀갔다 풀려났지만, 계속 가택연금 상태에 있었다. 경찰은 노동자들이 그녀와 접촉하지 못하도록 협박했다. 그런 후 얼마 안 있다가 그녀는 시골 교회로 내려가 목회에 전념했다. 도시산업선교회를 도왔던 교회들도 재정 지원을 끊었다. 오 선교사도 체포되어 본국으로 추방되었다. 도시산업선교회는 이름만 남아 있을 뿐 노동자를 위한 사역은 실제로 거의 없었다. '공장 사도' 훈련을 받았던 열 두 명도 점차 시들해졌다. 그 가운데 '삼청대'에 끌려간 사람도 있었고, 나처럼 당한 사람도 있었다. 우린 모두 좌절해 있었다. 우리 가운데 누군가 말했듯이 우리는 노동현장에서 사도처럼 예수와 함께 그 길을 걸었었다. 그런 우리가 지금은 십자가의 고통을 당하고 있는데, 부활의 미래는 보이지 않았다.

그 후 10년이 지났다. 정보부는 여전히 권력을 잡고 있었다. 1981년 초 토요일 저녁에 서울의 산업공단 지역인 영등포에 사는 친구를 찾아갔다. 그 친구와 그의 두 아들은 공단 내 공장에서 일하고 있었다. 저녁 식사를 나누면서 '공장 사도'가 화제가 되었다. 내 말이 끝나자 친구의 아들이 말했다.

"아저씨, 오늘 우리랑 가실 곳이 있어요."

"어딜 말이냐?"

"그냥 따라만 오세요. 나중에 말씀드리겠어요."

꽤 의아했지만, 아버지만큼 그 아들을 믿었기에 승낙했다.

자정 통행금지 사이렌이 불고 몇 분이 지났을까. 셋은 집을 나섰다. 난 그들이 큰 건물 옆 샛길을 이리저리 빠져 가는 데로 따라갔다. 맨 앞에 앞장섰던 아들이 아주 낡아빠진 집 문을 열었다. 계단으로 올라가니 큰 방이 나왔다. 그 방은 촛불 몇 개로 밝혀져 있었다. 약 40명의 남녀가 방바닥에 앉아 있고, 그들 앞엔 종이와 연필이 놓여 있었다. 한 30대 가량 되는 사람이 노동법과 단체협상 기술을 강의하고 있었다. 약 한 시간 정도 계속되었다. 그러자 송 목사라는 사람이 어려운 상황에서 예수를 따른다는 것이 무엇을 의미하는지를 주제로 삼고 토론을 이끌었다.

정말로 놀라운 일이었다. "난 여러분이 세 단어를 꼭 기억하기 바랍니다. 발견, 봉사, 연합. 이 단어가 여러분의 안내자가 될 것입니다."

송 목사가 우리에게 한 말이었다.

나는 너무 기뻐 어쩔 줄 몰랐다. 이게 부활이구나! 어떻게 이럴 수 있단 말인가! 이 젊은이가 조 목사님이 10년 전에 우리에게 가르친 단어를 하나도 틀리지 않고 똑같이 전하다니? 영문을 몰랐지만 그다지 문제가 되지 않았다. 부활이 그러하듯이 신기할 뿐이었다.

3

되돌아가지 않으리

동일방직 이야기

| 배경 |

남한 경제 성장의 배경에는 방직공장에서 일하는 여공들의 피와 땀과 눈물이 서려 있습니다. 대부분의 젊은 여공들은 시골에서 올라와 대도시에 몰려 있는 방직공장에 취업한 경우로, 산업 노동력의 30~40퍼센트를 차지하고 있었습니다. 그들이 열악한 노동 환경과 작업량에 비해 형편없는 저임금을 받으며 일한 대가로, 한국은 국제 경쟁 시장에서 오랫동안 살아남을 수 있었습니다.

다음의 이야기는 1965년에서 1975년 사이 군사독재정권과 경제개발 정책이 국가를 주도하던 시기에, 이러한 젊은 여성들의 경험을 소재로 삼았습니다.

조화순 목사 이외의 등장 인물이나 장소, 사건 명은 모두 허구입니다. 그리고 조 목사는 필자의 절친한 친구입니다.

마을 처녀들은 흥분했다. 며칠 전에 들은 소식 때문이었다. 내일이면 미스터 고가 오는 날이다. 인천에 있는 동봉 방직공장에서 일할 여공 몇 명을 모집한다고 했다. 15살 이상으로 건강하고 말 잘 듣는 아가씨면 자격이 된다. 농민의 딸로서 살아간다는 것이 쉽지만은 않았다. 대부분 고된 일과 남정네들의 야비한 짓을 견뎌내야 했다. 사는 재미는 바닥인데 지겨움은 하늘로 치솟았다. 처녀들은 도회지로 나가는 꿈을 꾸며 상상의 나래를 펼쳤다. 전에 이미 공장에 취직이 되어 떠난 여공들로부터 공장살이에 대해 소름끼치는 소문을 들었는데도 말이다.

방직공장에서 필요한 노동력을 구하려고 시골 처녀 모집이 있었는데, 이런 관습은 일제 치하 때부터 있었다. 1945년에 일본이 패망하면서 남기고 간 공장을 한국 관리들이 인수하면서 이런 관습을 계속 유지시켰다. 미스터 고가 단진 마을을 찾았다. 이미 마을 주민들을 알고 있었고 어떤 처녀들이 여공으로 적합한지도 짐작이 가는 터였다. 부모들이야 딸이 집을 떠나는 것이 달가울 리 없었다. 그러나 시골에서 딸의 노동력이 그다지 필요치 않으니 오히려 도시에 나가 벌어오는 덕을 보고 싶기도 했다.

미스터 고가 문선혜 아버지를 찾아왔다. 선혜가 16살의 건강한 처녀임을 이미 알고 있었다. 또 선혜가 사교성 있는 성격이라는 것도 알고 있었다. 선혜에겐 두 남동생과 두 여동생이 있기 때문에 딸 하나 없다고 가족이 서운해 할 것 같지도 않았다. 선혜의 아버지와 미스터 고가 합의하는 데는 별 문제가 없었다.

"아버님이 딸한테 문제가 생기면 책임을 져야 하는 것 아시죠? 일을 잘 하지 못하거나 문제를 일으키면 다시 딸을 되돌려 보내겠습니다."

"물론 알고 있네. 마음놓게나. 우리 애는 착한데다 일도 잘한다네. 그 애가 자네를 어렵게 하진 않을 걸세. 일년 계약이고 일년 후엔 갱신

할 수 있다 했지?"

"예. 따님은 기숙사에서 살게 될 겁니다. 숙식을 제공하고 합당한 임금도 지불합니다. 모든 게 이 계약서에 명시되어 있지요. 올핸 새로 열 명의 노동자가 필요합니다. 그들 모두 인천에 있는 공장에 다음 주 수요일까지 갔으면 합니다. 거기 버스 정류장에서 만나면 돼요. 그렇게 준비 좀 해 주세요."

"아무렴, 그리 해야지."

모집자인 미스터 고는 이틀 동안 이와 같은 대화를 아홉 명의 다른 처녀 아버지들과 나누었다. 선혜는 다른 처녀들 모두를 알고 지냈고, 특히 가장 절친한 친구인 김기숙이 들어 있었다. 선혜의 생일이 6개월 정도 빨랐지만, 둘은 어릴 때 의자매를 맺은 사이였다. 그래서 동시에 같이 취직이 되지 않으면 어느 누구도 안 갈 생각을 가질 정도로 절친한 사이였다.

수요일 아침 10명의 처녀들이 작은 보따리를 들고 버스 정거장에 모였다. 처녀들의 어머니와 동생들이 배웅하러 모여들었다. 늘 그랬듯이 그날도 낡은 버스가 털털거리며 한 시간이나 늦게 마을에 도착했다. 버스는 이미 사람과 짐과 가축으로 만원이었다. 그래도 처녀들은 간신히 만원 버스에 끼어 올라탔다.

운전사는 지각을 만회하려는 듯 페달을 계속 밟았다. 버스가 정차할 때마다 승객들은 이리 밀리고 저리 밀리면서 아우성이었다. 하여튼 버스는 별 사고 없이 달렸다. 예정보다 약 한시간 반 정도나 늦게 인천 정거장에 도착했다.

회사 버스가 기다리고 있었다. 아까 탄 버스와 달리 회사 버스는 새 차에다가 좌석도 편안했다. 처녀들은 좋아서 재잘댔다. 그것도 잠시, 버스는 벽돌담으로 둘러쳐진 곳을 돌아 정차했다. 큰 철문이 열리자 그 안으로 진입했다.

선혜와 기숙과 다른 처녀들은 60만 명에 달하는 여성의 노동력이 남한의 경제 개발에 공헌하고 있다는 사실을 알 리가 없었다. 그들을 통한 높은 생산성과 낮은 임금 지불로 인해 경제개발 5개년 계획은 성공할 수 있었다. 그들이 몰랐던 또 다른 사실 하나는 몇 개월 동안은 철문 밖의 삶을 맛보지 못한다는 것이었다.

기숙사 사감은 미세스 박이라고 했다. 약 40대로 보이며 처녀들을 친절하게 맞았다. "여러분을 환영한다. 우린 대가족이다. 어떤 문제가 있든지 날 엄마처럼 생각하고 찾아오도록. 그리고 서로 자매처럼 여기고 도우면서 잘 지내기 바란다. 물론 몇 가지 규칙을 지켜야 한다. 여기선 300명의 여성들이 함께 지내고 있다. 삼교대로 일하니까 어느 시간이든지 우리 가운데 삼분의 일은 잠을 자고 있을 테니 조용히 지내기 바란다. 둘째로, 화장실이 많지 않다. 그러니 문마다 붙어 있는 규칙을 따르기 바란다. 셋째로, 이 공장에서 운영하는 방식에 적응되기까지 이 공장 건물을 떠나서는 안 된다. 몇 개월 후, 그때 가서 재고하겠다. 이제 우리가 너희들의 행동과 안전에 대한 책임을 지고 있으니 이곳 지시를 잘 따르기 바란다. 그 외에도 지킬 사항들이 있으나 이는 차차 다루도록 하겠다."

잠시 침묵이 흘렀다. 미세스 박이 계속 말했다. "너희들은 내일 아침 8시 정각에 일을 시작한다. 그러므로 7시까지는 일어나 아침 식사할 준비를 마쳐야 한다. 늦어선 안 된다. 지각하면 점수가 깎인다. 아침 식사 후 조장이 너희 각자를 안내할 것이다."

미세스 박은 처녀들을 한번 휘 둘러보았다. 처녀들은 마치 말 한마디 없이 서 있는 모습이 습관이 되어 버린 것 같았다.

"좋다. 자 이제부터 너희들 방을 보여주겠다. 내일 아침에 일찍 일어나야 하니까 곧 잠 잘 준비를 해라." 미세스 박은 처녀 각자에게 방 번호를 불러주었다.

"사감선생님, 기숙이랑 한 방을 쓰고 싶은데요." 선혜가 말했다.

"미안하지만 그럴 수 없어. 두 사람이 들어갈 빈방이 없으니까."

"그렇다면 가깝게 있을 수는 없나요?" 기숙이 물었다.

"내가 배당하는 방에 가면 돼. 여기선 자기 편리대로 할 수 없어." 미세스 박의 어조는 이미 친절한 안내자에서 강직한 감독관으로 바뀌어 있었다.

선혜는 지정된 방문을 열었다. 여자 두 명이 그 안에서 자고 있었다. 선혜가 들어오는 것조차 모르는 듯 한 사람은 크게 코까지 골고 있었다. 시골 집 방만큼이나 작은 방이었다. 한 쪽에 작은 요 한 장을 깔 만한 공간이 있는 것으로 보아 선혜 몫 같았다. 게다가 방안은 아무렇게나 펼쳐져 있는 옷가지랑 소지품으로 어수선했다. 선혜는 옷보따리를 요 위에 놓았다. 베개 삼을 참이었다. 잠을 청했으나 외톨이 된 느낌에 무섭기도 하고 외로움이 밀려들어와 가슴이 찢어지듯 아팠다.

잠이 들었었나 보다. 화들짝 잠을 깨곤, 혹 늦잠을 잔 게 아닌가 싶어 두려움이 다시 몰려왔다. 그러나 그것도 잠시, 걱정할 필요는 없었다. 이미 방 친구들이 일어나서 소란을 피우고 있었다. 기숙에게 퉁명스럽게 인사를 하곤 더 이상의 말을 걸지 않았다. 선혜는 그들을 따라 아침 식사를 하러 갔다. 정확히 7시 45분이었다. 식사가 끝나자 신입 여공 모두를 불렀다. 작업 임무가 주어지는 시간인가 보다. 선혜와 기숙은 서로의 손을 꼭 잡고 호출되기만을 기다렸다. 기숙의 이름이 먼저 나왔다. 선혜는 그녀의 잡은 손을 꽉 쥐며 행운을 빌었다. 젊은 남자가 기숙과 다른 세 처녀를 공장 쪽으로 데리고 갔다.

선혜의 이름을 부른 또 다른 남자는 목화솜에서 실을 빼는 기계 노선이 나란히 길게 늘어 선 곳으로 선혜를 데리고 갔다. 기계소리가 어찌나 시끄럽던지 젊은 조장이 무슨 말을 하는지 들리지 않았다. 그는 선혜에게 작업 중에 있는 여공 옆에 가서 배워 작업하라는 몸짓을 해 보였다. 기계 작업은 집중이 필요했다. 여공은 선혜에게 약간 미소를 띠었을 뿐 말할 표정은 아니었다. 그녀는 기계 노선 앞으로 지나가는 실이 끊겼는지 확인하느라 위아래를 살펴보고, 실이 제대로 연결되어 있지 않으면 잽싸게 고쳤다. 실이 끊겼는데 곧 수리하지 않으면 기계선 노선이 멈출 수 있기 때문이었다.

이런 작업을 배우는 데 특별한 기술은 필요하지 않았다. 한 시간 정도 지나니까 조장이 선혜에게 손짓으로 따라 오라고 했다. 그곳은 멈춰 있는 기계 앞이었다. “이 기계는 10분 안에 가동된다. 아까 네가 본 것처럼 여기에서 일해라. 신입 공원이니까 그 아이가 하던 양의 반만 맡긴다. 내 여기 있으며 도와주마. 최선을 다해라.” 그는 큰 소리로 말했다.

선혜는 빨리 배웠지만 한 시간 정도 지나니까 등에선 근육 경련이 생기고 손가락에서 피가 나기 시작했다. 공장 안은 솜먼지로 뿌옇고, 노동자들이 마치 눈사람이 움직이는 것처럼 보였다. 호흡이 어려웠다.

그러나 가장 힘들게 하는 것은 시끄러운 기계 소리였다. 조금씩 아파오던 머리가 점차 방망이로 두드리듯 아파 왔다. 선혜는 조장을 손짓으로 불렀다. 조장은 말을 들으려고 가까이 다가왔다.

"머리가 너무 아파요. 쉬었으면 좋겠어요." 그녀는 소리쳤다.

"뭐라고? 안 돼. 두 시간 있으면 10분 휴식이야. 그 전엔 안 돼. 라인을 정지시키지 않도록 조심해." 동정이라곤 손톱만큼도 없는 대답만 들었다.

어떻게 그날 일을 마쳤는지 전혀 기억나지 않았다. 그러나 단 한 가지 기억나는 것은 방바닥에 눕자 온몸이 쑤셔 아파 죽겠는데, 방 친구들은 마치 비웃는 듯이 웃고 떠들던 소리였다. 잠도 오지 않고, 간간이 어수선한 꿈만 잠깐씩 꾸는 듯했다. 그날 밤이 아주 느리게 아픔 속에서 지나갔다. 울었다. 엄마도 불러보고 기숙도 불러보았지만 위로해 줄 사람은 아무도 없었다.

아침이 되었다. 혼자 일어날 수 없을 만큼 몸이 무거웠다. 정각 6시에 미세스 박이 들어왔다. 음성은 거칠지 않았으나 명령조였다. "일어나 세수하고 식사하러 가."

거부할 수 없다는 정도는 선혜도 알고 있었다. 일어나서 세수를 하고 식당으로 갔다. 그리고는 다시 기계 앞에 서 있는 자신을 발견했다. 머리 통증이 전날과 같았다. 그녀는 라인 저 밑에서 휘파람 소리를 들었다. 조장이 그녀에게 일하라는 표시였다. 그날 몇 번인가 선혜는 조장이 늘 갖고 다니는 작은 회초리로 머리를 맞았다. 깨어 있으라고 가볍게 치는 것 같았다.

그녀는 망연자실했다. 피곤과 통증이 온 몸을 짓눌러서 잠만 자고 싫었다. 식사 시간이면 기숙과 늘 곁에 있었다. 기숙의 발은 퉁퉁 부어 있었고, 고운 얼굴엔 두려움과 기진맥진한 모습만 남았다. 다시 헤어질 때면 절망의 눈길을 서로 나누었다.

몇 개월이 지나 선혜와 함께 들어왔던 신입 여공들이 인사불성에서 겨우 벗어나던 때 새로운 작업이 다시 그들을 짓눌렀다. 그러나 젊어서 그런지 그럭저럭 적응할 수 있었다. 공장 내 탁한 공기와 소음과 열기는 나아지지 않았지만 통증은 덜해졌다. 피곤도 덜하고 잠도 잘 자고 식욕도 정상으로 돌아왔다. 볼엔 생기까지 돌았다.

선혜는 이런 고통 속에서 어떻게 지냈는지 알 수 없었다. 사니까 사는 것이지 마치 죽은 세월 같았다. 이제서야 동료들을 알아보았다. 아무도 행복해 보이지 않았다. 모두 성난 모습이었다. 또 자기만 알고 서로 경쟁 대상이었다. 동료랑 말하는 것조차 불가능했다. 한 사람의 실수는 그 라인에서 일하는 다른 사람에게 해가 되고 고통을 주었다. 실수할 때마다 저주와 욕설을 감수해야 했다.

조장은 구호를 정했다. 매주 생산량을 늘리기 위해 현수막을 만들어 내 걸었다. "나라 위해 생산 증가" "손노동 다 함께!" "우리는 한 가족, 앞으로 나가자!" 그러나 표어에 상관없이 그의 태도는 한결 같았다. 명령을 할 때마다 매몰차고 경멸조였다. 존중이나 격려의 말은 거의 듣지 못했다. 감독관과 조장들의 교육과 경제 수준은 높은 편이었다. 시골 처녀들은 천하고 복종 대상자로만 여길 뿐이었다. 말대꾸하면 감점을 주는 데 인색하지 않았다. 감점을 열 번 받으면 해고되었다.

여자 공원들간의 친구 관계는 어떤 패턴이 있었다. 두서너 명끼리는 친하게 지내며 끼리끼리 모이지만 다른 패와는 어울리지 못했다. 선혜의 방 친구 둘은 서로 친한데 그녀를 끼워주지 않았다. 한번은 셋이 같이 있었다. 둘이서는 떠들고 낄낄대다가 그녀를 피해서 귓속말을 하기도 했다. 기숙만이 선혜의 유일한 친구였다. 다른 사람과 사귈 시간도 없고 그럴 기분도 나지 않았다.

한 반년 지났는데 선혜에게 일이 생겼다. 조장인 미스터 리는 서른 살 정도 된 사람이다. 막대기 대신에 그는 그녀의 어깨에 손을 얹었다. "얘야, 정신차려." 그 동안 들어온 말 중 가장 친절한 말이었다. 그녀는 미소로 답했다. 그 다음날 아침에도 일하러 온 그녀에게 "좋은 아침" 하며 인사해 왔다. 선혜도 미소로 답했다. 그의 친절은 그녀의 외로운 가슴을 따스하게 녹여주었다. 아침에 일어나서 일하러 가는 게 훨씬 수월해졌다.

실 한 줄이 끊기면서 선혜가 다루던 기계 한 대가 멈추었다. 보통 때 같으면 조장이 호루라기를 불어대며 여공에게 소리를 쳤다. "내가 도와줄게. 이런 일 일어날 수 있지." 조장은 기계에서 잘못된 실밥을 고쳐 잽싸게 궤도에 올려놨다. 그렇게 하면서 그는 그녀의 허벅지를 더듬었다. "미안해."

그러나 그 남자의 눈은 달랐다. 남자 경험이 없었지만, 본능적으로 큰일났다 싶었다. "고맙습니다." 공장 소음에 질세라 큰 소리를 질렀다. 그는 그녀에게 특별히 관심을 보였다. 하루에도 몇 번씩 옆으로 지나가며 등이나 허벅지를 토닥거렸다. 다른 여공들이 그런 남자의 모습을 알게 되었다. 선혜가 그 남자의 여자라는 소문이 파다하게 퍼졌다.

선혜가 담당한 기계의 한쪽 끝은 다른 여공들이 선혜가 일하는 모습을 볼 수 없는 곳이었다. 그녀는 실밥과 위 아래로 움직이는 기계에 집중하고 있었다. 왼쪽으로 돌아 마지막 실을 점검하였다. 마침 조장이 그녀 앞에 있었다. 그는 선혜의 젖가슴에 손을 대더니 입맞춤을 하려고 했다. 본능적으로 그녀는 그의 얼굴을 세게 치면서 밀쳐냈다. 그는 뒤로 넘어지면서 돌아가는 기계 옆으로 쓰러졌다. 놀란 조장은 수위를 불렀다. 금세 모든 라인이 중단되고, 종이 울리더니 호루라기 소리에 사람들이 달려왔다.

동료 조장이 그를 실뭉치 속에서 건져냈다. "나쁜 년, 저게 나를 밀쳤어. 죽을 뻔했잖아." 소리를 버럭 지르며, 그녀의 뺨을 손바닥으로 세게 때렸다. 선혜는 바닥에 쓰러졌다. 울음이 터졌다.

그때서야 관리인이 도착했다. "흩어진 것 다 치우고, 다시 작업들 해." 다른 조장에게 지시했다. "네가 여기 책임을 맡아. 다들 제 업무로 돌아가고, 이 조장과 넌 당장 내 사무실로 와." 손가락으로 그녀를 지적했다.

충격에서 헤어나지 못한 신혜는 그냥 공장 바닥에 미동도 않고 누워 있었다. 이 공장에 유일한 여자 조장인 미스 서가 그녀의 팔을 잡아 일으켜 사무실로 데려갔다. 이 조장과 관리인이 이미 거기에 와 있었다. "이 조장, 넌 이런 조무래기 여우 같은 것들에게 전에도 그랬잖아." 관리인이 소리쳤다.

이 조장은 비굴한 음성으로 발뺌하며 "저 애가 나를 유혹했어요. 내가 자기를 무시하자 정신이 나갔는지 나를 밀친 거예요." 태연하게 거짓말을 했다.

"나가. 넌 나중에 처리하지." 그리고선 관리인은 문 쪽에 기대어 손으로 얼굴을 가린 채 울고 있는 선혜에게 시선을 보냈다. 그녀는 창

피해서 머리를 들 수 없었다.

"야, 이 여우 같은 것아! 우리가 너를 살게 해주었다. 여기서 먹고 자고 월급도 주는데 이런 식으로 보답해? 이 사건 하나만으로도 회사가 얼마나 많은 손해를 보는지 알아? 당장 네 마을로 돌아가. 네 부모가 너를 사람되게 만들어야 하지 않겠나."

관리인의 말을 듣자, 선혜는 정신이 바짝 들었다. 너무 부당하고 모욕적인 언사에 그녀는 울음을 멈췄다. 안정을 되찾았다. 스스로도 놀랄 정도로 관리인에게 말대답을 하였다. "너무 부당해요. 난 열심히 일했어요. 기록을 보면 알잖아요. 그 사람이 날 유혹하려고 몇 개월 동안 내게 치근덕거렸어요. 다른 여공들한테 물어보시면 다 알아요. 여기서 일 그만 두라 해도 좋아요. 그러나 나를 덮친 그 돼지 같은 사람 그대로 놔두지 못해요."

그녀의 말대답에 관리인은 놀란 것 같았다. 젊은 여공의 용기에 놀랐는지 한동안 말이 없었다. 그러나 화난 음성 그대로 "이번에는 그대로 놔두지만 점수를 9점 깎겠다. 한 번만 더 문제를 일으키면 넌 여기서 끝이야. 내일 다른 부서로 옮기게 되니 여기서 썩 나가."

선혜는 기숙사로 돌아오는 길에 수많은 시선이 자기에게 쏠림을 느낌으로 알 수 있었다. 아무도 말을 걸지 않았다. 방에 들어와 바닥에 펄썩 주저앉았다. 울음이 폭발했다. 방 동료들이 들어올 시간이 되어 어디론가 숨어 버리고 싶지만 재간이 없었다. 추한 말을 듣더라도 참고 견딜 수밖에. 그때 문이 열렸다. "선혜야, 괜찮니? 너 당한 거 들었어. 참 잘했다, 얘. 우린 하고 싶어도 용기가 없어서 못했거든. 널 집으로 내보낸다든?"

그들이 친절을 베풀다니! 쳐다보니 그들도 눈물을 흘리고 있었다. 셋은 서로 부둥켜안았다. 다시 문이 열렸다. 기숙과 다른 여공들이 들어왔다. 순식간에 방안은 울음바다가 되었다. 선혜가 보여준 용기는 그네들이 그 동안 겪었던 서러움을 환희의 눈물로 바뀌게 하였다. 단지 자신을 방어한 것뿐인데도 이게 다른 여공들에겐 영웅처럼 보였나 보다.

이 '사건' 이후 한동안 공장과 기숙사 내 생활은 잠시 밝아졌다. 조장들은 전보다 덜 거칠고, 여공끼리 친숙하게 지내는 모습이 늘어난 편이었다. 몇 주가 지나자 기계의 리듬처럼 다시 옛 상태로 돌아왔다. 조장들은 옛 버릇 남 주랴 싶었다. 여공끼리도 서로 욕하고 싸우기 시작했다. 그러나 선혜와 방 친구 둘과의 사이는 가까워졌다.

한 일년이 지나갔다. 기숙사 사감인 미세스 박의 광고였다. "회사측에서 거의 모든 기숙사를 없애기로 했다. 유지비가 너무 많이 들기 때문이다. 3개월 준비기간을 줄 테니 그 동안 각자 살 곳을 찾아라. 3개월이 되기 전에 여기서 나가야 한다. 그 이후 이 건물은 허물게 될 것이다."

방 친구 셋은 방안에 앉아 궁리했다. "이사 가는 게 복잡하겠네. 그러나 우리가 살 곳은 우리 스스로 구하는 게 좋지 뭐. 기숙사에서 회사 규칙 지키며 사는 것 솔직히 말해 지겨웠다. 그치?" 옥자가 말을 꺼냈다.

"그럼 미세스 박은 어떻게 되는 거야? 사감 노릇할 대상도 없는데 말야. 쫓겨날지도 모르겠다." 그러면서 낄낄대었다.

"얘, 우리 같이 살면 어때?"

“기숙이도 껴야 돼.”

“그래, 그럼 우리 넷이다. 이제 어떻게 한담?”

옥자가 그 가운데 연장자인데다가 경험도 가장 많았다. 그녀가 먼저 말했다. “우리 한 달에 이틀 쉬잖아. 모레는 내가 쉬는 날이니까, 내가 일단 나가서 알아볼게.”

마침 선혜가 쉬는 날도 같은 날이라서 동행하기로 했다.

두 처녀는 공장 근처 동네로 나갔다. 그곳은 만석동 산업 지역이었다. 골목길은 두 사람이 다니기도 어렵게 좁고 쓰레기는 여기저기 쌓여 있는데다가 꼬불대서 어디가 어딘지 모를 정도였다. 판잣집들이 줄지어 있는 그런 곳이었다. 대충 엮은 양철 지붕은 녹이 슬어 벌겋고, 판자때기도 헐어 있었다. 골목에서 꼬마들은 술래잡기와 공차기 놀이를 하고 있었다.

공장 단지의 수송 때문인지 철로가 만석동을 가로질러 있었다. 기찻길이 어린애들의 운동장인지라 하루에도 몇 번 먼지와 소음을 내뿜으며 달리는 기차도 이곳을 지나칠 땐 속력을 줄여야 했다.

옥자와 선혜는 서서히 만석동 주변이 맘에 들었다. 아이에게 젖 주는 엄마들, 빨래하는 사람, 음식 장만하는 아줌마들이 있었다. 그들에게 말을 걸었다. 셋방을 놓으려는 사람은 꽤 있었지만 네 명이 같이 머물만한 곳을 찾기가 여의치 않았다. 정오가 가까워서 1.5층 되는 판잣집을 찾았다. 이미 다른 여공들이 여러 명 세 들어 살고 있지만 몇 사람 더 받을 수 있다는 집주인의 말이었다. 아래층에 방이 두 개 있었다. 주인이 방 한 칸을 쓰고, 남은 방을 다른 방직공장 여공 셋이 쓰고 있었다. 이층은 비어 있었다. 이곳을 넷이서 쓸 수 있다고 했다. 지붕 바로

밑인데다 천장은 낮아서 똑바로 서면 거의 닿을 정도였다. 그러나 기숙사 공간보다는 넓어 보였다.

옥자는 방 값을 물어보았다. 두 사람은 자신들이 낼 수 있는 선에서 주인과 협상했다. 네 명이 방세를 등분해서 내기로 미리 얘기가 되어 있었다. "다른 애 둘과 얘기해 보고요, 걔들이 괜찮다고 하면 내일 일 파한 후 계약하러 올게요." 옥자가 말을 매듭지었다.

둘은 그날 밤 친구들에게 보고했다. 그들도 좋다고 했다. 옥자는 다음날 계약하러 나갔다. 그런데 주인이 망설이고 있었다. "실은 아가씨가 어제 왔다 간 후에 다른 공장에서 일하는 아가씨 둘이 방을 구하러 왔어요. 차마 그들을 되돌려 보낼 수도 없어서…. 이렇게 하면 어떻겠수? 공장에선 교대로 일하니까 같이 한 방을 써도 될 것 같아. 그쪽 아가씨들이 잘 때 댁이 일하고, 댁이 잘 때 그들이 일하면 될 것 같은데… 방 값을 깎아 줄게. 어때요?"

다시 친구들과 의논하자 모두 집주인의 제안대로 하자고 했다. 이렇게 해서 몇 년 동안 6명이 비좁은 방에서 함께 살았다. 지붕이 바람막이가 되긴 했지만, 겨울 추위를 막는 데는 별 도움이 되지 못했다. 게다가 양철 지붕이라 여름철엔 뜨거운 햇살의 열기를 다 빨아들여서인지 방안은 찜통이었다.

이런 불편함이 있기는 해도 자유로운 이곳이 기숙사보다 더 좋았다. 쉬는 날엔 시내 구경을 다닐 수 있었다. 선혜는 특히 시내로 나가 중앙 시장 골목에서 양파에서부터 쌀, 닭 등 모든 걸 내놓고 줄줄이 앉아 있는 행상 아줌마들을 만나는 것이 좋았다. 고향의 장터를 보는 듯했다.

그런데 그들의 삶을 바꾼 사건 두 개가 동시에 터졌다. 소풍과 연애 사건이었다.

선혜가 누구보다 먼저 눈치를 챘다. 기숙에게 무슨 일이 있다는 느낌이 들었다. 평상시와는 달리 기분파처럼 좋아하고 반짝하다가도 금방 우울해 했다. 작업 중에도 집중력을 잃은 듯했다. 사고를 두 번 저질러서 한 주 동안에 감점 다섯 개를 받았다.

어느 날 일을 파한 후 집에 오다가 선혜는 기숙이가 이상해진 이유를 알았다. 한 젊은 남자가 구석진 그늘에서 나오더니 기숙에게 인사를 하곤 말을 걸었다. 기숙은 잠시 머뭇거리더니 그녀에게 먼저 집으로 들어가라고 했다. 뒤따라오겠다고 하면서. 그러나 기숙은 저녁 식사 시간이 훨씬 지난 늦은 시각에 돌아왔다.

"어디 갔었니? 너 애인 생긴 거야?" 선혜는 명랑하면서도 농담조로 물었다.

기숙은 금세 방어 태세였다. "그 사람 내 친구야. 그게 다야. 그게 뭐 잘못된 거 아니잖아. 같이 국수 한 그릇 먹었어. 너 아닌 다른 사람하고 친구 하면 나쁜 거니?"

"기숙아, 네가 나쁘다는 게 아냐. 그저 농담이야. 그 사람 누구니? 어디서 만난 거야?" 의심과 두려움이 선혜의 가슴에 밀려왔다. "그 사람 누군지 내게 말해봐."

기숙은 머리를 들더니 조용히 말했다. "몇 주 전이야. 집으로 오는 길에 만났어. 수송 부서에서 일한대. 날 공장에서 보고 내가 일 파하고 나오길 기다렸대. 그래 서로 말 나누게 된 거야. 그 동안 몇 번 만났어. 그게 다야."

"그 사람이 원하는 게 뭐래?"

"선혜야, 화내지 마. 나 그 사람이 좋아. 같이 있는 게 좋단 말야. 말하면 재미있어."

"그게 그 사람이 원하는 전부야?" 선혜는 집요했다. 불길한 생각이 들었다.

"나 이제 성인이야. 내 마음대로 할 나이란 말야. 너 왜 미세스 박처럼 구니?" 기숙은 마치 거짓을 숨길 때 그러하듯이 오히려 대들었다.

"기숙아, 내가 너보다 언니인 거 잊지 마. 서로 믿잖아. 모든 걸 내게 알려줘. 그 사람이 원하는 게 뭐야?"

기숙의 등골이 빳빳해졌다. 똑바로 앉더니 선혜의 눈을 똑바로 응시했다. "나더러 자기 집에서 같이 살재."

"너랑 결혼하고 싶대?"

"응. 그런데 지금은 아냐. 나중에 더 좋은 직업 가질 때."

"기숙아, 안 돼. 너 그 사람 잘 알지 못하잖아. 그 사람이 어떤 사람인지 좀 알아보자꾸나. 결혼하기 원하면 지금 해야지 나중엔 안 돼. 내가 다른 애들에게 알아보라고 할 테니까, 그때까진 만나지 마. 알았지? 약속하는 거지?"

기숙도 온순하게 머리를 끄덕였다.

그런데 사흘째 되는 날 기숙은 집에 돌아오지 않았다. 선혜는 배반당한 기분이라 마음은 상했지만 친구가 변이라도 당했나 싶어 한시도 염려를 놓을 수 없었다. 옥자와 미아는 기숙이가 어리석게 속은 거라며 화를 냈다. 어디서나 호색가들이 방직공장 여공들을 유혹한다는 소문이 자자했었다.

기숙을 납치해 자기 집에 강제로 가두었을지도 모를 일이었다. 골목에서 기다렸다가 그 개 같은 놈을 몰매주자며 미아는 흥분했다.

"얘들아, 이번 일요일에 소풍이나 가자." 옥자의 제안은 너무나 갑작스러웠다.

"좋다, 얘. 좋은 생각이야." 미아도 맞장구를 쳤다. "근데 어디로 갈까?"

"소풍은 무슨 소풍." 선혜는 머뭇했다. "난 소풍갈 기분 아냐. 기숙이는 어떻게 하구?"

"그건 기다릴 도리밖에 없잖아. 우리 그냥 놀러가자. 부평산으로 가면 어때? 버스 정거장에서 만나기로 했으니 함께 가자."

선혜는 좀 이상했다. 소풍에 대해 전혀 들은 적도 없는데, 옥자는 마치 모든 것을 준비해 놓은 사람처럼 말했다. "좀 찬찬히 말해봐. 누가 소풍 준비하는 거야? 누구랑 가는데? 돈은 얼마나 들고?"

"교회에서 마련한 거야. 조화순 목사님이 계획 전체를 맡으셨어. 너희들도 그 목사님 좋아하게 될 거야. 참 좋은 사람이야."

"난 기독교인도 아닌데 뭘. 교회 간 적도 없어." 선혜는 싫었다.

"나도 그래. 그러나 그게 무슨 상관이야? 우리 중에 교회 다니는 사람이 몇이나 되겠니. 아주 소수잖아. 그치만 재미있을 거야. 이야기도 나누고. 조 목사님이 재미있는 것 가르쳐 주실 거다. 나 두 번 갔었어." 미아는 선혜를 부추겼다. 그들의 신바람은 선혜를 굴복시키고 말았다. 토요일 저녁에 김밥을 말았다. 김치도 찬으로 추가했다. 다음날 9시에 인천 역 앞 버스 정거장에 가 보니 30여 명의 아가씨들이 모여 있었다. 옥자는 인솔자 노릇을 했다. 모두 그녀의 지시에 따라 버스를 탔다. 부평까지 한 시간 걸렸다. 거기서 내려 산마루까지 걸어 올라갔다. 거기에도 이미 아가씨들 10명이 기다리고 있었다. 산으로 올라가면서 아가씨들은 노래를 불렀다. 한 사람이 선창하면 따라서 합창했다. 조 목사님이라고 짐작되는 사람이 선혜의 눈에 띄었다. 그녀는 이 사람 저 사람 옆으로 지나치며 말을 건네며 산을 올랐다. 드디어 선혜 옆으로 다가왔다. "나 조화순이에요. 교회에서 일하지요. 만나서 반가워요. 동봉에서 왔나요?"

"예, 고향은 단진이구요. 우리 중에 동향 출신이 몇 있어요." 조 목사님의 친절한 말과 태도 때문인지 묻지도 않았는데 이곳에 오게 된 경위라든지 옥자와 같이 살게 된 것 등을 모조리 털어놓았다. 조 목사님은 반갑단 말을 되풀이하곤 다른 아가씨 옆으로 갔다.

산 중턱은 마치 흔들리는 말 잔등이처럼 생겼다. 잠시 숨을 돌리고 모두들 가져온 음식을 자리를 펴고 한 곳에 모아 놓았다. 한 아가씨가 모두 들을 수 있게 큰 소리로 말했다. "식사하기 전에 조 목사님이 하실 말씀이 있어요. 또 식후엔 좀 놀다가 각자 마음대로 떠나면 돼요. 되돌아가는 버스가 4시에 있는 것 잊지 말고요."

조 목사님의 말씀은 아주 간단했다. "예수께서는 서로 사랑하라고 가르치셨습니다. 표현만 다르다뿐이지 모든 종교에서는 이 사랑을 말하고 있어요. 문제는 서로 사랑하는 법을 잘 모르는 데 있지요. 지금 내 설교 대신에 여러분이 다섯 동아리로 나뉘어 각 동아리별로 다음 질문을 갖고 이야기 나누기 바래요. 우리가 공장에서 처한 상황이 무엇이고, 어떻게 하면 이런 상황에서 사랑을 보여줄 수 있는가? 이런 내용으로 이야기해 보세요."

조 목사님을 전부터 알던 아가씨들은 이미 그 방법을 알고 있었나 보다. 새 사람들은 그들을 따랐다. 선혜는 미아랑 같은 동아리가 되었고, 처음 보는 세 사람이 합석했다. 그 중에서 인도자가 나왔다. "먼저 각자 자기 의견을 내도록 되어 있어. 우리가 어려움에 처했을 때 어떻게 사랑할 수 있을까? 내 생각엔 어떻게 서로 도울 수 있는가로 바꾸어 보면 좋겠다. 우리 중에 한 사람이 어려움을 당할 때 그 나머지 사람들이 어떻게 도울 수 있을까 말야."

"실제로 일어난 일인데 말야." 한 처녀가 새처럼 종알대며 말했다. "우리 공장에서 저번에 한 애가 쓰러졌어. 그런데 조장이 그 아이더러 다시 작업장에 나와 일하라고 하잖아. 우리는 그 아이를 잠시만 쉬게 도와달라고 그에게 부탁했어. 그 아이 몫은 우리가 대신 맡겠다고 말야. 우리 둘이 그 아이 작업량을 분담했어. 내 몫과 함께 빨리 하니까 가능하더라구. 그 아이가 회복할 때까지 그런 식으로 도와주었어."

"우리 동료 하나도 일하다가 깜빡 잠들었는데 그만 오른손이 기계에 껴어. 아주 심하게 다쳤지. 간호원이 붕대를 감아주었지만 결국 회사에서 해고당했어. 보상도 없이 말야. 그 아이가 일할 가치가 없다고 본 거겠지, 뭐. 어떻게 도와야 할지 모르겠어. 우리가 할 일은 없다고 보여지는데… 사랑은 좋은 건데 어떤 경우엔 소용이 없는 거 같아."

미아가 나섰다. "노동조합이 이런 경우에 도울 수 있다고 옥자가 말하더라."

노동조합 말이 나오자 다른 아이들이 소리내 웃었다. "말도 안 되는 소리 말아. 노조가 회사 손에서 놀아나고 있단 말야. 아예 기대하지도 마."

"우리가 당면한 문제가 또 있어." 미아가 말했다. "남자들이 우리를 얏보는 거 말야. 우리를 성의 노예, 아니 그 이하로밖에 생각하지 않고 있잖아. 선혜야, 왜 넌 한마디도 없니? 너 지난번 그 조장인가한테 당한 이야기 좀 해봐."

선혜에게 이런 기회는 너무 새로웠다. 사적인 일을 다른 사람에게 알린다는 게 말이다. 다른 애들의 시선이 그녀에게 집중되자 그냥 거절하기도 뭐했다. 할 수 없이 전에 당했던 그 이야기를 들려주었다. 조장을 기계 쪽으로 밀치는 부분을 이야기하는데 듣던 아이들은 박수까지 치며 크게 웃어댔다. "신난다. 야! 이거야말로 해결 방법이네. 사랑이 이런 거 아냐?"

한 시간 이상이나 동아리끼리 모여 떠들기도 하고 웃기도 했지만 태도만큼은 진지했다. 선혜는 이처럼 신나본 적이 없었다. 또 우리끼리 모여 뭔가 스스로 한다는 것도 상상 밖의 일이었다. 그녀는 이런 분위기에 푹 빠져 있었다. 처음에 일정을 얘기하던 아가씨가 이야기를 중단하라고 손을 흔들며 알렸다. 점심 식사 시간이었다. 서서히 각 동아리들이 대화를 끝내고 음식 주위로 몰려들었다.

"식사 기도를 조 목사님께 부탁드리겠어요."

떠들던 무리가 조용해지면서 머리를 숙였다. "하늘에 계신 아버지, 이름을 거룩하게 하옵소서. 주님의 나라와 정의가 우리에게 넘치게 하소서. 우리에게 생명 주심을 감사드립니다. 또 우리가 서로를 위할 수 있는 것도 감사드립니다. 서로 사랑하게 가르쳐 주옵소서. 특히 이 음식 주신 하나님께 감사드립니다. 아멘." 여러 명이 큰 소리로 "아멘" 합창하는 것도 보았다. 이것 또한 새로운 경험이었다.

그날 나머지 시간은 산 정상에도 오르고, 떠들고 웃고 노래하면서 지냈다. 선혜에게는 기가 막히게 좋은 날, 어쩜 생애에서 가장 행복한 날이었다.

하산할 때 옥자에게 물었다. "노동조합이란 게 뭐니? 동봉에도 그런 게 있어?"

"노동조합은 노동자들의 조직이야. 노동자의 권익을 위하고 임금 인상이나 노동 조건을 높이기 위해 회사측과 협상해. 우리 회사도 조직이 있긴 한데, 우리 노동자는 모두 여자잖아. 그런데 남자들이 장악하고선 자기들과 회사의 이득만을 챙기고 있어."

"여기서 일한 지 2년이나 되었는데, 그런 거 한 번도 들어본 적이 없네. 넌 어떻게 그런 걸 잘 아니?"

"조 목사님과 함께 공부해서 알아. 노조 결성에 관한 법을 읽게 하고 어떻게 일하는 건지도 가르쳐 주셨어. 이론은 간단해. 노동자는 노조를 결성할 권리가 있고 노조에서는 임금과 노동 조건에 대해 협상할 권리도 있어. 노동자들이 노조를 만든다 이거지. 그리고 노조 대표자들이 회사측과 협상하는 거야."

"조 목사님은 노조에 왜 그렇게 관심이 많은 거야?"

"목사님 자신도 공장에서 잠시 일해 보셨어. 그래서 우리 사정을 잘 아셔. 그분 말씀으론 기독교에서는 모든 사람에게 정의와 평등이 있다고 가르친대. 정의를 이루려면 노동자들이 서로 헐뜯고 싸우는 대신에 함께 힘을 모아야 해. 참 이번 토요일에 모임이 있는데, 너도 원하면 와봐."

"여공도 동봉 노조의 지도자가 될 수 있는가?" 토요일 모임의 주제는 꽤 놀랄 만했다. 조 목사님이 질문을 내 놓으면 참석자들이 토론하는 방식이었다. "첫째 질문: 여성이 노조를 운영하는 게 바람직한가? 둘째, 어떻게 노조를 조직하는가? 셋째, 어떻게 하면 지도자가 될 수 있는가?"

토론은 밤늦게까지 이어졌다. 결론이 없었다. 그 후에도 여러 번 모임이 있었는데 주제는 같았다. 마침내 삼차원적 공격이 필요하다는 결론이 내려졌다. 현재의 규칙에 의하면 일년에 한 번 노동자들은 각 부서에서 노조 대의원을 선출한다. 그러면 부서 대의원들이 모여 노조 임원들을 선택한다. 대체로 이런 과정은 형식에 그칠 경우가 많았다. 남자 몇이 모여서 자기 부서의 대의원을 뽑았다. 그리고 이런 대의원들이 회사가 제안한 노조 임원들을 돌아가면서 뽑았다.

이 과정은 일제 시대의 산물이었다. 우리나라가 독립한 후 우리 민족이 회사를 장악하면서 예전 방식을 답습한 것이었다. 이제 이런 관례를 여성들이 바꾸어보자고 했다. 첫 번째 전략은 여성 회원들이 각 부서 노조 모임에 참석해서 여성 대표에게 표를 모은다.

둘째 전략은 여성 모두가 지지하는 사람으로 노조 위원장 후보가 될 수 있도록 한다. 마지막으로, 선출된 여성 임원들은 노동자를 위한 목표를 구체적으로 설정한다.

전략이 딱 맞아 떨어졌다. 회사측은 눈치를 전혀 채지 못했다. 각 부서별로 대의원을 선출하는 날이 되자 회사 역사상 처음으로 여성 회원들이 참석했다. 각 부서마다 대의원 선거전에서 여성이 승리했다. 며칠 후에는 만장일치로 옥자가 노조 위원장으로 선출되었다.

공장장은 고민에 빠졌다. 여자를 노조 우두머리로 인정하고, 여자랑 앉아서 공장 문제로 협상을 해야 하니 심기가 불편하였다. 그것은 차마 하지 못할 짓이다. 그렇다고 선거가 불공평하거나 비합법적이라고 우길 수도 없는 일이었다.

옥자가 선수를 쳤다. 선혜와 그 외 다른 두 부서 대의원들과 함께 공장장과의 면담을 요청했다. 이미 공동의 관심사를 나눌 모임을 요청하는 서한을 보낸 터였다. 회사 사장은 서울에 체류하므로 만날 수 없다고 했다.

그들은 그 다음날, 또 그 다음날, 계속 찾아갔다. 공장장은 거기에 없었다. 닷새째 되는 날 옥자는 공장장이 돌아올 때까지 기다리자고 했다. 여자 넷이 나머지 노조 임원들과 사무실에서 연좌 농성을 벌였다. 회사측은 경찰을 불렀다. 여성들은 사유권 위법 행위로 고소되었다.

경찰은 사주 받은 대로 했다. 여공들을 곤봉으로 머리를 치고 사무실 밖으로 끌어냈다. 옥자와 선혜를 지도자로 여겼는지 까만 경찰차에 던지듯이 실어 경찰서로 끌고 갔다.

경찰서에 갇혀 있는 사흘 동안 성 희롱적인 심문은 정말 참기 어려웠다. 옥자는 이를 갈면서 분을 내뿜었다. 선혜는 울면서 시간을 보냈다. 몹쓸 욕지거리로 치부 당하는 건 견디기 힘든 모욕이었다. 아버지가 딸이 체포된 것을 알았다면 얼마나 부끄럽게 여길 것인가. 아버진 딸을 버릴지도 모른다. 사흘째 되는 날 저녁 무렵 검정 양복 차림의 두 사나이가 회사에서 왔다. 그들을 보자마자 옥자는 비탄해하며 통곡했다. 선혜는 알았다. 옥자가 이 두 사나이 앞에서 가난한 시골 처녀가 후회하는 것처럼 일부러 꾸며대는 것임을. 옥자의 재치로 선혜는 더 이상 울지 않았으나 그 남자들을 쳐다볼 엄두가 나지 않았다.

"자, 너희 둘, 집으로 간다. 내일 아침에 시간 맞춰 일 나와. 그리고 더 이상 노조 같은 쓸데없는 짓 말아. 알겠나?" 옥자는 더 큰 소리로 울어 젖히고, 선혜는 옥자의 엉뚱한 짓에 나오는 웃음을 숨기느라 고개를 더욱 더 푹 숙였다. 그들은 옥자와 선혜를 까만 차에 태워 집까지 데려다 주었다.

공장장은 여자들의 결심을 오판했다. 감옥에서 나온 다음날 옥자는 서울에 있는 방직공장 전국 노조 사무실에 연락을 취했다. 전국 산업 노조는 한국에 17개가 있었고, 방직공장 노조가 그 중에 하나였다.

전국 노조 위원장에게 인천에 내려와 지원해 달라고 부탁했다. 아차! 큰 실수였다. 이런 요청을 받기 며칠 전에 남한을 이끌어가던 군사정부가 전국 노조의 지도권을 장악했다는 사실을 몰랐던 것이다.

서울에서 내려온 사나이는 새로 임명된 정보부 비밀 요원이었다. 두 시간에 걸쳐 관리인들과 밀의한 후 오후에 모든 노조 임원들을 불러 모아놓고 일장 연설을 도했다. "우리나라는 아주 힘든 시기에 처해 있소. 북한의 위협이 심해져서 우리가 혼란에 빠지면 공격의 좋은 구실이 됩니다. 더욱이 여러분이 알다시피, 우린 경제적으로 다른 나라들과 경쟁하고 있는 상황입니다. 생산량을 증가시켜야만 합니다. 파업은 경제개발을 방해합니다. 이런 위기에 처해 있을수록 노조는 정부 시책과 보조를 맞추어야 하오. 애국심을 발휘하기 바라오. 국가를 위해 일하려면 회사측의 지침을 따라야 합니다."

"우리가 비애국자란 말입니까? 우린 모욕을 당하면서도 이 공장에서 매일 생명을 바치다시피 하고 살아요. 적은 임금으론 입에 풀칠하기도 어려워요. 다치거나 죽음까지 불사하면서 위험한 상황에서 일하고 있어요. 난 당신이 노조원인 줄 알았는데, 누굴 위해 일하는 겁니까?" 옥자는 화가 치밀었다.

다른 여공들도 소리치며 사나이에게 대들었다. 그는 말없이 회사 사무실 쪽으로 서둘러 갔다. 여공들은 화가 나서 사나이가 나간 쪽으로 몰려가 도대체 누구를 위해 일하는 건지 밝히라고 소리쳤다. 무리가 점점 커지기 시작했다. 작업 교대로 오가는 여공들도 가세했다. 수백 명이 함성을 질렀다.

공장장은 깡패들을 불러들였다. 회사가 필요할 때마다 언제나 불러들일 수 있는 것 같았다. 그들은 여공들을 때리고 옷을 갈기갈기 찢었다. 경찰이 달려왔다. 그들에겐 시골 촌뜨기 처녀들에게 겁주는 즐거움을 누릴 기회인 듯 싶었다.

경찰이 방망이로 옥자의 머리를 내려치는 것을 보고 선혜는 맞을까봐 무릎을 꿇고 머리를 감쌌다. 옥자의 머리에서 분수처럼 피가 솟았다. 그녀는 그 자리에서 쓰러졌다. "도와주세요. 옥자가 죽어 가요! 옥자가 죽어 간단 말예요. 도와줘요. 제발!" 선혜는 오돌오돌 떨면서 고함을 질렀다. 그야말로 아비규환이었다. 구급차가 왔다. 병원에 도착했을 때 옥자는 간신히 목숨만 붙어 있었다. 선혜와 다른 노조 임원들은 다시 경찰서에 끌려갔다.

사흘 동안 옥자는 혼수 상태에 빠져 있었다. 조 목사님이 늘 옆에서 기도해 주고 간호원들을 도와주었다. 나흘째 되던 날 의식을 회복했다. 바로 그 다음날 옥자는 회사로부터 해고장을 받았다. 더 이상 동봉방직공장에서 일할 수 없었다. 게다가 동봉 건물에 한 발자국도 들여놓지 못하도록 금지되었다.

며칠 후 옥자가 일어설 수 있게 되자 경찰이 옥자를 잡으러 왔다. 조 목사는 완강했다. "당신네들 이러면 안 돼요. 아직 병원 문을 나서지 못할 만큼 허약한 것 보지도 못합니까? 이 아이가 죽으면 책임질 거예요? 도망갈 수도 없는 처지이니, 여기서 며칠만 더 치료받게 해 주세요."

"데려오라는 명령을 받았으니 할 수 없소. 길 비키시오." 한 경찰이 조 목사를 구석으로 미는 사이에 다른 경찰이 옥자를 경찰차에 실었다. 그 다음날 조 목사의 논리 정연한 간청에도 불구하고 옥자는 6개월의 형을 언도받았다.

데모에 가담했던 선혜 외에도 열 두 명이 경찰서에 사흘간 구류되어 있었다. 나흘째 되는 날 각기 1년형의 옥살이가 선고되었다. 그러나 형 집행 정지로 한달만 복역하고 출옥되었다.

출옥하던 날을 선혜는 영원히 잊지 못할 것이다. 바로 기숙에 대한 소식을 듣던 날이기도 했다. 집에 오니 미아가 달려왔다.

"선혜야, 빨리 와 봐. 기숙이, 걔가 병원에 있어. 죽을지도 몰라."

"뭐라고? 왜?"

"가자. 가면서 말해 줄게. 병원에 있는 간호사한테 들었어."

병원으로 가는 길에 미아로부터 전말을 들었다. 기숙이 임신했단다. 그런데 남자 친구가 이를 알고 화가 나서 기숙을 때렸다. 아기는커녕 결혼도 원치 않았던 그였다. 그는 떠났다. 기숙은 애가 없으면 남자가 되돌아오리라 믿고 이웃에 사는 노파를 찾아갔다. 낙태 수술 경험은 많지만 이젠 나이가 든 사람이었다. 눈이 어두운데다 손놀림도 어눌했다. 기숙의 수술은 엉망이었다. 기숙은 출혈과 통증을 참으며 간신히 기다시피 해서 남자친구가 머물고 있는 집까지 갔다. 죽더라도 그 집 문간에서 죽고 싶었다. 누군가의 발견으로 구급차에 의해 병원에 실려 왔다는 것이다.

기숙의 몸엔 주사 바늘이 여기저기 꽂혀 있었다. 혼수상태였다. 걱정도 되고 미안한 마음이 벅차 올라 선혜는 무릎을 꿇었다. 친구이자 여동생인 기숙이 옆에 내가 있었던들, 아니 고향에 그냥 남았던들… 이런저런 생각이 꼬리를 물었다.

의사와 함께 조 목사님이 들어왔다. 조 목사님은 선혜를 껴안더니 괜찮을 거라며 안심시켰다.

"출혈이 심했어요. 위기를 넘기는 데 수일이 걸리겠지만 살 가망은 있어요. 노파가 파손시킨 상처는 일단 치료했지만 시간이 걸릴 겝니다." 의사는 위로해 주었다.

"난 단 하나밖에 없는 친구예요. 같은 마을에서 왔구요. 재랑 여기서 지내고 싶은데 일도 가야 되고… 조금 있다 공장에 가야 하는데 어떻게 하죠?" 선혜에겐 고민이었다. 조 목사님이 자원했다. "내가 돌볼게. 간호원과 의사랑 같이 돌볼 테니 염려 마. 기숙이는 당분간 사람도 알아보지 못할 거야. 마음 편히 먹어. 그리고 일 계속 다녀야 해."

선혜는 매일 일이 파하자마자 병원에 들렀다. 기숙이 조금씩 기운을 차리는 듯싶었다. 기숙은 의식이 들면서 죄의식으로 점점 더 무겁게 짓눌렸다. 엄청난 죄를 졌다는 자책이었다. 자존심은 사라져 버렸다. 선혜를 배반했다. 부모를 뵐 면목도 전혀 없다. 직장 동료들은 자신을 매춘녀처럼 볼 것이다. 도저히 출구가 보이지 않았다. 자살하고픈 생각이 들기 시작했다. 그것만이 유일한 출구처럼 보였다.

어느 날 저녁이었다. 기숙은 말이 없지만, 평온을 찾은 듯싶었다. "선혜야, 조 목사님이 오늘 내게 이야기 하나 해주셨어. 너도 듣고 싶지?"

"그게 뭔데?"

"성경에 나오는 이야기야. 남자들이 나 같은 여인을 예수님 앞에 데려와서 그녀를 돌로 쳐죽여야 한다고 했대. 그런데 예수님이 어떻게 답한 줄 아니? '너희 중에 죄 짓지 않은 사람이 있다면 먼저 돌로 쳐라' 라며 그들에게 말했대. 그랬더니 아무도 돌을 던지지 못했다는거야. 다 죄를 졌잖아. 그러니까 예수님이 그 여인에게 '딸아, 나도 너를 정죄하지 않으마. 가서 더 이상 죄 짓지 마라'라고 했대. 예수님이 그녀를 용서했어. 하나님이 날 용서한다고 믿어." 그리곤 선혜를 쳐다보았다. 이미 두 사람의 눈에는 따스한 자매의 정이 녹아져 있었다. "몸이 좋아지면 다시 일하러 갈게."

집으로 되돌아오는 그날 밤 선혜는 기분이 날아갈 듯 했다. 기숙이의 마음 변화는 선혜에게도 큰 은혜였다. '그래. 우린 서로 용서하고 용서받는 거야. 내일 회사에다가 기숙이 다시 일하러 오도록 부탁해야지.' 생각이 거기에까지 미쳤다.

다음날 선혜는 회사 사무실로 찾아가 공장장과의 면담을 요청했다. 공장장은 면담을 거절했지만 대신 비서에게 사연을 알아보라고 했다.

조용하고 잔잔한 음성으로 선혜가 말문을 열었다. "안녕하세요. 문선혜예요. 여기 방직실 부서에서 일해요. 김기숙이 내 친구인데 며칠 동안 너무 아파 병원에 입원해 있었어요. 많이 나아졌거든요. 다음 주면 다시 일 나올 수 있을 거예요. 그때 나와도 되죠?"

비서는 그녀를 쳐다보았다. 아무 말 없이 사무실 안으로 들어갔다. 다시 나타났을 때 기숙의 이름이 적힌 서류철을 들고 있었다. "그래. 우리도 이 사건을 잘 알고 있어. 김이 저지른 그런 행동을 너그럽게 봐 줄 수 없어. 그 아이 때문에 회사 평판이 나빠진 것 아나? 그래서 몸을 추스르는 대로 고향에 보내기로 결정했다."

"그럼 그 불한당, 그 아이를 그렇게 만든 송은 어떻게 되는 거예요. 그자도 해고되나요?" 선혜의 부드러운 소리가 싹 가시고, 대신 냉소적이 되었다.

비서는 선혜에게 차가운 눈길을 보였다. "넌 반항아 문 아닌가. 송에 대해선 우리 문제지 네가 관여할 게 못돼. 지금 당장 나가."

그녀는 이런 경우 어떻게 해야 할지 알았다. 밤새 생각을 정리했다. 다음날 노조 임원들을 접촉했다. "오늘 저녁 식사 후 곧 만나요." 모두 모였지만, 소문을 들은 무리는 두려움과 근심에 싸였다. "조화순 목사님이 잡혔대. 북한에서 온 간첩, 공산주의자라는 거야."

"안 믿어. 그럴 리가. 공산주의자일 리가 없어." 다짜고짜 아니라고 했지만 선혜는 무서워 떨었다. 전쟁이 지난 지 벌써 20년. 그러나 전쟁 때 겪었던 무서운 얘기들이 아직도 뇌리 속에 깊이 박혀 있었다. 지금도 북한에서 보낸 간첩이 남한에 침투해서 문제를 일으키고 있다. 선혜는 조 목사님이 공산주의자가 아님을 직감적으로 분명히 알 수 있었다. 군사 정권의 조작일 수도 있다. 그러나 만일… 의심마저 조작에 빨려 들어가는 느낌이었다.

서서히 전모가 밝혀졌다. 조 목사님은 아침 6시경 사무실로 가는

데 까만 지프를 탄 사람들에게 잡혔다. 서울에 있는 정보부로 끌려갔다는 소문이 들렸다.

동봉 노동자를 선동했다는 죄목이었다. 회사측에서 노조 공부 반에 가짜 학생을 몰래 파견했다. 그 첩자가 조 목사가 회사측에 불리한 말을 했다고 보고한 것이다. 무고한 시골 처녀들에게 노조의 필요성을 주장했다고 말이다. 회사와 군부는 이것을 공산주의의 소행으로 보았다. 그 학습반이나 소풍에 참여했던 여공 모두가 혐의 대상이 되었다.

그들이 나쁜 일이라도 했단 말인가? 그들이 노조를 위해 계획하지 않으면 누가 한단 말인가? 그렇다고 불가한 제안도 아닌데 말이다. 회사, 전국 노조, 경찰, 이젠 정보부마저 여공들을 몰아 부쳤다. 포기하잔 말을 꺼내는 사람은 없었지만 그렇다고 계속 싸우자는 사람도 없었다. 옥자만이 이런 상황을 이끌어갈 수 있는 듯 보였다.

조 목사님의 체포 소식은 선혜 가슴에 분노의 불을 지폈다. 동봉에 들어온 이후 겪었던 일들이 하나하나 생각났다. 그 몹쓸 고된 기계일, 조장 이씨, 허위에 찬 친절, 형편없는 임금, 경멸, 경찰의 무자비한 폭력, 지독한 욕지거리, 옥자가 당한 매, 기숙의 그런 삶… 분노가 뜨겁게 치밀어 올랐다.

선혜가 나섰다. "우린 멸시를 받을 대로 받았고 엄청난 욕을 얻어 먹었어. 노조를 계속 밀고 나가길 바래. 이게 옥자를 위하는 길이고 우리가 회사에서 정의를 되찾는 유일한 길이야. 내가 위원장에 출마할게."

환호의 갈채가 방을 뒤덮었다. 선혜의 주장을 받아들여 즉시 실천하기로 했다. 다음날 소문을 내고 이틀 뒤에 모임을 갖기로 결정했다.

해산하기 전 선혜가 한마디 덧붙였다.

"우린 강해야 해. 겁 많고 순진한 시골 티 이제부터 벗어버리자. 그자들이 옥자에게 어떻게 했는지 알지? 조 목사님이 당한 것도 명심해." 서로 붙잡고 눈물을 흘리면서 격려했다.

그 다음날 모든 일이 순조로웠다. 입에서 입으로 소문이 전해졌다. "노조 모임이 내일 정오에 있을 거야. 선혜가 위원장 후보래."

일이 파한 후 저녁 때 선혜와 미아는 각기 소속 부서 노조 대의원과 만났다. 그들도 찬성이었다. '공모자'들은 밤늦도록 모든 내용을 조목조목 구체적으로 계획했다. 준비가 완료된 셈이다.

그러나 동이 트기도 전에 이미 모든 계획이 물거품되었다. 아직 어둠이 깔려 있을 때였다. 검정 재킷의 사나이 두 명이 선혜와 미아가 잠든 방으로 들어왔다. 선혜에게 한 사나이가 명령했다.

"당장 옷 입어. 집으로 가게."

"누구세요. 여기서 나가요." 선혜는 소리쳤다.

공포에 질린 미아는 계속 비명만 질렀다.

"사람 살려요. 우릴 죽이려 한단 말예요."

한 사나이가 세게 그녀의 머리를 쳤다. 그러자 미아는 비명을 그쳤다.

"옷 입어. 아니면 내가 입혀주겠다." 첫 번째 사나이의 명령이었다.

선혜는 천천히 따라나섰다. 이웃 사람들은 비명 소리에 모두 잠에서 깼다. 그리고 두 사나이가 선혜를 질질 끌고 까만 차 뒷좌석에 내동댕이치는 것을 두려운 눈으로 바라만 보았다.

그녀는 차 바닥에 주저앉았다. 충격이 하도 커서 헤어나기가 쉽지 않았다. 그러나 더 이상 순진한 시골 처녀는 아니었다. 우선 어떻게 하면 여길 빠져나갈까 하는 생각에 몰두했다. 빠져나갈 방도를 찾아냈다. 슬피 우는 척했다.

계속 모욕적인 언사와 강간 협박을 퍼부었던 그들은 앞좌석에서 무슨 말인지 서로 나누면서 더 이상 선혜를 상대하지 않았다. 의자에 올라앉았다. 그리고 기다렸다. 교차로마다 신호등이 있었다. 드디어 때가 왔다. 중앙시장 앞 신호등 앞에서 정차했다. 운전사가 속력을 다시 내려는 순간, 선혜는 시장 쪽 뒷문으로 뛰어내렸다. 순간이 꽤나 길어 보였다. 상점마다 개시 준비에 여념이 없는 시각이었다. 사람이 북적였다. 그녀는 갈 방향을 이미 알고 있었다. 좁은 골목길을 요리조리 빠져 쓰러질 듯한 창고로 들어갔다. 그 안엔 바구니, 냄비, 헌 물건들이 잡다하게 많았다. 그곳 깊숙이 숨어서 기다렸다. 행상인들이 창고 안을 오가면서도 그녀가 숨어 있는지조차 모르고 있었다. 보았다 하더라도 아마 그 두 흉악범에게 알리지는 않았을 것이다.

그녀가 뛰어내렸을 때는 차가 속력을 막 내려던 참이라, 차를 다시 정차시키는 동안에 선혜는 시장 안으로 잠적할 수 있었다. 그들은 시장 내 모든 상점과 상자 속을 뒤져보았지만 선혜를 찾을 수 없었다. 두어 시간이 지나자 포기하고 시골뜨기 연행에 실패하였다는 보고를 할 수밖에 없었다.

정신을 차린 미아는 서둘러 공장에 갔다. 공장 정문 밖에서 다른 노조 임원들이 나타나기를 기다렸다. 어쩐담? 임시 총회가 불과 몇 시간밖에 남지 않았다. 모임을 한다 해도 위원장 후보를 빨리 새로 정해야 하는데 모두가 원하는 사람으로 누구를 정한담. 그러려면 준비할 시간이 필요했다. 가능성 있는 후보는 몇 있었다. 그러나 총회 전에 의논이 되어야 했다.

11시가 되어서 사무 여직원 가운데 누군가가 소문을 퍼뜨리기 시작했다. 선혜가 도망쳤다고. 검정 재킷을 입은 두 사나이가 공장장 사무실에 들어가더니 "뭐라고? 도망갔다고? 다 끝났어. 나가버려! 시골 계집 하나도 다루지 못하는 사람을 누가 써!" 공장장이 소리를 질렀다고 한다. 그 직원에 의하면 두 사나이는 사무실에서 질책을 당한 후 그냥 나가 버렸다고 했다.

공장장은 경호원에게 어떻게 해서라도 문선혜를 공장에 들여보내지 말라고 지시했다. 정오가 다가오고 있었다. 동봉은 어수선했다. 작업은 중단되었다. 소문이 꼬리를 물고 공장 전체에 퍼져 나갔다. 12시가 채 안된 시간인데 여공들이 떼를 지어 공장 정문 입구 쪽으로 몰려들었다. 경비원들만으로는 힘이 부족했다.

선혜는 사나이들이 포기하고 돌아갔을 거라고 짐작될 때까지 그대로 숨어 있었다. 어쩌면 다른 불한당을 풀어 자신을 찾을지도 모르는 일이었다. 조심하지 않으면 안되었다. 그녀는 헌 물건들을 뒤졌다. 그럴듯한 긴 헝겊을 찾아 허리에 두르니 치마가 되었다. 작은 천으론 머리를 싸매었다. 그리고 망가진 바구니 두어 개를 집어들고 시장을 빠져나와 공장으로 향했다. 행상 아줌마 차림으론 제격이었다. 뒷골목에서 나와 공장 정문 근처까지 갔다. 여공들이 정문 입구에 있는 것이 보였다. 좀 더 가까이 갔다. 미아를 발견하곤 다가갔다.

"미아야, 무슨 일 났어?" 미아가 뒤돌아보더니 곧 변장을 알아챘다. "노조위원장 선거 때문이야." 그리곤 낄낄댔다. 곧 다시 소문이 퍼져나갔다. 미리 준비한 것도 아닌데 떼를 지어 정문 입구로 모여들었다. 경비원들도 어찌할 도리가 없었다. 선혜는 행상인 변장을 한 채 무리 속에 끼어 들어갔다. 무리가 노조사무실 쪽으로 향했다. 부서 대의원들이 앞장섰다. 대의원 중에 하나가 일어나 조용히 하라고 한 뒤 임시 총회 개시를 알렸다. "오늘 우리가 모인 것은 동봉 방직공장 노조위원장 선출 때문입니다."

재빨리 또 다른 여공이 일어나 "문선혜를 천거합니다."라고 소리쳤다. 긴말이 필요 없었다. "다른 추천할 사람 또 있습니까?" 의장이 물었다. 순간 침묵이 흘렀다. 아무도 말하지 않았다. "다른 후보가 없군요. 그럼 각 과 대의원들이 비밀 투표를 하겠습니다."

투표가 실시되었다. 만장일치였다. "문선혜 씨, 앞으로 나와 주시겠어요?"

선혜는 복도 뒤에 서 있었다. 방 한가운데로 변장을 한 채 앞으로 걸어나왔다. 한 여자가 누더기를 걸친 채 앞으로 나오자 처음엔 조용했다. 그녀가 앞에 서자 모두 일어나서 함성을 지르고 웃고 울면서 시끌벅적대었다. 정말로 신나는 순간이었다.

"친구이자 동료 여러분, 오늘 우리가 역사를 만들었어요. 우리 여자들이 위대한 승리를 한 겁니다. 이제 우리들이 우리 자신을 대변하게 되었어요. 회사가 노동자 다수의 뜻을 인정하고, 노조와 협상에 들어갈 것을 우리는 촉구합니다. 또 우리 서로를 자랑스럽게 여깁시다. 다시 과거로 되돌아가지 맙시다."

마치는 말

필자는 승리의 절정에서 이 이야기를 마감하면서 여성 노동자들이 스스로의 긍지를 얻기 위해 투쟁하는 그 단호함을 상징하려고 합니다. 불행히도 동봉(당대 일반 방직공장을 상징적으로 표현하기 위한 가칭) 방직공장의 고용주는 물론 다른 공장에서도 여성을 동등하게 대우하지 않고, 노조와의 협상을 임금이나 노동조건과 같은 문제를 해결하는 합당한 방법으로 여기지 않고 있습니다. 전부터 고수했던 지배권을 보호하려는 노력만 하다 보니, 민주 사회를 이룰 수 있는 과정에 흠집을 내게 된 거죠.

그럼에도 불구하고, 사회의 일원으로 인정과 존경을 받게 된 선혜나 옥자와 같은 여성 노동자들에게 감사드립니다. 선혜의 말 그대로, "되돌아가지 않으리."

4

미완성의 갈등

6월 항쟁과 노동자

| 배경 |

박정희 대통령은 1979년 10월 26일 암살되었습니다. 군사 정권은 10년 이상 이 나라를 지배하면서 탄압을 거두지 않았습니다. 노동자들의 임금 등 집단 협상 요구가 지속되자, 이를 누르기 위해 정부와 고용주들은 폭력을 사용하고 이것을 공산주의자의 음모로 돌렸습니다.

한국 사회의 각계 각층에서 반대 소리가 거지지, 박 대통령 후임인 전두환 대통령은 1988년 선거불출마를 발표했습니다. 대신 노태우 장군을 지지하기로 했습니다. 군사 정부에 대한 국민의 거센 반대를 인정하고, 1987년 6월 29일 대통령 선출을 국민의 직접선거로 치른다고 선포했지요. 거기서 선출되면 국민의 기본 권리를 보장하겠다고 약속했습니다. 노의 약속은 마치 마른 나뭇가지에 성냥을 대는 격이었습니다. 그동안 참아왔던 불신이 폭발하였던 거죠. 노동자들의 데모는 거센 파도와 같았습니다. 노 대통령의 선포 후 4개월이 못돼서, 전국은 이미 3,400번 이상의 노동 분쟁에 휩싸였습니다. 한 해에 2,799개의 노동조합이 새로 조직되었고, 586,167명의 새 회원이 노조 명단에 기록되어 있었다고 합니다.

필자는 6월항쟁이 있고 2년 후인 1989년 한국을 방문했습니다. "변한 것이 많을수록 같은 게 더 많다"라는 속담이 한국의 노사 관계에 적용되는 것 같더군요. 노동자들의 반감과 새로운 활력에도 불구하고, 관리자들은 별로 변한 것 같지 않았습니다. 끝까지 싸움이 계속될 듯 싶었지요. 한국의 경제를 지배하는 '재벌'이나 대기업들이 노동자를 생산과정의 동반자로 받아들이길 거부하고 있었기 때문입니다.

다음에 나오는 다섯 개의 이야기는 실화로서, 1989년 당시에 있었던 노사 관계의 실제 상황을 반영한다고 필자는 믿습니다. 어쩌면 지금도 그럴지 모르겠군요.

미국 회사

필자의 첫 경험이자 마지막 경험일 것이다. 서울에 도착한 후 며칠이 지난 어느 날, 광화문 사거리를 걷고 있었다. 두서너 블록 떨어져 있는 미 대사관 정문 앞에 사람들이 모여 있는 것이 보였다. 호기심이 발동했다. 가까이 가서 보니 미국 회사인 피코 공장에서 부당한 대우를 받으며 일을 해왔던 여공들의 시위였다. 회사측은 노동자들에게 밀린 임금도 지불하지 않은 채 공장문을 닫고 미국으로 도망가 버렸다.

시위 내용도 들을 겸 또 대사관 직원이라도 나오지 않았나 싶어 더 가까이 가보았다. 아무도 나오지 않았다. 몇 사람이 필자를 발견했다. 아마 못된 미국인으로 보았는지 고함을 질렀다. 주위에 있던 사람들의 이목이 필자에게 집중되었다. 순식간에 필자가 시위의 대상이 되는 듯 싶었다. 처음엔 말로 설명할 생각이었지만, 그게 불가능하다는 판단이 섰다. 서둘러 그곳을 빠져 나왔다. 분노에 차 있는 수백이나 되는 여성들에게 큰 도움이 될 것 같지 않아서였다.

그 주간이 지나기 전, 조승혁 목사 사무실에서 피코 노동자들의 지도자를 만나 연좌 농성을 계속 벌이고 있는 공장으로 갔다. 노동자들은 필자에게 수많은 질문들을 하면서 어떻게 미국 회사가 그런 못된 짓을 할 수 있는지 알고 싶어했다. 미국 시민으로서 피코가 한국 노동자들에게 한 처사가 내심 부끄러웠다. 노동자를 위한 강력한 법과 규율이 없는 한, 미국 회사나 한국인 회사 모두 노동자를 이용한다는 점을 그들에게 설명했다. 필자는 정의를 찾으려고 애쓰는 그들에게 감사를 표했다. 그들이 정의를 회복하지 못한 것은 참으로 불행한 일이었다. 회사측이 이런 노력을 받아들이지 않았기 때문이다.

산업단지 내 노동자교회

1989년 산업 노동자를 위한 기독교 사역인 도시산업선교회는 군사정부에 의해서 거의 무산되다시피 했다. 직원들은 늘 감시를 받았고, 노동자들은 직원들과 가까이 지내지 말라고 경고를 받았으며, 교회도 재정 지원을 하지 못하도록 명령을 받았다. 정보부는 근거도 없이 도시산업선교회를 공산주의자의 활동이라고 주장하였다.

그러나 서울 근교의 산업단지인 거류동에 조직된 도시산업선교회는 '노동자 교회'의 형식이었다. 거류동 단지에 있는 20여 개의 작은 공장들에서는 다양한 제품을 생산하고 있었다. 각 공장마다 벽으로 둘러싼 대지 내에 노동자 기숙사를 마련하고 있었다. 노동자들은 주로 젊은 층이었다. 노동자 교회는 여러 공장에서 일하는 노동자들이 함께 모일 수 있는 장소였다. 임금 분쟁이 대우 기성복 공장에서 시작되었는데, 공장측은 늘 그렇듯이 경찰을 불렀다. 노조 지도자들은 몰매를 맞고 체포되었다.

모두를 놀라게 한 사실은 단지에 위치한 다른 공장에서 일하는 천여 명 이상의 노동자들이 대우 파업자들을 지지하며 궐기한 것이다. 그들은 노조 지도자 석방을 요구하며 시위를 계속 했다. 다른 공장의 노동자들이 힘을 모으는 경우는 드물었다. 게다가 종교 및 사회 단체들도 대우 노동자들을 지원하여 범 대중 운동이 되어 버렸다.

이같이 새로운 모습을 갖춘 연대는 노동자 교회를 통해서 시작되었다. 필자와 교분이 두터운 담임 목사는 어느 주일 예배에 필자를 초청하였다. 예배 후 여러 공장에서 온 사람들이 모여 향후 몇 년의 계획을 세우는 중요한 모임에 참석했다.

현대 대기업

울산에서 있었던 노사 문제처럼 슬프고 비극적인 사건이 또 있으랴. 현대 재벌은 작은 어촌을 대형 산업단지로 바꾸었다. 열 두 개의 현대 공장이 자동차에서 기계, 조선 산업 등 여러 산업을 일구었는데, 80,000명의 종업원들이 일하고 있었다. 1987년 이전만 해도 현대나 그 외 다른 대 기업체들은 노동자 단체를 인정하지 않았다. 1987년 현대의 종업원들이 노조를 새로 조직해서 집단 협상의 권리를 요구하였다. 현대의 창업자인 정주영은 현대가 운영하는 업체에선 노조가 있을 수 없다고 공공연히 말해 왔었다. 노조에 반대하는 태도나 방법이 대부분의 재벌들과 다를 바 없었다.

그의 입장이 모든 노동자들에게 밝혀진 후, 그는 '구사대'란 조직을 만들어 태권도 등 무술 유단자들을 영입했다. 노동자들이 데모나 연좌 농성을 벌일 때면 늘 구사대가 들어와 노동자들에게 상당한 치명타를 안기곤 했다. 두 번째 비 노조 전략으로 '상담자'를 고용하였다. 현대가 고용한 사람은 한국계 미국 시민으로 제임스 리란 사람이었다. 그의 방법은 구사대와 비슷했다. 그는 울산에 있는 현대 소속 노조 지도자들의 비밀 전략 회의가 도시 밖 작은 휴양지로 알려진 마을에서 있을 거라는 소식을 들었다. 그는 깡패와 반 노조 직원 부대를 데리고 그들을 기습했다. 그 후유증은 엄청났다. 회의를 주도했던 의장의 다리가 부러지고 몇 사람들이 병원에 입원했다.

노동자를 설득하기 위한 "제임스 리" 사건은 오히려 그들의 결정을 더 강화시켰다. 현대에 대한 분노는 울산 단지 전체의 노동자들을 분노하게 만들었다. 3개월 동안 현대 공장은 마비되었다. 그런데도 회사측은 타협하지 않았다. 마침내 1989년 3월 30일, 만여 명의 경찰이 회사와 협조하여 집중 공격을 했다. 노동자들은 회사 부지에서 사라져서 각자 집으로 돌아갔다. 그들은 점진적으로 작업 터에 되돌아 왔지만, 회사의 독재는 계속되었다. 그렇다고 노조가 완전히 해체된 것은 아니었다. 현재까지도 남아 있기는 하지만, 회사측이 노조를 합법적인 동반자로 수용하는 태도는 거의 보이지 않고 있다.

대우조선소에서의 분신자살

거제도에 있는 옥포라는 마을은 작지만 잘 알려진 곳이다. 400년 전 조선의 첫 철갑선이 그곳 항구에서 만들어졌다. 이순신 장군이 거북

선을 만들어 일본군을 전멸시킨 곳이었다. 1970년대에 한국의 재벌들인 대우와 삼성이 세계 수준의 조선소를 옥포에 세웠다. 1987년 대우조선소는 그 당시 한국의 다른 공장들과 마찬가지로 노동자 봉기의 영향을 감지했다. 새로 조직된 노조가 임금 인상요구와 함께 회사측의 간섭으로부터 자율권을 요청했다. 예상대로 관리자측은 이를 무시하고 예전 상태의 유지를 고수했다. 그 결과, 농성과 거리 데모 등의 분쟁이 2년 동안 계속되었다.

이런 소용돌이 가운데, 두 사람이 희생의 극치라고 할 수 있는 분신자살을 한 것이다. 동료들이 보는 앞에서 박신석은 가솔린을 자기 몸에 붓고 성냥을 그었다. 몸이 마치 횃불처럼 타오르자 박은 "노동자 탄압을 중단하라. 임금을 인상하라! 민주적이 되라!"라고 외쳤다. 열 두 시간 후에 이송모 또한 4층 건물 꼭대기에 올라가서 수백 명의 동료들이 지켜보는 가운데 이미 만들어 놓은 불 속으로 뛰어 내렸다. 그 또한 "노동자 탄압을 중지하라!"라고 외쳤다.

밤을 지새우는 농성이 시신이 안치된 병원 앞에서 있었다. 이같이 길고 지루한 밤을 수천 명이 함께 연설과 노래로 지새웠다.

전에 대우 노조 조직자였던 친구가 내가 울산에서 그다지 멀지 않은 곳에 머물고 있음을 알고, 장례식에 초대했다. 친구는 나를 손님으로 대우하여 앞좌석을 권했지만, 당시 노동자들의 감정 고조를 고려해 볼 때에 외국인인 내가 그들의 주목을 피하는 것이 좋을 것 같아 뒷좌석에 앉았다.

전날 밤부터 비가 오기 시작해 온종일 세찬 비가 계속 되었다. 장례식 행렬은 북과 장구가 동원되었고, 애도가를 부르며 조선소의 여러 부서를 돌면서 진행되었다. 이 행렬은 이미 수천 명의 사람들이 모여 있던 병원 앞에서 멈추어 섰다. 노동자들은 줄을 이어 박과 이의 희생에 대한 조사를 전하면서, 공장측에 인도적인 방법과 노조와의 협상을 요구하였다. 장례식의 최고조는 이송모의 연로하신 부친이 단 위에 올라섰을 때였다. 그는 노동자들에게, 그들의 요구를 끝까지 관철시키면서 연대할 것을 당부했다. "우리 노동자들이 이 회사와 이 나라를 세웠습니다. 그들은 우리를 공산주의자라고 하면서 마치 노예와 천민 대하듯 합니다. 내 아들은 이런 불의에 항거하면서 자신을 불태웠습니다. 그는 자유를 위한 투쟁에 용기를 불어 넣어주기 위해 자신을 희생했습니다."

그 이후 두 사람의 시신은 광주로 옮겨졌다. 이송모와 박신석은 광주민주화운동 순교자 묘지에 안장되었다.

이 두 죽음이 평화나 이해를 가져오지는 않았다. 이런 희생을 통해 대우는 무엇을 얻었는지 묻자, 회사 부사장은 박과 이를 모두 공산주의자라고 답했다. 그들은 공산당으로부터 비밀 세뇌 과정을 거쳤고, 공산당이 자살하라고 했다는 것이다. 공산주의에 대한 비방이 다시금 현실도피의 도구로 사용된 것이다.

학생, 노동자, 광주

한국 사회는 1980년대 광주 학살 사건이 있을 때 대단히 시끄러웠다. 이 사건의 원인이 된, 광주에서 수마일 떨어진 곳에서 있었던 비극적인 사건으로 거슬러 올라가 보자. 1979년 5월, YH 무역회사의 사장이 500여 명에 이르는 젊은 여공들의 임금을 지불하지도 않은 채, 회사 자산을 가지고 도주한 사건이 있었다. 여공들은 임금을 확보하려고 신민당사를 점거했다. 경찰이 투입되어 무차별하게 농성하던 사람들을 다루어 사상자는 한 명, 중상자는 여러 명 생겼다. 이 사건이 있은 이틀 후, 세 명의 여공들이 불법 집회 죄로 체포되어 7년의 감옥형을 언도받았다.

이 사건은 전국의 시민들을 격분시켰다. 부산과 마산 등 한반도 남부 도시에 있는 대학생들이 대거 데모를 벌여 결국 반정부 시위로까지 번졌다. 당시 중앙정보부장인 김재규가 상황 파악차 내려왔다. 그러나 그의 보고는 대통령이 듣고 싶어하는 내용이 아니었다. 두 사람 사이에 의견 대립이 있었다 한다. 이유야 어떻든지 김재규가 대통령을 암살했다.

잠시 세상이 변한 듯했다. 박정희 대통령 없이 민주주의는 절호의 기회를 맞은 듯했다. 그러나 그 순간도 잠시였다. 전두환 장군은 군사 정권의 지배가 계속되리라고 보았다. 박정희 대통령 암살 사건이 있은 지 두 달 후에 그는 비상령을 내리고 자신이 대통령이 되었다. 그의 권력 쟁취는 즉각 전국적인 대규모 시위를 일으켰다. 한반도 남서쪽에 위치한 광주에서의 궐기는 최악의 유혈 사태였으며, 그 이후 일어난 사건들 중 가장 의미 있는 사건이 되었다. 전 대통령이 비상계엄령을 발표한 그 다음날, 학생들은 전 대통령의 하야를 요구하는 반대 시위를 벌였다. 이런 요구에 대해 전 정권은 광주에 공수부대를 투입시켰다. 군인들은 무차별하게 학생들을 때리고 총검으로 찔렀다. 수십 명이 죽임을 당했다. 그러자 이 처참한 광경을 보고 분노한 시민 대다수가 항거에 합세했다. 시민들은 경찰서에 침입해서 무기들을 탈취하고, 총 무기고를 점령했다. 1980년 5월 27일, 육군 일개사단이 도시의 후면으로 들어가라는 명령을 따랐다. 그 결과 수백 명이 사망했다. 전 정부는 전투에는 승리했을지 몰라도, 국민으로부터 증오와 경멸을 받게 되었다.

필자는 1989년에 아내와 함께 광주를 방문했는데, 그때 "광주의 어머니"라고 알려진 나애라 양의 안내를 받아 그 당시 천막을 치고 농성하던 곳으로 갔다. 학생들과 시민 단체들은 거의 10년을 번잡한 도로 옆에서 자면서, 학생들의 희생과 정부의 잔인성을 잊지 않으려고 했던 것이다. 그리고 YWCA에서 대량학살에 관한 기막힌 뮤지컬을 볼 수 있었다.

전국에서 사람들이 광주 순교자들을 추모하기 위하여 이곳을 찾는다. 광주는 전 국토에 드리워진 어두운 역사의 산 증거가 되었다. 대우조선소 노조는 이송모와 박신석을 광주 땅에 묻고, 의도적으로 이 두 사람을 민주화 순교자 대열에 넣고자 한 것이다.

5

무고한 자를 위한 기도

인혁당 사건 1

| 배경 |

1974년 4월 박 정권은 정부 전복을 꾀한 공산주의자의 음모를 발표했습니다. 한 천여 명 이상의 민주 인사들이 연루되어서 투옥되었지요. 그 가운데 여덟 명은 음모의 핵심분자로 잡혔습니다. 증거가 불충분한데도, 이 여덟 명은 고문을 당한 끝에 거짓 고백을 하게 되었습니다. 그리고 군법회의에서 사형을 언도받았지요. 그들은 1975년 4월 9일 정당한 심판의 기회도 얻지 못하고 비밀리에 형장의 이슬로 사라졌습니다.

다음의 이야기는 필자가 이렇게 당한 사람들과 그들의 가족과의 인연과, 또 이런 인연의 결과가 어떠했는지를 다룬 내용입니다.

밤 10시에 전화벨이 울렸다. 한국말을 하는 한 여성의 음성이 들렸다. "오 목사님, 목사님은 절 모르실 겁니다. 제가 잘 아는 친구에게 목사님에 대해 들었어요. 곧 만나 뵙고 싶은데 댁으로 방문해도 될까요?"

"누구십니까? 무슨 일이지요?"

"전화론 말씀드릴 수가 없어요. 안전하지 못해서요."

그 당시 남한의 정치 상황에 비추어보면 그녀의 말은 타당성이 있었다. 우리 집을 포함해서 전화 도청을 당하던 때였기 때문이었다. "오늘밤은 너무 늦었고, 내일 아침이면 어떨까요?" "그렇게 하겠어요. 아침 9시에 댁으로 가겠습니다." 이렇게 말하고 그녀는 전화를 끊었다.

다음날 아침 9시 정각에 벨소리가 들렸다. 그런데 한 사람이 아니라 여덟 명의 여인들이 서 있는 게 아닌가! 그들을 안으로 안내했다. 모두 자리에 앉자 자신들을 소개하였다. 그녀들의 이름을 듣자 기억이 떠올랐다. 그들은 정부 전복을 기도했다는 혐의를 받고 잡혀간 여덟 명의 부인들이었다. 일단 그들이 자신들을 소개하고 나자, 어젯밤에 전화했던 부인이 매주 서대문 형무소에 갇혀 있는 남편들에게 음식과 생필품을 갖다 준다는 이야기를 꺼냈다. 그러면서 남편과의 면회를 기다리는 동안에 기독교인 죄수 가족들을 만났는데, 내가 와서 말씀을 전해주면 좋겠다는 부탁이었다.

그들 가운데 몇 여인이 동시에 부탁했다. "오 목사님, 목사님 도움이 필요해요. 정말이에요. 꼭 도와주세요! 우리 남편들이 감옥에 갇혀 있어요. 고문받고, 알지도 못하는 내용을 자백하라고 강요당하고 있어요."

나는 그들의 말을 가로막았다. "내가 이해하기 좋게 천천히 얘기해 주세요. 나도 음모 사건에 대해서 신문을 통해 알고 있어요. 한 사람씩 돌아가면서 각자 사정을 말해 주시겠어요? 그래야 이해하는 데 도움이 되겠어요."

우 부인이 말을 시작했다. "제가 열 여덟 살 때 지금의 남편인 우호선 씨를 처음 만났어요. 그때 전 그이가 거래하고 있던 은행의 직원이었어요. 첫 눈에 반해버린 것 같아요. 그래서 어린 나이에 결혼해서, 아이들은 딸 둘에 아들 하나로 모두 셋이지요. 그이는 이곳 서울에 있는 자그마한 건축 회사에서 경리를 보고 있었어요. 사느라 힘은 들었지만 먹고 살 순 있었어요. 부부 사이도 참 좋았고요. 결혼한 지 10년이 지났는데도 젊은 사람들처럼 손잡고 남산에 올라 다녔거든요.

그러다가 지난 4월 16일이었어요. 느닷없이 경찰이 우리 집에 들어오더니 증거를 찾는다고 온 집안을 뒤집어 놨어요. 애들과 전 공포에 질렸어요. 반정부 음모자라고 남편을 끌고 나갔는데 그이는 아무것도 몰라요. 그이는 고문받고 거짓 자백을 강요받았어요. 그리곤 군사재판에서 사형을 언도받았어요. 자신을 변명할 기회가 전혀 주어지지 않았죠. 변호사들도 말할 기회가 없었죠. 모든 상소는 다 기각되었거든요."

우 부인 다음에 다른 부인들이 전한 이야기들은 거의 비슷한 내용이었다. 오후가 될 때까지 이런 이야기를 나누었다. 비참한 상황에 처한 여인들의 이야기를 듣고 어떻게 해야 될지 좀체 실마리를 잡을 수 없었다. 내가 영향력 있는 사람은 아니었지만 그들을 모른 체 할 수도 없는 터였다.

"우리를 좀 도와주세요. 기댈 곳이 전혀 없어요. 기독교 선교사님으로서 민사 재판에 재심을 요청해 주세요. 그게 우리가 바라는 바예요." 일단은 생각할 시간이 필요했다. "정치권에 영향력이 없어 지금 당장은 어떤 약속도 할 수가 없어요. 그러나 좀 알아볼게요." 그러면서 그들을 돌려보냈다. 이처럼 주저하며 했던 말이 내 인생을 바꾸게 될 줄이야.

그들이 떠난 후에, 이런 정치적 상황에 대한 문제를 잘 아는 한국인 친구 두 명을 찾아갔다. 두 사람 모두 똑같은 얘기였다. 이 사람들의 죄목은 꾸민 거라는 것이었다. 박정희 군사 정권은 남한에서 반공산주의 사상을 강화시켜 현재의 권력을 더 강화시키려는 의도라는 것이었다. 정부는 전국적으로 음모 사건을 조작했다. 천여 명의 정치, 대학, 노조 인사들이 이런 음모 사건에 연루되었다. 이런 정부의 결정에는 증거가 없었다. 여덟 명은 정부 조작의 무고한 희생양이었다.

나는 할 수 있는 모든 생각을 모아서 행동 계획을 세웠다. 정부 전복 혐의로 수감된 천여 명 가운데 기독교인들이 꽤 되었다. 목요일 아침마다 그 가족과 친구들이 모여 그들의 안전과 석방을 위한 기도 모임을 가졌다. 1974년 10월 9일 목요일의 설교는 내 차례였다. 그날 내 기도와 설교 내용에는 기독교인으로 수감된 사람들뿐만 아니라 기독교인들이 아닌 여덟 명이 포함되어 있었다.

당시 정보부 요원들이 모임 장소에 있었다. 내가 서 있는 곳에서도 한 여섯 명 정도 셀 수 있었다. 내 앞으로 백여 명이 앉아 있었는데 대부분이 수감자의 가족이었다. 검정 재킷 차림의 사나이들도 섞인 회중을 돌아보면서 말문을 열었다.

"그리스도는 우리 가운데 가장 미천하고 겸손한 형제 자매를 통하여 나타나십니다. 현재 수감된 사람 가운데, 가장 심한 벌을 받고 있는 여덟 명의 형제들이 있습니다. 그들은 증거가 불충분한데도 사형을 언도받았습니다. 비록 기독교인들은 아니지만 우리 가운데 가장 가난한 자로서 그리스도의 형제들입니다. 그러므로 그들의 삶과 영혼을 위해 기도하십시다. 어쩌면 그들은 죽을 만한 죄를 짓지 않았는지도 모릅니다."

내가 말을 할 때 검은 재킷의 사나이들이 내가 한 말을 자세히 적은 것을 후에 알았는데, 그 내용이 매우 정확했다.

다음날 오후 5시에 정보부 요원 두 사람이 우리 집에 왔다. 한두 시간이면 충분하다고 했다. 당시 아내가 집에 없었기 때문에, '남산' (중앙정보부를 뜻함)에 '한 두 시간' (무한대를 뜻함)이란 단어만 집에 남겼다.

남산 행은 그 자체만으로도 경험이었다. 운전사는 서울의 혼잡한 차량을 지나치는데 마치 사지(死地)를 가듯 질주했다. 중앙정보부 본부에 도착하자마자 306호실로 끌려갔다. 기다리고 있던 두 명의 심문관은 보통 한국인들이 그렇듯 친절하게 자신을 소개했다. 곧 심문으로 들어갔는데 모든 것을 한국말로 쓰라고 했다. 그래서 전에는 해보지 않았던 한국말 쓰기를 16시간 동안 해야 했다.

"왜 목요일 아침마다 기도모임을 갖습니까?"

물론 그들이 모를 리 없는데도 질문을 하니, 나는 부당하게 수감된 친구들과 가족의 강건함과 안전을 위한 모임임을 설명했다.

"무슨 권리로 범죄자들의 석방을 위해 기도합니까? 정부는 그들을 범법자로 판정 지었습니다. 그런데 당신들이 무슨 권리로 기도나 그 외 다른 수단을 써서 그들을 감옥에서 빼내려고 하는 겁니까?"

심문관의 우두머리 격인 미스터 허는 분개했다. 그는 늘 적대적이었다. 또 다른 심문관인 미스터 윤이 내 친구의 역할을 맡았다. 질문 하나를 던지면, 나는 대답을 했다. 그러면 미스터 허가 불성실하다고 내게 화를 냈고, 나는 다시 다른 구실을 대야 했다. 미스터 허는 그것을 좋아하지 않았다. 그러면서 약간 질문을 변경하고, 나는 다시 답해야 했다. 이런 과정 중에 미스터 윤이 중재자 역할을 해서 대략 수용될 만한 답을 기록했다. 나의 마지막 자백은 나의 자유 의사에 달려 있다고는 했지만, 실제로는 미스터 허와 그가 내게 퍼부은 비참한 언사에 따라 쓸 수밖에 없었다.

"당신은 어제 기도모임에서 설교했죠. 도대체 뭐라고 했소?"

"성경에 있는 그대로 그리스도인은 사회에서 가장 가난하고 약한 사람을 섬겨야 한다는 말씀을 전했고, 그래서 사형선고를 받은 그 사람들을 위해서도 기도하자고 했습니다."

"인민혁명당원들이 죄가 없다고요? 당신, 공산주의자를 대변해서 말하고 있는 거요? 그렇소?"

"그들에 대해 정보부가 제시한 혐의에 증거가 거의 없고, 그들은 죽을 만한 범죄를 저지른 것 같지 않아서입니다."

미스터 허의 분노가 폭발했다. "그런 말 자체가 반공법에 위배되오. 그들이 공산주의자인 걸 당신은 설교 전에 이미 알고 있었습니까?"

정보부가 그들을 공산주의자라고 밝힌 것은 알고 있었지만 그들이 공산주의자인지 아닌지에 대해서는 모른다고 답했다. 이 답변이 오히려 미스터 허를 더 화나게 만들었다.

"정부의 결정에 감히 도전하는 거요? 그런 것은 정부가 정하는 것이지 당신이 아니잖소? 당신은 외국인이오. 이 나라에 우리 국민과 우리 문화를 모독하러 온 거요?"

"나는 아무도 모독하지 않습니다. 나는 한국과 한국인, 또 한국 문화를 존경합니다. 그 외엔 아무것도 없습니다. 당신 나라인 이 땅에 민주화가 일어나야 한다고 믿는 것 때문에 천여 명이 감옥에 있습니다."

미스터 허와 나는 국민의 권리에 관한 정부의 입장과 다른 나의 의견 때문에 서로 말씨름을 했다. 한 40여 분 정도 지나자 그가 주제를 바꾸었다. "어제 당신이 말한 후에 어떤 자가 기도했소. 그 사람이 누구며 뭐라고 했소?"

"내가 아는 모든 것을 당신도 알고 있지 않습니까? 박 목사님이라는 것뿐 그분의 이름은 모릅니다. 그 사람의 기도는 그의 담당이니 내 몫은 아닙니다. 그에게 물어보십시오. 내가 말한 모든 것이 그에겐 좋지 않을 거라는 걸 알고 있습니다."

미스터 윤은 한국 정보부에서는 그런 일이 전혀 없다며 내게 다짐했다. 그러면서 미스터 허에게 말한 내용은 비밀이 완전히 보장된다고 했다. 내가 멍하니 있으면서 답하지 않자, 미스터 허가 공책에 적힌 글을 읽었다. 그런데 그 내용은 박 목사님이 기도했던 내용 바로 그대로였다. "이게 그 사람이 한 기도 내용이오?"

"그 사람한테 물어보세요." 나는 대답했다. 그땐 몰랐는데 이게 그들의 방식이었다. 박 목사님은 내가 잡히고 약 두 시간 후에 체포되었다. 후에 우리의 자백 내용을 비교해 보니 둘 다 같은 건물에 잡혀 있었고, 나에게 했던 질문과 거의 같은 내용의 질문을 그에게도 했고, 여기서 말한 내용 모두 비밀이 보장된다는 언질도 똑같았다.

다시금 심문의 주제가 바뀌었다. 이번에는 한국에서 아는 모든 사람들의 이름과 주소와 관계를 적으라고 했다. 이미 정보부에 잡혀갔던 사람들을 통해서 이런 질문이 있을 거라는 예상은 하고 있었다. 내가 이름을 주면 정보부는 그 친구를 찾아가서, 내가 그들을 반정부 운동을 한 자로 비난했다고 말할 것이다. 그러면 그 친구는 더 많은 사람들의 이름을 제공해서 우리들의 신뢰는 망가질 것이다. 나는 한국에서 일했던 교회와 기관의 이름을 적었지만 사람 명단은 거부했다. 미스터 허는 열변을 토하면서 지독하게 굴었다. 미스터 윤이 그를 가라 앉혔다. 주제가 다시 공산주의에 관한 것으로 돌아가는데 심부름꾼이 방안으로 들어와 뭔가 미스터 허에게 말했다. 정보부 육 분과에서 온 것이라 나는 믿는다.

작은 체구의 사람이 큰 책상을 앞에 두고 앉아 있었다. 짙은 청색인지 아니면 흑색 양복을 입고 있었다. 날더라 앉으라고 했다. "미스터 오글, 나는 미스터 리라 합니다. 당신은 한국에 꽤 오래 있었군요. 그러나 분명히 한국에 대해 잘 모르고 공산주의에 대해선 아무것도 모릅니다. 당신은 반공법을 위배했지만 외국인이라서 관대하게 대우하고자 하오. 나는 당신이 기도해 준 그 여덟 사람이 진짜 공산주의자임을 증명하고자 하오."

미스터 리는 신문기사 내용을 그대로 반복했다. 그가 보여준 증거는 단지 북한 김일성의 연설을 복사한 것이 전부였다. 여덟 명 가운데 하채원이란 사람이 이 연설을 듣고 그것을 받아 적어서 다른 몇 사람에게 보여주었다고 하는 근거 없는 주장이었다.

그런데 뭔가 이상했다. '증거'를 보여준다던 미스터 리는 더 이상의 '증거'는 보여주지 않고 장광설을 늘어놓기 시작했다. "그 자들이" 그는 소리쳤다 "우리의 적이오. 우리가 그들을 죽여야 하오. 이게 전쟁이란 말이오. 전쟁에서는 기독교인들도 적이 될 수 있소. 이런 사람들을 우리가 죽이지 않으면 그들이 우리를 죽일 거요. 그러니 우리가 그들을 죽일 거요. 그들을 죽이지 않으면 나는 국립묘지에 가서 거기에 묻힌 모든 사람들 앞에서, 우리가 우리나라를 공산주의자들에게 팔아

먹었다고 고백할 수밖에 없소. 나는 미국에 가서 한국 전쟁에서 용사들이 헛되이 죽었노라고 말할 거요. 그들은 죽어야 하오!"

도대체 무슨 말인가! 미스터 리의 감정적인 독백은 내게 보여준 '증거'와는 거리가 멀었다. 그의 눈빛엔 살기가 돋았다. 그는 상상하기 어려울 정도로 감정이 격해 있었다. 후에 한 친구가 내게 말하기를 미스터 리는 형 선고를 받은 몇 사람과 10년 이상이나 개인적인 원한을 갖고 있다고 했다. 이제서야 복수의 기회를 얻은 것이다. 아마도 그래서였나 보다.

미스터 리와의 면접은 한 시간 정도 걸렸다. 나는 미스터 허와 윤과 함께 작은 감방으로 되돌아 왔다. 심문은 다시 시작되었다. 이번엔 1960년 이후로 내가 관계를 맺은 도시산업선교회에 관해서였다. 그들은 모든 것을 꼬치꼬치 물었다. 언제 시작했나? 거기엔 누가 있나? 목적은 무엇인가? 목사가 공장에서 일하는 이유는 무엇인가? 왜 노동조합에 협력하는가? 이외에도 다른 많은 질문에 대한 답을 적어야 했는데, 매번 참으로 힘이 들었다. 미스터 허는 내가 적은 첫 번째 답을 언제나 받아들이지 않았다. 앞서고 뒤서고 하면서 양측이 서로 수용할 만한 답을 얻어 종결할 때까지 계속 줄다리기를 했다.

새벽 1시가 넘었다. 미스터 허가 피곤했나 보다. 그는 미스터 윤에게 내가 기도해준 여덟 사람의 부인 명단을 만들라고 지시했다. 얼마나 자주 그들과 만나서 어떤 얘기를 했나? 그리고 미스터 허는 군용간이침대를 펴고 누웠다. 윤과 나는 한 두 시간 이상 계속 씨름했다.

마침내 우리도 지쳤다. 미스터 윤이 잠시 쉰 후 심문을 끝내자고 했다. "아침에 사과문을 써야 할 거요. 거기에 잘못한 점을 인정하고 다시는 하지 않겠다고 말이오." 그는 각서를 작성해서 나더러 서명하라고 했다. 그 내용을 보면, 첫째로 내가 여덟 사람이 공산주의자인 줄 모르고 그들을 위해 기도했고, 둘째로 앞으로는 모든 정부 시책에 복종하며, 마지막으로 다시는 간첩 여덟 명을 위한 기도나 대변하는 일을 결코 하지 않겠다는 것이었다.

이런 최후 통첩을 받은 때는 새벽 3시가 넘은 시간이었다. 미스터 윤은 한 두 시간 눈을 부친 후 나중에 얘기하자고 했다. 나는 야전 침대에서 코를 골며 잤다. 미스터 윤은 내게 카키 담요를 덮어주었고, 계속 잠을 자지 않았다고 했다.

아침 7시에 심문이 다시 시작되었다. 이 각서의 첫 번째 항목에 대해선 동의할 수 없다고 잘라 말했다. "당신이 쓴 이 말에는 그들이 공산주의자였음을 내가 알고 있다는 말이 됩니다. 나는 그런 것을 전혀 모릅니다."

그런데 웬일인지 허나 윤은 이 답변에 대해 더 이상 나를 괴롭히지 않고 정부 시책에 복종한다는 서약에 관한 그 다음 항목으로 넘어갔다.

"정부의 모든 시책과 모든 법을 복종해야 된다는 말입니까?" 내가 물었다.

"정책이오! 당신은 여기 외국인으로 있소. 그러니 정부의 모든 정책에 복종해야 합니다."

"그러나 너무 많은 시책이 있고, 그 중엔 동의하지 못하는 사안도 있습니다. 어떻게 모든 정책에 복종해야 한다고 말할 수 있습니까? 당신들도 그렇게 하지 않으면서 말이오."

허는 말처럼 펄쩍 뛰었다. "아니, 이 나라에 와서 우리 방식을 모독하는 당신은 대체 누구요? 당신은 외국인이란 말이오. 미 대사관이 당신을 도울 거라고 생각하지 마시오. 당신은 우리의 법을 위반하거나 벗어날 수 없소."

"나는 한국에서 15년 이상 살면서 한 번도 법을 어기거나 잡혀본 적이 없습니다. 한국 사람을 존경하고 당신 나라의 법을 기꺼이 지키며 살기 원하는 사람입니다."

그때 군복을 입은 키 작은 사람이 들어와서는 허에게 서두르라고 했다. 덕분에 나는 사과문의 두 번째 부분에 대한 서명을 피할 수 있었다. 세 번째인 여덟 명을 위한 기도나 설교를 하지 않겠다는 항목만이 남았다. 허는 기도 금지는 삭제할 터이니 그들을 대신해서 말하지 않겠다는 약속만을 하라고 했다. '그들을 대신해서 말한다는 것이 무엇인지' 를 놓고 실갱이를 하다가 마침내 내 설교에 그들에 관해 언급하지 않겠다는 문장에 서명했다. 다른 형태로 '말하는 것' 은 제한을 받지 않았다.

오전 11시경에 작은 군인이 되돌아와서는 나더러 함께 나가자고 했다. 그리고 중앙정보부 안보부 책임자 사무실로 데리고 갔다. 그는 미스터 리라고 자신을 소개했다. 미국에서 8년간 살았다고 했고, 미국인들을 꽤 잘 알았다. 나의 처지에 대해 유감을 표하면서도 나의 범법은 심각하다고 했다. "다시 공산주의자를 도우면, 당신을 투옥하거나 추방하겠소." 그리고는 나를 검정 차에 실어 집으로 보냈다.

정보부와 이런 마찰을 빚은 결과는 유쾌하지 못했다. 한 두 달 후인 1974년 12월 14일에 정말로 추방되었기 때문이었다. 당국은 내가 공산주의자를 도왔다거나, 도시산업선교회에서 일했다는 것 때문에 그 이유를 삼지 않았다. 대중을 속이기 위해서 다른 이유를 대었다.

1971년 봄에 나는 안식년을 맞아 미국으로 되돌아 왔다. 그리고 위스콘신대학교에서 국제노동법으로 박사 학위를 마쳤다. 친구의 연줄이 닿아서인지 서울대학교 상과대학에 산업관계 객원 교수로 초빙을 받았다. 그래서 1973년 봄에 대학에서 일하려고 한국에 다시 왔다. 교수들은 나를 환영했고 사무실도 마련해 주면서 첫 학기엔 두 강의를 맡아달라고 하였다.

정보부에 다녀온 지 몇 주가 지난 어느 날 아침, 나는 평상시처럼 강의를 준비하러 대학교에 갔다. 내 사무실은 콘크리트로 지어진 오래된 건물 이층에 있었다. 난방도 되어 있지 않아서 냉동실처럼 추웠다. 그래서 도서관을 이용하기로 마음먹었다. 거기는 더 따뜻할 것 같아서였다.

내가 밖으로 나오자, 큰 강물이 쏟아져 들어오는 듯한 소음이 귀청을 때렸다. 대학생들이 대학 본관으로 행진하며 지른 함성이었다. "박정희 물러나라" "독재정권 타도하라!" "비밀 요원 교정에서 물러나라!" "자유" "민주주의" 이렇게 외치는 구호들로 캠퍼스는 진동하였다.

제복을 입은 경찰들과 검은 재킷을 입은 요원들이 학생들의 행진을 막으려고 진을 치고 있었다. 교수 몇 사람이 학생들과 경찰 사이를 오가며 폭력을 피하는 방법을 강구하고 있었다. 그러나 그들의 노력은 쓸데없었다. 학생들은 막무가내였다.

어떤 징조도 보이거나 들리지 않았는데, 갑자기 경찰이 공격했다. 방망이를 가진 사람들도 있었지만 대부분 태권도 기술을 사용했다. 순식간에 학생들이 흩어졌고, 코피가 터져 얼굴이 피로 얼룩진 학생들이 생겼다. 몇몇 학생들은 의식을 잃고 땅에 쓰러져 있었다. 경찰들은 이런 학생들을 경찰차에 마구잡이로 실었다.

"학장실에서 교수회의가 있답니다." 한 동료가 귓속말을 해 주었다. 나는 순식간에 일어난 충격에서 벗어나려고 잠시 그 자리에 머물러 있었다. 학장실로 가고 있는데, 정보부 요원 같은 사람이 내 앞에 섰다.

"오글 박사입니까?"

"예"

"잠시 말씀 좀 나눌까요?" 그는 자신을 소개하지 않았다.

"괜찮으시다면 내 사무실로 갈 수 있어요. 춥긴 하지만 조용할 겁니다."

그는 긴 의자에 앉고, 나는 그 앞에 놓인 의자에 앉자, 그가 곧 말문을 열었다. "당신이 여덟 명의 간첩을 옹호하는 말을 하셨죠?"

"예, 체포되어서 정보부 본부에서 거짓 자백을 하도록 고문 받았던 여덟 명에 대해 기도했다는 이유로 심문을 받았습니다."

"당신이 법을 어기고 우리의 적인 공산주의자들한테 위로를 준 것을 아십니까?"

"나는 한국에서 15년을 살면서, 결코 법을 위반한 적이 없습니다. 나는 한국과 한국의 전통을 아주 귀하게 여기지만, 기독교 목사로서 언제든지 투옥된 사람들을 위해 기도할 권리가 있습니다."

그는 이 문제를 추궁하고 싶지 않아서인지 갑자기 화제를 돌렸다. "오글 박사님, 우린 당신이 도시산업선교회란 위험 조직에 연루되어 있는 것을 알고 있습니다. 그런데 어떻게 서울 국립대학교에 교수로 임명되었습니까? 당신이 이곳에서 일할 수 있는 합당한 비자를 갖고 있지 않다는 것도 알고 있습니다. 당신이 대학에서 제명되기를 주장하는 것은 아닙니다만…."

그가 말을 마치기 전에 사무실 문이 활짝 열리면서 매우 흥분한 학생 한 명이 들어왔다. 이미 이마에는 마른 핏자국으로 얼룩져 있었고, 왼뺨에서는 아직도 피가 흐르고 있었다. 그는 긴 의자에 앉은 남자를 아는 듯이 쳐다보더니, 한마디도 없이 재빨리 문밖으로 나갔다.

"저 사람을 압니까?"

"물론이죠. 내 학생 가운데 한 명입니다."

요원은 대화를 끝내려고 일어섰다. "시간을 내주셔서 감사합니다. 다시 만나죠." 그가 문을 나섰다.

며칠 후 아침 7시에 검은색 지프가 내 집 앞에 들어섰다. 검정 재킷 사나이들은 나를 지프에 태워 이민국으로 데려갔다.

"미스터 오글, 당신 비자와 거주허가가 잘못되어 있습니다. 선교사 비자를 갖고 계시는데, 그것으론 대학 교수 자격이 되지 못합니다. 우리 법을 어긴 거지요. 그러므로 한국을 떠나야 합니다."

"어떻게 그럴 수가 있지요? 서울대학교 상경대학에서 나를 고용했습니다. 그들은 내가 오기 전에 나에 대한 모든 걸 알았습니다. 그리고 수백 명의 선교사들이 한국에 있는 유치원에서 대학원에 이르기까지 여러 학교에서 가르치고 있습니다. 왜 내게만 유독 이런 벌을 주려는 겁니까?"

"우린 다른 사람에 대해 말하는 게 아니오. 단지 당신에 대해서인데, 법을 어겼단 말이오."

이것이 바로 내가 15년간 살았던 한국에서 추방당하게 된 사연이다. 정부는 내가 범법행위를 했다고 공적으로 발표하지 않았다. 대신에 내 비자에 잘못이 있다고 터무니없는 주장을 한 것이다. 이 거짓 주장은 물론 허위였다. 이런 허위의 배후에는 산업 노동자의 정의나 무고한 사람들을 위한 기도를 받아들일 수 없는 사고방식이 작용하고 있었다.

불행히도 이 이야기는 여기서 끝나지 않는다. 1975년 4월 8일 소위 간첩으로 몰린 여덟 명의 아내들은 서대문 형무소로부터 전화를 받았다. 다음날 아침 9시에 형무소로 오면 남편들을 볼 수 있다는 연락이었다. 그들은 한 사람씩 형무소 안으로 안내되었는데, 거기에서 남편의 시신을 인계받았다. 세 시간 전에 형 집행을 당한 남편들이었다.

6

육신

인혁당 사건 2

| **배경** |

이 글은 인민혁명당 간첩으로 지목되어 지독한 심문과 고문 끝에 결국 사형집행을 당한 한 남자의 이야기입니다. 형장의 이슬로 사라진 죄수가 저승에서 독자들에게 말하는 형식을 취해 역사를 조명한 허구이지요.

사건이나 사람 이름은 가상이나, 이야기 내용은 박정희 정권 당시인 1975년 4월 9일 인혁당 사건으로 사형집행을 당한 여덟 사람의 부인들과 중앙정보부에 끌려가 고문당했던 사람들의 간증에 근거한 것입니다.

저 상자에 담겨 있는 사람이 바로 납니다. 아니 내 몸이란 말이죠. 내 육신의 형체가 남아 있단 말이에요. 난 어제 일곱 명의 다른 사내들과 같이 형장의 이슬로 사라졌어요. 그들은 그처럼 우리를 죽이고선 우리 아내들에게 잔꾀를 부렸지요. 뭐라고 했는고 하니, 남편을 만날 수 있으니, 아침 9시까지 서대문 형무소로 오라구요. 그래 아내들이 찾아왔을 때엔, 우린 이미 저 세상 사람이 되어 있었습니다. 아내는 차례대로 형무소 안으로 들어갔는데, 거기서 엉성한 나무 관에 담긴 남편의 시신을 건네 받았죠.

그런데 내 경우 그들이 실수를 했어요. 원래 그들은 내 시신을 가족에게 넘겨줄 생각이 없었어요. 워낙 심한 고문과 몰매로 형체를 알아볼 수 없었거든요. 당국은 쉬쉬하며 숨기려고 했는데 누군가가 멍청이 짓을 한 거죠. 다른 시신처럼 내 시신을 유가족에게 넘겨주었답니다. 물론 형무소 당국이 실수를 깨닫고, 시신을 되돌려 받으려고 했어요. 그런데 이미 장례차에 관이 실려 있었어요. 장례식을 치르러 성당으로 향하던 참이었지요. 경찰이 와서 관을 못 움직이게 했어요. 아내랑 외국인 신부 몇 사람이 싸웠지만 어디 경찰한테 이길 수 있나요? 결국 내 시신은 화장터로 옮겨지게 되었습니다. 이제 내 시신이 연기로 화하겠구나 싶었지요.

내 나이 마흔 일곱이 되도록 한 세상 살았군요. 아니 육신이 나를 지켜 준 거죠. 난 꽤 건강하고 항상 강했어요. '양봉가'라고 부르죠. 꿀벌지기가 내 직업이었어요. 부친에게서 기술을 배웠지요. 그러나 육체적으론 고된 노동을 해야 했어요. 아내와 난 그저 평범한 시민이었지요. 자식도 셋 있구요. 집사람이 시장에서 과일 장사를 해서 번 돈과 합쳐 그럭저럭 생계를 유지하고 있었어요. 우리 집에서 다툼거리가 하나 있다면, 내가 토요일 밤마다 친구들과 술 마시러 나가는 걸 아내가 못마땅해해서 불평한 거였어요. 가끔 술 취해서 집에 들어오면 개망나니 짓을 했거든요. 솔직히 아내를 한 두 번 때린 적도 있어요. 지금 생각하니 참 미안해요. 그렇지만 그 외엔 별 일 없이 잘 살았어요.

1974년 어느 봄날 아침이었어요. 그날이 바로 우리의 삶을 송두리째 바꿔버린 사건이 있던 날이었어요. 여명이 오기 전인데 대문을 세게 두드리는 소리에 우린 잠을 깼어요. 문을 여니까 경찰관 두 사람이 말 한마디 없이 나를 밀어 제치고 집안으로 들어왔어요. 그들은 우리가 사는 작은 방 세 칸짜리 집을 샅샅이 뒤지면서 아수라장을 만들었어요. 모든 게 뒤죽박죽이었죠. 내가 가지고 있던 책과 라디오를 가방 속에 넣더라구요. 뺏어 간 거예요. 그리고 저더러 옷 입으래요. 잠시 다녀올 데가 있다구요. 그러면서 가족에겐 아무에게도 말하지 말라고 하였습니다. 어기면 내가 더 어려움을 당할 거라고 엄포를 놓으면서요.

"무슨 일입니까? 뭔지도 모르는 일에 왜 나를 끌어들이는 거요?" 검정 경찰차 안 내 옆에 앉은 경찰에게 물어보다가 얼굴만 세게 얻어맞았어요. "입 닥쳐, 이 쓰레기 같은 놈아!" 눈가리개를 하고 있었기 때문에 어디로 끌려가는지 종잡을 수 없었는데 어떤 철문 앞에서 멈춘 것을 짐작할 수 있었어요. 철문이 열리는 소리, 운전사와 수위가 나누는 대화를 엿들을 수 있었거든요. 그리고 몇 분 동안 계속 자동차가 움직였어요. 차가 멈추자 나를 끌어내리더니 어딘가에 데려 갔어요. 그때서야 내 눈가리개가 벗겨졌어요. 완전히 텅 빈 방안에 나 외에도 두 사람이 더 있더군요.

"이름이 무엇인가?"

"어디서 사는가?"

"직업이 무엇인가?"

"친구들과 이웃 사람들은 누구인가?"

"라디오에서 무엇을 듣는가?"

"왜 양봉가가 그다지도 많은 책을 읽는가?"

속사포처럼 많은 질문을 받았어요. 아는 대로 잘 답변하려 했지만 도대체 어찌 된 영문인지 몰라서 갈팡질팡했어요. 악몽도 이렇지는 않았어요.

"토요일 밤마다 누구랑 술 마셨어?"

몇 사람 이름을 댔는데, 모희봉이란 이름이 나오자 두 심문관이 만족스런 표정을 짓더군요. 이것이 모희봉에 대해 언급한 전부였지요. 그 사람에 대해서 아는 게 있어야지요. 토요일 밤 모임에 가끔 나오는 친구의 친구였어요. 심문관에게 그 사람에 대해 아는 것이 없다니까 나를 때려 바닥에 쓰러뜨렸어요.

"일어나. 다시 시작하자." 한 사람이 손을 내밀어 일으키면서 볼펜을 내 손가락 사이에 넣더니 쥐어짜더라고요. 너무 아파서 그만 하라고 애걸하다시피 했어요.

그는 그만 두더니 차분한 목소리로, "다시 한번 잘 생각해봐."

그러면서 내 왼쪽 귀에 대고 훽 하고 불어대니까, 폭발하는 것 같은 소리가 들리더니 더 이상 아무 소리도 안 들렸어요. 그때부터 왼쪽 귀로는 들을 수 없게 된 거죠. 난 바닥에 쓰러졌어요.

"잠시 누워서 생각해봐. 조금 후에 되돌아올 테니 그때 더 말하자."

난 바닥에 누워서 모희봉에 대한 수수께끼를 풀어 보려고 했어요. 또 경찰이 왜 나를 그와 연루시키는지 알고 싶었지만 아무리 생각해도 아무것도 감이 잡히지 않았어요. 나는 모에 대해서 어디서 살고 무엇을 하는지도 모를 정도로 알지 못했습니다. 고막에선 대포 소리처럼 진동이 울려왔어요.

난 한 30여 분 그대로 누워 있었어요. 전에 나를 심문한 두 사람과 함께 또 다른 사람이 들어왔습니다.

"자, 다시 처음부터 시작하자. 모희봉과 최영삼을 얼마나 오래 알고 있었나?"

"난 모라는 사람과는 만난 지는 몇 개월 되었는데 단지 술집에서 만입니다. 그것도 어쩌다 만났습니다. 최영삼요? 그런 이름은 들은 적 없습니다."

"언제 인민혁명단에 가입했나?

"뭐라고요? 난 그런 명칭을 들은 적이 없습니다. 어떤 정치적인 단체에도 가입한 적이 없습니다." 세 번째 사람이 갑자기 내 발을 밑에서부터 걷어찼어요. 일어서려고 하자 다시 주먹으로 치고 무릎으로 잽싸게 치니 뒤로 빙 돌면서 쓰러졌지요. 차라리 죽고 싶은 마음만 들더군요. 그런데 그 사람이 쓰러져 있는 내게 오더니 오줌을 싸더라고요. 내 얼굴 위에다가! 너무 화가 나서 일어나서 그의 면전을 주먹으로 때렸어요. 뼈가 부스러지는 소리가 들리더라고요. 그 사람이 쓰러졌어요. 싸우면 내가 그 자를 이길 수 있지만, 나머지 두 사람이 그냥 있겠습니까? 그들은 나를 붙잡아서 맞은 남자가 일어나 나를 흠씬 두들겨 패게 하더군요. 결국 난 의식을 잃었습니다. 어둡고 축축한 감방에서 깨어났을 때 내 육신은 만신창이였어요. 고통과 치욕과 두려움에 싸여 깊은 신음만 나왔습니다. 서럽게 울고 또 울어도 왜 이런 누명을 뒤집어 써야 하는지 이유를 찾을 수 없었습니다. 단지 모희봉과 모종의 정치 단체가 이 문제에 관련이 있다는 점만은 어렴풋이 알 것 같았습니다. 그들이 원하는 실마리라도 가지고 있다면 그것을 말하고 이곳을 빠져나가고 싫기만 했습니다.

문이 열렸습니다. 그들은 날 감방에서 끌어내 질질 끌고 이전에 왔던 방으로 왔어요. 그런데 이번엔 의자 두 개와 책상이 놓여 있었습니다. 새로운 사람이 책상을 앞에 두고 앉아 있더군요.

"미스터 리, 의자에 앉으시오. 어젯밤 당신이 당한 난폭한 행동에 대해 대신 사과하오. 그건 오해에서 나온 것이오. 당신은 지금 우리가 매우 심각한 간첩 사건을 다루고 있는 줄 알고 있다고 보오. 우린 당신 친구라는 모희봉이 핵심 간첩인 줄 알고 있소. 그래서 우린 진실을 알고 싶소. 그렇게만 되면 당신을 집으로 보내줄 수 있소."

'참 좋은 말이구나!' 마침내 제 정신들이 들었나보다라고 생각이 들더군요.

"내가 아는 것을 모두 말하고 또 할 수 있는 한 돕겠습니다."

"좋소. 그럼 모희봉에 대해 말하시오."

난 그에 대해서 내가 아는 것 모두를 세세히 설명하기 시작했다. 그리고 심문관이 듣기 원하는 내용도 만들어 보탰다. 한 이분 동안 이렇게 설명하자, 그자가 "아주 좋소. 우리가 알기 원했던 내용이오. 자 그럼 당신이 한 말 모두 이 종이에 쓰시오."

난 내가 아는 모든 것에다 덤으로 보태서 그들의 마음을 사려고 했습니다.

"모든 게 아주 좋소. 이제 인혁당에 대해 당신이 아는 바를 쓰시오."

"그러나 난 그것에 대해선 아는 게 없습니다. 그런 것에 대해 어제까진 들어보지도 못했습니다."

"미스터 리, 사실 규명을 돕겠다고 약속하지 않았소. 그런 태도는 우리 모두에게 이롭지 않아요. 생각해 보고 다시 얘기해 봅시다."

다시 감방으로 되돌아왔는데 너무 춥고 어두워서 상처의 아픔이 심해졌어요. 어떻게 하나? 여하튼 인혁당에 대해서 좋아할 만한 말을 꾸며야 될 것 같았어요. 이런 충동이 문이 열리자 더 생겼어요. 어제 본 세 번째 사람이 들어왔어요.

"어제 우리 상관에게 네가 불평한 것을 들었다. 이 괘씸한 반역자야, 네가 강하다고 생각하겠지? 나와! 당장 맛 좀 봐야겠구만."

그는 내가 더 이상 고통을 느끼지 못할 정도로 의식을 완전히 잃을 때까지 마구 때렸습니다.

얼마나 누워 있었는지 전혀 모르겠는데 다시 의자 두 개가 놓인 방에 와 있더군요. 책상 앞에 앉았던 사람이 아주 부드럽고 친절한 말로, "어제 간수가 당신에게 질문하기 위해 들어왔을 때 그 사람을 때렸소? 미안하오. 이처럼 매를 맞았다니 말이오. 그러나 당신의 경거망동을 간수가 참을 수 없었음을 이해하기 바라오. 지금부터 사실을 밝혀봅시다. 그럼 여길 나갈 수 있소. 인혁당에 대해서 말해 주시오."

머리가 팽팽 돌았다. 아무것도 모르는데 어떻게 말을 만든담! "모희봉과… 또 다른 사람 이름이 뭐라고 했죠? 아, 예. 최영삼요. 그들이 몰래 만나서 다른 사람을 인혁당에 가담시키려고 했어요."

"계속하시오. 몇 사람이나 있었소. 북한과는 접선을 얼마나 했소? 일본으로부터 자금을 받았소?"

"그건 모릅니다. 아마 백여 명 정도일 거요. 그리고 그 나머지는 모릅니다."

"좋소, 미스터 리. 당신에겐 좀 더 생각할 시간이 필요한 것 같구만. 그러나 내가 당신에게 유일한 희망인 것을 염두에 두기 바라오. 난 시간이 많은 사람이 아니오. 수일 내에 사실 전체를 내게 말하지 않으면 없는 것으로 치고 당신이 첫날 만났던 그 세 사람에게 다시 넘겨주겠소."

다시 감방에 보내졌습니다. 이번엔 옆방에서 들려오는 신음과 절규에 내 오장육부가 떨렸습니다. 생각을 모았습니다. 그 남자를 만족시켜야 한다. 그런데 어쩐담? 뭐라고 말을 만들지? 인혁당에 대해 아는 게 있어야 만들어내지! '너 인혁당이 북한과 조총련과 관련된 건 알지? 또 모희봉과 다른 자들이 아마 모종의 정치 데모 주동자인지도 모르지. 그렇게 말하면 그자들 만족하겠지 뭐.' 자문 자답했습니다.

시간이 지나고 또 흘렀습니다. '만일 그 책상 앞에 앉았던 자가 경질되었으면 어떻게 하지? 내가 이 세 남자를 또 만나게 되면 어쩌나? 오! 주여, 도와주세요. 너무 늦으면 안 되는데!'

감방 문이 열렸습니다. 며칠 동안 매를 맞지 않아서인지 내 스스로 걸어나갈 수 있었죠. 다른 감방을 지나는데, 나를 향한 멍한 눈동자들만 소리 없이 나를 쫓아오더군요. 내가 심문실 문을 열고 들어가는데 심장이 뛰었습니다. 아, 그 남자가 있는 게 아닙니까.

"잘 잤소? 미스터 리. 많이 좋아 보이는군. 커피 한 잔 하겠소?"

"예." 나는 커피를 조금씩 마셨어요. 맛이 참 좋더군요. 한 두 모금 마신 후 난 고맙다고 인사까지 했습니다.

"시간이 많지 않으니, 자 본론으로 들어갑시다. 이제 인혁당에 대해 아는 모든 걸 적을 준비가 되어 있소? 시간은 원하는 대로 드리겠소.

이 책상을 사용하도록 해요. 난 잠시 나갔다 와야 하니까."

난 썼어요. 내 생각이 더 분명해지는구나 싶더라고요. 난 그들이 한 질문에 대해서 할 수 있는 대로 구색을 맞추어 썼습니다. 전처럼 거짓 내용을 꾸며서 여기 저기 삽입하면서요.

그 남자가 되돌아왔어요. 그는 의자에 앉아 내 글을 읽더니, "아주 좋아, 미스터 리. 바로 우리가 원했던 내용이야. 자 그럼 여기 이 밑줄에 서명하고, 그 아래에 손도장 찍어야겠소." 난 서명했어요. 그러자 그는 일어나서 나가버렸어요. 그 이후론 그를 보지 못했습니다.

조용히 며칠이 지났어요. 한 두 번 감방 밖에 나가는 것은 운동 시간뿐이었습니다. 그런데 아무 설명도 없이, 어느 날 아침 난 한복 한 벌을 받았어요. 새 옷으로 갈아입고 버스에 올라탔습니다. 거기엔 사람들로 가득 차 있더군요. 우린 법정으로 끌려갔습니다. '이제 모든 게 끝나겠구나. 책상머리에 앉아 있던 그 남자가 내 무죄를 증언해 주겠지. 풀려나 마침내 집에 갈 수 있겠구나.' 나는 이 생각만 들었습니다.

사람들의 이름이 불리고, 그들의 죄목이 낭독되었습니다. 내 이름이 불리자, 난 일어섰습니다. 그리고 들었습니다. "이상신, 대한민국 정부 전복 음모죄." 그리고 내 진술서라고 하면서 내가 적었던 그 모든 내용을 낭독하더니 이렇게 선언했습니다. "이상신에게 사형을 선고한다."

"아뇨, 아닙니다." 난 소리쳤어요. "난 아무것도 모릅니다. 속았어요. 그렇게 쓰라고 고문당했어요. 아뇨. 난 하지 않았어요." 내 말이 채 끝나기도 전에 난 교도관들에게 끌려나갔습니다.

그 이후 얼마나 살았는지 모르겠습니다. 시간은 내게 아무 의미가 없었거든요. 그 세 번째 남자가 나를 홀로 놔두지 않았어요. 그는 모든 가능한 방법으로 나를 때렸습니다. 한때 건장했던 내 몸이 쪼그라들었어요. 그리고 결국 나는 형장까지 간 거죠. 그들 말대로 내 다리는 축 늘어졌어요.

난 아직도 내가 왜 형장에서 죽어야 했는지 그 이유를 모릅니다. 왜 내가 그 못된 음모에 걸려들었는지 말이에요. 그 모희봉이란 자와는 한 두 번 술 마신 죄밖에 없습니다.

모든 것이 저주스러웠습니다. 양봉쟁이로서 난 평범하게 내 삶에 만족했었습니다. '책상머리 그 자, 앉았다 일어날 때마다 문짝에 면전을 다쳤으면!' '벌들이 세 사나이 생식기를 꼭 쏘았으면!' 내 마음은 저주로 가득 차 있었습니다. 그들은 운동 삼아 나에게 폭력을 가했습니다. 오후 네 시경까지 한 시간 정도 나랑 또 몇 사람을 고문하는 걸 재미있어 하더군요. 전기 막대기로 고환을 찌르면, 난 너무 고통스러워 소리를 지르지 않을 수 없었습니다. 5시경, 그들은 죽은 내 육신을 다시 한번 확인하고, 자기 집으로 가서, 저녁 먹고, 자식들과 놀다가 아내랑 잠자리에 들더군요. 내가 그자들의 고문을 받고 엄청나고 지독하게 고통당할 때, 한동안 나도 즐겼던 그 평범한 삶을 그들은 즐기더군요.

찻집

인혁당 사건 3

| **배경** |

한국 정부로부터 추방당하고 10년 동안 나는 한국 방문을 할 수 없었습니다. 그러다가 1984년, 한국 감리교회의 백주년 기념 행사에 참석할 수 있도록 일주일 체류가 허락되었지요. 그때 미세스 우를 잠시 만날 수 있었습니다. 그 부인의 남편은 1975년 4월 9일 사형 당한 여덟 명 가운데 한 사람이었습니다. 다음은 우리의 만남에 대해서 입니다.

난 미세스 우보다 먼저 찻집에 도착했다. 계속 문가를 바라볼 수 있도록 앞쪽에 자리를 잡았다. 그녀는 늦게 도착했다. 기다리는 30분이 그처럼 초조할 수가 없었다. '내 전갈을 못 받았나? 내가 다른 찻집에 앉아 있는 것은 아닐까? 아직도 누군가가 그녀를 따라다니나?'

오른쪽 새끼손가락에 낀 금반지를 들여다보면서, 내가 추방당하던 바로 그날인 1974년 12월 10일 오후를 회상했다. 내가 강압에 의해 집에서 나와 김포공항으로 향하던 그날, 경찰 한 분대가 우리 집 뜰 입구를 차단했다. 그 차단선 너머는 나를 지지했던 사람들로 에워싸여 있었다. 내가 검정 지프 쪽으로 걸어가고 있는데, 어떤 사람이 내 손에 작은 금반지를 쥐어주면서, "이것은 미세스 우가 주는 거예요."라고 했다. 나는 그것을 받아 내 새끼손가락에 끼웠다. 미세스 우는 내가 아는 사람도 하나 없는 일본에, 돈도 없이 비행기에서 내리게 될 거라고 생각했다고 한다. 그래서 그녀의 금반지를 일본 돈으로 바꾸라고 내게 준 것이었다. 사실 나는 일본에 도착했을 때 비행기에서 내리지 못하였다. 한국 정보부는 비행기가 로스앤젤레스에 도착할 때까지 나를 기내에 계속 앉아 있게 했다.

미국에 도착한 후, 즉시 미세스 우에게 남편이 풀려날 때까지 반지를 끼고 있겠다는 편지를 썼다. 그러나 그날은 오지 않았다. 4개월 후인 1975년 4월 9일에 우홍선과 다른 일곱 명은 형장의 이슬로 사라졌다. 그 반지를 아직도 끼고 있었다.

갑자기 문이 열리고 미세스 우가 서둘러 들어왔다. 그녀는 지치고 피곤해 보였다. 나는 얼른 일어나서 그녀 앞으로 걸어갔다. 우리는 둘 다 말이 없었다. 서로 얼싸안고 가슴속에 밀려오는 추억으로 눈물만 글썽거렸다. 찻집 안의 모든 시선이 우리에게 쏠렸다. 그들은 젊은이들이라서 미세스 우와 내가 경험한 그런 일들을 알 턱이 없었다. 그녀의 남편이 억울한 죽음을 당하고 어언 10년이 지나갔다. 그 10년 동안 군사정권은 1974년과 1975년에 있었던 그 끔찍한 사건과 관련된 모든 내용들을 감추었다. 10년이면 강산도 변한다고, 새 세대가 그런 사건을 기억할 만한 때는 지났나보다.

나는 그녀의 팔을 잡고 내가 앉았던 장소로 인도했다. 차를 주문하고 서로 가족의 근황을 물었다. 그녀는 내 아내인 도로디에 대해 궁금해했다. 나도 그녀와 아이들이 지난 10년간 어떻게 지내왔는지 물었다. 서강대학교에 계신 예수회파 바질 프라이스 신부님이 그녀의 일자리를 주선해 주었다고 했다. 자연스럽게 다른 일곱 명의 부인과 가족에 관해 대화가 이어졌다. 그들이 당한 고충을 들을 수 있었다. 어린 자녀들은 아버지가 공산당이라는 조롱과 비웃음을 당해야 했다. 나이든 자녀들은 사형수의 가족이라는 딱지가 붙어서 일자리나 배우자 구하기가 어려웠다. 그들을 위해 나서서 도와주는 사람들도 없었다. 미세스 우나 나는 그 죽음에 대해선 이야기하고 싶지 않았고, '다른 방도는 없었던게 아닌가?' 라는 질문도 할 수 없었다. 그런 얘기를 한다는 게 마치 귀신 장난 같아 보였다. 미세스 우는 또 다른 일거리를 구해야 한다고 했다. 지금 자녀들이 대학에 다니고 있으므로 수입이 더 필요했다. 우린 다시 서로 껴안고 인사를 한 후 헤어졌는데, 서글픈 재회였다. 앞으로 몇 년간 그녀를 다시 볼 수 없을 것이다. 그녀가 떠난 후 나는 찻집에 그대로 남아 있었다. 생각하고 싶었다. 나는 그녀의 남편이 사형을 당한 그 다음날 그녀가 썼던 시의 영어 번역본을 갖고 왔었다. 그것을 보여줄 생각이었는데, 감히 옛일을 떠올리게 할 용기가 없었다. 홀로 남아서 그것을 꺼내 다시 읽어보았다.

어디로 가야 하나요?
어디로 가야 하나요?
이제부터 언제 다시 당신을 만날 수 있습니까?

당신은 늘
아침이면 집 떠나
저녁이면 돌아왔지요.
언제나 내게 돌아왔었지요.

잠간의 이별이 내게는 너무 길어
당신이 돌아올 때까지 시간을 재곤 했었는데.

어디로 가야 하나요?
어디로 가야 하나요?
이제부터 언제 다시 당신을 만날 수 있습니까?
지난 봄 갑자기
당신은 이유 없이 끌려갔지요.
봄이 지나고 여름이 오고, 가을도 지나갔어요.
당신이 돌아올 표시는 보이지도 않는데.

긴 겨울 내내, 봄이 오기만 기다렸어요.
봄이 오면, 당신을 분명히 볼 거라며
기쁨의 그날 꿈꾸면서요.

지금은 박탈당한 그 꿈
고통의 느낌마저 거절당한 채
당신을 기다렸던 그 고통을.

당신은 나의 삶의 전부였어요
봄이 오면
살 용기를 주던

사랑하는 당신이여!
당신 옆에 오히려 눕고 싶어요.
고문에 으스러진 손을 붙잡고
꼭, 꼭, 미소로 붙잡고

당신 옆에 오히려 눕고 싶어요.
평화로이, 평화로이, 그리고 조용히.

나는 찻집을 나와, 상념에 잠겨 하릴없이 마냥 밤길을 걸었다.

그날 밤, 나는 꿈을 꾸었다. 강에서 수영을 하고 있었다. 내 앞에는 거인 한 명이 서 있었는데, 한 발은 오른쪽 강둑에 있고, 다른 발은 왼쪽 강둑에 있었다. 그는 분명히 악마를 뜻하는가 싶었다. 도망칠 길이 없었다. 강물 속 깊이 들어가 그 발 사이로 도망칠 생각이었는데 내 팔과 가슴에 칼이 박히는 것을 보고 또 느꼈다.

그리곤 장면이 바뀌었다. 네 사람이 하얀 천으로 덮인 시체를 운반하고 있었다. 그들은 그 시체를 작은 회색 방으로 운반했다. 거기엔 여덟 명의 다른 시체들이 반원형으로 놓여져 있었다. 그 사람들은 그들 옆에 지고 온 시체를 내려놓았다. 그런데 오른쪽 새끼손가락에 낀 금반지가 보였다.

8

어쩔 수 없는 탈출

탈북자의 고난

| 배경 |

국제사면위원회는 1995년과 1996년에 러시아에서 불법체류자라는 이유로 어려움 당하고 있는 북한 난민에 대한 정보를 수집하고 있었습니다. 그들은 북한으로 돌아갈 수 없었으며, 대한민국에 난민으로 오기에도 큰 장애가 놓여 있었습니다. 남자들 중 일부가 시베리아의 벌목 현장에서 인부로 일을 하다가 러시아에 왔습니다. 어떤 사람들은 북한을 몰래 탈출하여 중국을 통해 러시아로 왔습니다.

국제사면법에 의해 디드릭 로만(Diedrick Lohman)이라는 분이 북한 난민들을 인터뷰하는 일에 필자는 통역자로서 모스크바를 두 차례 방문했습니다. 이 인터뷰가 이 글을 쓰게 된 동기입니다. 이 글에 나오는 두 주인공 가운데 한 사람은 벌목 현장에서 노동자로, 또 다른 사람은 북한을 탈출해 중국을 거쳐 러시아까지 온 사람입니다. 여기 나오는 모든 인명과 북한의 지명은 허구입니다만, 인물과 사건 모두의 역사적 배경은 꽤 있음직합니다. 등장 교회 또한 허구이지만, 이야기에 등장하는 처소마다 한인교회가 존재하고 있는 것은 사실이고요. 그리고 이런 교회들이 블라디보스토크에서 모스크바에 이르기까지 북한 난민을 돕는 중심적인 역할을 했습니다.

이 글이 쓰여질 때까지 북한은 남한과 경쟁하고 있었습니다. 공산주의 동맹 관계에 있던 나라가 급격한 변화를 겪으면서 북한을 지원할 수 없던 때였습니다. 거의 반세기 동안 조선인민공화국을 이끌었던 김일성 주석이 1994년 사망했고요. 그 다음해에는 전례가 없었던 홍수가 났고, 매년 홍수와 가뭄이 계속되었습니다. 몇 년간 계속된 기근으로 수백만 명의 북한 주민들이 목숨을 잃었고, 심각한 경제 퇴보를 가져왔습니다.

1987년 남한에서는 20여 년 간 지배해오던 군부독재가 종지부를 찍었습니다. 1987년에 있었던 대통령 선거에 세 명의 후보가 출마하여 또 다른 군부 출신이 당선되기는 했지만, 민주적인 개혁을 이루지 않으면 안될 사회 정황이었습니다. 시민은 구속에 대한 두려움 없이 평화와 통일에 대한 시제를 논할 수 있게 되었지요. 그리고 1998년에 반체제 인사로 알려졌던 김대중 씨가 대통령에 당선되었습니다. 김 대통령은 대립과 견제 대신에 북한도 참여하는 화해와 공존의 '햇빛 정책'을 발표하였습니다.

그러나 통일과 평화는 쉽게 이루어지지 않습니다. 한반도를 둘로 나누었던 힘은 깊고도 세기 때문이겠죠. 다음의 이야기는 두 명의 북한 출신자들의 삶을 통하여 동강난 한반도의 모습을 조명합니다. 이미 앞에 나온 이야기들을 통해서 평범한 사람들이 역사를 만들어 나가고 있음을 볼 수 있듯이, 이 단편에 등장하는 두 명의 탈북자들의 삶을 통해 '보통사람들'이 미래를 창조하는 데 중요한 역할을 하고 있음을 보여주고 싶습니다.

윤송남

원하지 않았던 탈출

이미 모든 것이 끝장난 것을 알면서도 어찌 할 도리가 없었다. 나는 나뭇가지를 집어 그의 머리를 내리쳤다. 그는 쓰러졌다. 그는 죽지 않았지만 나는 곧 죽을 것이다.

나는 북조선의 소천이라는 작은 마을에서 살았다. 우리 마을에는 열 다섯 가구가 살고 있었다. 마을 사람들은 공동으로 가축과 기구들을 건사했다. 우리가 경작했던 토지는 당의 소유였고, 우리는 함께 일하도록 조직되어 있었다. 각자에게 분담된 정규적인 일들을 하면서도 특별한 일이 생기면 공동부락 지도자의 임명에 따라 추가로 더 일해야 했다. 이른 봄이었다. 우리 세 사람이 논에 물을 대는 데 필요한 관개수로 공사를 맡았다. 힘든 일은 아니었지만 주의를 요하는 작업이었다. 잘못하면 물이 측면 제방을 뚫고 흘러가 아래쪽 논에 피해를 줄 수 있기 때문이었다. 관호경과 나는 이런 일들을 이미 수 차례 한 경험이 있었다. 반면에 이 일의 책임자인 박주원은 육체 노동을 잘 모르는 골수 당원이었다. 그러나 그는 책임자였다. 그가 하는 일이란 우리 둘에게 명령하고 그의 요구대로 일이 되지 않을 때 우리를 못살게 구는 것이었다.

나의 부모님은 두 분 다 공산당원이었다. 그들은 일본과 미 제국주의에 대항하여 싸우셨다. 내가 아주 어렸을 때부터 모두가 평등하게 살 수 있는 정의로운 사회 건설을 위해서 영도자 김일성의 지도를 받으며 헌신한 사람들의 영웅적인 이야기들을 들려주셨다. 남한과 일본의 백성은 모두가 평등하게 살지 못한다고 난 교육을 받았다. 대중은 가난에 찌들려 있는 반면에 부자들은 사치스럽고 호화롭게 산다고 배웠다. 그러나 북조선에는 그런 빈부의 차이가 없었다. 모두가 평등하게 살도록 당에서 확인하였다. 모든 사람은 각자 임무와 권리를 가지고 있었다. 이 세상에서 진정한 민주주의 사회는 바로 우리나라 하나밖에 없을 것이다. 나는 열 네 살에 청소년 사회주의 노동연맹에 가입했고 그 후 당에 입당하였다. 이 나라가 아직은 완전한 사회주의에 이르지 못한 점을 알지만 당을 사랑하였다. 계급차별이 없다는 사회집단에서 박과 같은 비열한 인간이 지위를 갖는 것을 보면서도 당을 사랑하였다.

"관 동무, 수문을 열어 물을 내려보내." 박이 명령했다.

"안돼요." 나는 소리쳤다. "아직 안돼요! 아래쪽의 수문은 불어나는 물을 감당하지 못해요. 제방이 무너질 겁니다."

박은 나의 경고를 무시했다. 그는 다시 관에게 수문을 열라고 명령했다. 물은 역류했고 이어 제방이 무너졌다. 물은 무너진 제방의 흙을 휩쓸고 언덕 아래 논으로 쏟아져 내렸다.

"지금 무슨 짓을 한 거야. 이 멍청한 녀석아!" 박은 관에게 사납게 소리쳤다. "윤 동무가 수문을 열지 말라고 한 말 못 들었어?"

"그렇지만 박 동무가 열라고…."

"입 닥쳐, 개자식아, 마을위원회에선 이 일로 너를 징계 처분할 거다. 내가 극심한 처벌을 요구하겠다."

"말도 안돼요, 만약 처벌을 받아야 한다면 그건 바로 박 동무입니다." 나는 황급히 관을 옹호했다. "당은 우리에게 함께 일하고 책임은 모두 같이 지라고 가르쳤어요. 우리 셋 모두가 실수를 했다고 고백합시다."

"윤 동무는 빠져. 너는 이상주의자야! 당은 상관에게 복종하도록 가르쳤어. 그런데 네가 지금 반항해? 어서 일이나 해!"

관과 나는 유실된 제방을 보수하게 되었다. 위쪽의 수문을 닫는 것은 어렵지 않았다. 그러나 보수공사에 필요한 돌과 흙을 나르는 데 시간이 걸렸다. 박 동무가 마을에 있는 사무실을 오가는 동안 우리는 점심도 먹지 못하고 일했다. 해질 무렵 일을 끝내고 마을로 돌아가는 길에 박 동무를 만났다.

"뭐 하는 거야? 왜 일을 안 해?" 박 동무가 소리를 질렀다.

"어두워졌잖아요." 나는 박 동무의 말을 가로막았다. "그 동안 쉬지 않고 일했어요. 게다가 오늘은 할 일이 더 없어요. 내일 일찍 와서 작업하려고요."

"우리 집단부락에서는 당 간부가 그만두라고 할 때까지 일하도록 되어 있잖아. 당의 지시대로 따라야 한다. 내가 그만두라고 할 때까지 일 계속 못해. 개새끼 같으니… 넌 당 간부보다 네가 더 잘났다고 보나?" 그는 흥분했다. 눈에서는 불똥이 튀었다. 이런 욕지거리로도 분이 풀리지 않았나 보다. 주먹을 휘둘러 나의 코를 정면으로 때렸다. 난 뒤쪽으로 비틀거리면서 땅에 떨어진 나뭇가지를 보았다. 나뭇가지를 집어들어 박 동무를 내리쳤다. 이 한순간의 유쾌한 격분이 내 인생을 영원히 파괴시키다니! 그 짧은 순간에 내 생각은 수천 번이나 오갔다. 왜 자제하지 못했을까? 그렇게 폭력적인 사람이 아닌데. 나는 근면한 사람으로 호평받고 있었다. 박 동무가 비록 잘못했지만 그와 싸움하는 것보다 더 좋은 방법이 있는 것도 잘 알고 있었다. 내가 매맞고 쓰러진 것을 당에 고발했다면…. 희망사항일 뿐 이미 일이 터졌으니 어쩌랴! 박 동무는 기절한 채였다. 난 어려움에 봉착한 것을 금세 알아 차렸다. 당 간부를 때렸으니 심각한 범죄를 저지른 것이었다.

재빨리 집으로 달렸다. 전에도 비슷한 상황을 본 적이 있었기에 아내에게 할 말도 정확히 알고 있었다. 아내는 부엌에서 저녁 식사를 마련할 시간이었다. 여느 때처럼 보리밥에다가 김치와 도라지로 저녁 먹을 준비로. 두 살과 세 살배기 아이들이 마당에서 놀고 있었다.

나는 부엌으로 달려들어가 급히 일어난 얘기를 전하면서 말했다. "바로 마을 지도자 동지에게 가서 자아비판을 해. 인민의 적인 반당주의에 영향을 받았다고 말이오. 그리고 나와 결혼을 잘못했으니 즉시 이혼을 원한다고 말해. 당장 적어서 도장 찍어 반장에게 갖다 드려, 당장! 저녁 식사 이후로 미룰 일이 아냐."

아내는 전에는 꽤 미인이었다. 그러나 들판에서 오래 일하고, 많은 시간을 당에서 봉사하고, 거기다가 나와 두 아이까지 돌보느라 여위고 초췌해졌다. 피곤에 찌들어서인지 내 말뜻을 잘 헤아리지 못했다. 그녀의 입술은 두려움에 떨었다. "왜 박 동무를 때렸어요? 이제 어떻게 해? 어디로 갈 거예요?"

"나도 몰라, 그러나 어디론가 피신을 해야지. 아무에게도 얘기하지 마. 당신이 서둘러 행동하지 않으면 당신과 애들 모두 함경북도로 끌려가 거기서 고생할지 몰라. 지도자 동지가 당신의 공개 비판을 받아들이면 당신과 애들은 여기서 살 수 있어."

내 운명은 이미 결정되어 있었다. 도주를 하든가 아니면 감옥에서 중노동을 하며 고통스럽게 살아야 하는 운명! 당 간부를 때렸으니 중대한 범죄였다.

나는 마지막 눈길을 아이들에게 주었다. 아내에게는 회한의 미소를! 급히 주먹밥을 만들어 마른 생선과 무를 가지고 문밖을 나섰다. 다시는 아이들과 아내를 보지 못할 것이었다. 그러나 감상에 젖어 있을 여유가 없었다. 다행스럽게도 우리 집은 마을 경계에 있기 때문에 사람들에게 들키지 않았다. 관개수로 공사를 했던 산으로 향했다. 산 정상에는 소나무와 떡갈나무가 있고 큰 바위들이 피신하기엔 알맞았다.

나는 높은 절벽에 올라 숨을 고르며 아래를 내려다보았다. 당이 맹렬히 쫓아올 줄 알았는데 개미 한 마리도 보이지 않았다. 여기서 하룻밤을 지내나 아니면 그대로 발길을 재촉하나로 잠시 고민을 하다가 계속 움직이기로 작정했다. 난 이 산에 익숙하였다. 그러나 다른 사람들도 마찬가지였다. 그러니 여기에 있다간 잡힐 게 뻔했다. 잡히지 않으려면 북서쪽으로 가 압록강을 건너 중국으로 잠입하는 길밖에 없었다. 계속 산 정상을 타고 북쪽으로 뻗어 있는 산맥을 따라 갔다. 첫 날은 주먹밥을 먹었다. 그 다음부터는 마른 생선과 무를 아껴 먹으며 산에서 흐르는 맑은 물로 배를 채웠다.

밤길을 재촉한 지 일주일 후에 산을 벗어났다. 눈앞에는 구릉과 평지가 펼쳐져 있었다. 압록강을 건너려면 거쳐야 할 신의주가 그리 멀지 않았다. 그러나 야간 통행금지 때문에 쉬운 일은 아니었다. 행동이 이상한 사람들을 수시로 잡아들였고 자정 이후에 사람이 나타나면 그 자리에서 사살해도 되는 상황이었다. 나는 도시에 조심스럽게 접근했다. 먹을 음식과 강을 건널 방편이 필요했다. 동이 트기 전까지 이 두 가지가 해결되어야 했다. 운이 좋았다. 언덕바지에 있는 작은 집을 염탐했다. 부엌을 찾는 것은 어렵지 않았다. 문도 잠겨 있지 않았다. 살그머니 들어갔다. 여느 집 부엌과 같았다. 진흙 바닥에 문 뒤로 솥 두 개가 걸린 부뚜막이 보였다. 다른 쪽에 그릇들과 남은 음식을 넣은 찬장이 있었고, 천장에 말린 생선이 몇 마리 걸려 있었다. 나는 주먹밥 두 덩어리를 만들어 종이에 쌌다. 말린 생선 한 마리와 사과 한 개는 주머니에 넣었다. 문을 닫고 나오면서 우리 집에는 이런 일이 생기지 않기를 바랬다. 며칠 사이에 사람을 때리지 않나, 도망자 신세로 전락하지를 않나, 이제는 도둑질까지 하다니…. 내 양심은 무너졌다. 그러나 다른 선택의 여지가 없었다.

신의주 중심 도로로 가면, 중국으로 건너갈 수 있는 나루터로 이어질게 틀림없었다. 그러나 그 거리를 지나가거나 배 또한 타기가 어려웠다. 도처에 경비병들이 깔려 있기 때문이었다. 나는 북쪽으로 벗어난 샛길을 택했다. 강으로 향하는 표지판을 따라가다 보니 도시를 벗어날 수 있었다. 혹시나 어둔 밤에 밀항 나룻배를 탈 수 있지 않을까 기대를 걸었다. 강가에 도착해서 강 상류와 하류 지역 모두 볼 수 있는 좋은 피신처를 찾았다. 내 추측이 맞았다. 도착한 그날 밤에 나룻배를 강가에서 밀고 있는 3명을 보았다. 강을 건너는 데 그다지 많은 시간이 걸리지 않았는지 뱃사공은 한 시간도 채 안되어서 혼자 돌아왔다.

뱃사공이 나루터로 돌아오자 그의 앞으로 다가갔다. "나도 강을 건너게 해 주시오. 뱃삯은 내겠소."

"누구요? 무슨 말을 하는 거요? 난 그저 고기를 잡고 있었을 뿐이오. 밤낚시가 좋아서 하는 거요."

"거짓말하지 말아요. 두 사람을 당신 배에 태워 준 것을 방금 보았소이다. 신고하지 않을 테니 두려워 마십시오. 난 꼭 강을 건너야 할 사람이오. 뱃삯은 낼 테니 제발 좀 강을 건너게 해 주시오. 자, 이것이 내가 가진 전부요. 10원이면 수고한 대가로는 충분하지 않겠소?"

사실 이런 방식의 구걸은 잘못된 방법이었다. 뱃사공의 얼굴은 두려움에서 경멸에 찬 모습으로 변했다. 그는 내게서 약점을 발견했다. "10원이라고? 제 정신이 아니군. 내 목숨을 10원에 내놓으라니 말도 안

되는 소리. 외투를 벗어주면 강을 건너게 해주지."

"외투를? 이 옷이 전부인데… 내 외투가 당신에겐 무슨 소용이 있단 말이오. 이미 당신은 외투를 입고 있지 않소?

"내게 필요가 있고 없고는 당신이 신경 쓸 문제가 아니오. 10원과 외투를 주든지 아니면 말든지 알아서 하시오."

나는 돈과 외투를 벗어주고 배에 올랐다. 채 몇 분도 지나지 않아 안전하게 중국으로 들어갈 수 있었다.

일차 피난

다행스럽게도 중국 강변에는 사람이 아무도 없었다. 숨기에 적당한 바위를 찾아 잠을 청하니 금세 곯아 떨어졌다. 새벽에 눈을 떠 살펴보았다. 인근 지역은 황폐해 보였다. 그러나 그리 멀지 않은 곳에 강을 따라 잘 닦인 오솔길이 있었다. 나는 은신처에 숨어 지켜보았다. 이곳은 신의주와 마주한 단둥(丹東)에서 북쪽에 위치한 곳이었다. 북쪽에서 남쪽으로 지나가는 무리가 보였다. 난 참았다.

느지막한 아침이 되자 몇몇 부랑자 외에는 오가는 사람들이 거의 없었다. 그래도 더 기다렸다. 사람들의 이목을 피하려면 외투와 바지는 있어야 했다. 입고 있던 바지가랑이가 바위에 걸려 찢어졌기 때문이다. 마침내 적당한 사람이 나타났다. 옷을 잘 차려입은 노인이 혼자 걸어오고 있었다. 나는 뒤에서 그를 덮쳐 씨름 끝에 간신히 그를 누를 수 있었다. "미안합니다." 용서를 구하면서 그를 끌다시피 하여 은신처까지 데려왔다. 그가 지녔던 돈과 옷가지와 모자를 챙겼다. 그리고는 그를 묶고 재갈을 물렸다. 그가 포승을 풀려면 시간이 걸릴 것이다. 그 동안이면 난 도시를 살피며 무슨 방도를 강구할 수 있을 것이다.

단둥에 도착하는 데 거의 세 시간이나 걸렸다. 경찰과 경비병의 눈을 피하기 위해 천천히 걸었다. 단둥 시는 물건을 사고 파는 사람들로 시끌벅적했다. 대규모 시장 같았다. 나는 가격을 흥정하거나 특별한 물건을 찾는 사람처럼 자연스럽게 돌아다녔다. 노인의 옷으로 변장을 했는데도 이상한 눈길을 주는 사람들이 꽤 보였다. 또 학생 떼거리가 내 옆을 지나치는데 몇 학생이 알아들을 수 없는 말로 소리를 지르는 데 모욕적이었다. 난 전략을 바꾸기로 했다. 정탐하기 좋으면서도 눈에 띄지 않는 장소를 찾았다. 시장 입구를 지나니 작은 노점대가 눈에 띄었다. 거기엔 여러 가지 물건으로 가득 차 있었다. 커다란 가방 세 개가 놓여 있는 틈새에 들어가 앉아 망보기를 시작하였다. 나를 이상하게 보는 사람은 없었다.

내가 그를 본 것은 해 질 무렵이다. 이 주변에 분명히 조선 사람들이 있으리라고 짐작했다. 시장을 지나는 그를 따라갔다. 그는 우리말 간판을 단 작은 오두막으로 들어갔다. 술집이었다. 따라 들어갔다. 안은 어두웠으나 우리말을 들으니 감격스러웠다. 나는 맥주 한 잔을 주문하고, 아무도 주의를 기울이지 않을 만한 구석자리에 앉았다. 그러나 잠시 후에 어떤 사람이 내 옆에 와서 앉았다.

"왜 그런 옷차림입니까? 조선 사람들은 중국인 옷을 입지 않아요. 걸음걸이도 다르고 냄새도 다릅니다. 혹 아무 죄 없는 농부한테서 훔친 옷 아닙니까? 그런 차림으로 여기 있으면 우리 모두가 위험해지니 여기서 나가셔야 해요. 이 집 뒤쪽으로 돌아가면 지하실 문이 있어요. 그 지하실에 가서 기다리세요. 누군가가 와서 당신을 교회로 데리고 가도록 하겠어요. 하지만 그때까지는 꼼짝 말고 거기서 기다리셔야 합니다."

"어디로 데리고 간다고요? 교회요? 뭘 하는 곳입니까?"

"아무 소리 말고 그냥 시키는 대로만 하세요."

얼마나 오랫동안 그 캄캄한 지하실에서 기다렸는지 모른다. 동이 트기 전이라 밖은 아직도 어둠이 깔려 있었다. 누군가 계단 내려오는 소리가 들려왔다. 여자 음성이었다. "선생님, 절 따라 오세요. 아무 말도 하지 마시고요." 우리는 지저분하고 잠든 골목길을 걸었다. 앞장선 여인은 건물의 그림자를 따라 조용히 움직였다. 한 시간쯤 지났다. 언쟁하는 것 같은 소리가 들리기 시작했다. 점점 더 커지더니 마치 거리 싸움패들의 소리처럼 들렸다. 우리는 소리가 나는 방으로 들어갔다. 10여 명의 남녀가 무릎을 꿇고 눈물을 흘리기도 하고 큰 소리를 내기도 하며 '하나님'을 부르며 기도하는 모습이 눈에 띄었다. 내겐 끔찍하기도 하고 이해할 수 없는 소란스러운 광경이었다. 나를 안내했던 여인이 다른 사람들처럼 무릎을 꿇고 앉으라고 했다. 나는 무릎을 꿇고 조용히 앉아 도대체 무슨 영문인지 헤아렸다. 한동안의 소란이 가라앉자, 한 젊은 청년이 이웃을 사랑하고 봉사하여 하나님을 섬기자고 간곡히 당부하는 말을 했다. 그리고 모두가 합창을 하니까 모임이 끝났다. 간곡한 당부의 말을 했던 청년이 내게로 다가올 때까지 난 그대로 앉아 있었다.

"우리 기도 모임에 오시니 반갑습니다. 자세한 이야기는 나중에 하도록 하고 일단 저를 따라오십시오."

이제 막 시장이 문을 열기 시작했다. 기도 모임에 왔던 사람들은 함께 걸으면서 즐겁게 이야기를 하기도 하고 노래를 불렀다. 난 앞으로 일어날 일에 불안해하면서 그들을 따라갔다. 한 1.5킬로미터쯤 지났을까? 창고처럼 생긴 낡은 큰 건물이 보였다. 안으로 들어가 보니, 작은 아파트들이 즐비하게 있는데, 여기가 그들의 거주지였다.

젊은이가 나를 그의 아파트로 안내했다. 내부는 온돌방 두 개가 있었다. 가구는 없었다. 내게 방석을 주며 앉으라는 몸짓을 보였다. 그는 내 맞은 편에 앉더니 고개를 숙여 잠시 기도하는 모습이었다. 그러더니 나를 똑바로 쳐다보며 앞으로의 나의 처지에 대해 말문을 열었다.

"난 당신의 이름을 알고 싶지도 않고, 내 이름도 말하지 않겠습니다. 그렇게 하는 것이 서로에게 안전할 겁니다. 당신이 어떻게 해야 할지 속히 정해야 합니다. 내 생각으로는 당신에게 세 가지 길이 있어 보입니다. 지금 당장 여기를 떠나 당신이 알아서 하시든지, 아니면 여기에 머물며 일을 하면서 점차 우리 모임의 일원이 되어 가든지, 그렇지 않으면 중국 땅 북쪽에 있는 러시아로 가는 방법이 있습니다. 밀고자들은 사방에 깔려 있어요. 여기서 당신이 발각될 기회는 아주 많습니다. 발각되면 물론 북한으로 되돌려 보내질 겁니다. 당신이 러시아를 원하면, 우리가 도와주겠습니다. 마음을 결정하시기 전에 일단 아침 식사나 먼저 합시다. 그런 후 잠시 쉬고 나면 좀 더 신중한 생각을 하게 될 것 같군요."

여인이 밥과 김치와 따뜻한 무국이 놓인 상을 가지고 들어왔다. 냄새가 어찌나 좋은지 기절할 뻔했다. 순간적으로 아내와 아이들 생각에 복받치는 울음을 참지 못했다. 얼마 동안 그런 나를 잠자코 그들은 놔두었다. 그러더니 주인이 음식을 주심에 감사하고, 내 가족을 보호해 주시고 곧 다시 만나게 해달라는 기도를 드렸다. 우리가 소중하게 여겼던 예의를 차릴 여유가 없었다. 내 모습이 마치 게걸들린 사자 같았다. 그러나 식사를 마치기도 전에 피로가 엄습했다. 주인은 이부자리가 마련된 옆방으로 안내했다. 난 요 위에 쓰러지자마자 깊은 잠에 빠져들었는데 악몽과 많은 꿈에 시달렸다.

한참 지났을 것이다. 잠에서 깨어난 나는 옆방에서 남자들이 주고받는 이야기를 들었다.

"최선의 방법은 러시아로 가는 것이야. 그야 가고 싶지 않겠지만 말이야. 조국으로부터의 영원한 망명일 테니…."

"그래. 하지만 우리가 큰 문제야. 지난주에도 우리가 숨겨준 탈북자 두 명이 잡혔잖아. 그때 경찰이 이번엔 눈감아 주지만 한 번만 더 걸리면 숨겨준 우리들도 감옥 갈 각오하라고 경고했잖아."

"알고 있어. 여기에 머물면 체포될 가능성이 너무 높아. 그러나 아직 우리가 강요할 순 없지. 본인이 택해야 할거야."

나는 자리에서 일어나기 전에 몇 분간 그냥 누워 있었다. 산산이 망가져 버린 내 삶을 다시 한번 되돌아보았다. 다 포기하고 북한으로 다시 돌아가 당해볼까? 당을 피해 도주한 것, 국경 경비대, 비밀 경찰 - 끝도 없구나. 그러나 조선으로 돌아가는 게 상책은 아냐. 나만이 아니라 처자식까지 억울하게 학대의 채찍을 받겠지. 그렇다면 단 한 가지 방법은 러시아로 가는 걸까? 여기에 머무를 수는 없다. 나를 도와준 그들에게 해를 끼칠 수는 없지 않은가. 그러나 러시아로 가면 다시는 집에 올 수 없겠지? 이 생각에 몸서리가 쳐졌다.

난 옆방에 기척을 알리려고 일부러 잔기침을 했다. 그리고 옆방으로 갔다. 둘러앉아 있던 사람들에게 인사를 했다. 내게 잘 잤는지 또 건강이 좋기 바란다며 문안 인사로 그들도 답했다.

인사치레가 끝내자 러시아로 가겠다는 의사를 밝혔다. 세 사람은 내 결정을 마치 예측한 듯싶었다. 한 사람이 곧 내게 방법을 알려주었다. "내일 아침에 식품과 농약을 실은 트럭이 떠나게 될 겁니다. 거기 큰 짚더미자루에 숨도록 해요. 트럭이 떠나기 전에 관리가 검사를 할 테니 새벽이 되기 전에 미리 숨도록 합시다."

검사는 형식적이었다. 그들은 두 검사관에게 담배를 선물로 주었다. 검사관들은 담배에 불을 붙이더니 검사도 없이 용지에 승인도장을 찍어주었다. 도로를 벗어나자 운전사는 자루를 열어주었다. 숨도 쉬고 물도 마셨다. 이 트럭의 목적지는 러시아의 카바로프스크였다.

이송민 목사

카바로프스크로 가는 길은 들은 대로 상당히 험난했지만 아무런 사건도 일어나지 않았다. 천 킬로미터 이상 달리는 동안 대부분의 시간을 운전기사 옆 좌석에 앉아서 편히 갈 수 있었다. 그 외에는 틈틈이 감자 포대자루에 숨었다. 순찰의 감시가 그다지 심하지 않았다. 가는 길에 경비병이나 순찰자가 트럭을 멈추게 하면 운전기사는 그들에게 담배나 쌀, 감자, 말린 생선 등을 건네주었다. 그러면 무사통과였다. 두 주 만에 목적지가 눈앞에 보였다.

난 도주하기 전까지 내가 살던 마을과 옆 마을 외에는 다른 세상을 잘 몰랐다. 그러던 내가 지난 몇 주 동안 중국의 북쪽을 지나 이제 막 러시아로 들어가려는 참이었다. 중국과 러시아의 경계인 아뮈르 강을 건너기 직전에 국경 경비대가 차를 세웠다. 중국 경비병은 친절했다. 담배를 몇 모금 핀 후 우리를 통과시켰다. 그러나 러시아 경비병들은 달랐다. 그들은 분명히 무엇인가를 찾고 있었다. 이 도로가 시베리아 지역으로 들어가는 마약 밀수 통로의 하나인 것을 나중에 알게 되었다. 그들이 짐 이곳저곳을 찌르며 수색하자 이젠 들켰구나 싶었다. 그런데 내가 숨어 있던 감자 자루 바로 옆에서 수색을 멈추었다. 운전자는 경비병 두 사람에게 한 자루의 쌀을 건네주고 무사히 그곳을 통과하였다.

내 인생에서 대도시에 가 본적이 단 한 번 있었다. 군인 시절 수도인 평양에 갔었다. 한 2백만 명의 인구가 사는 평양의 도로는 넓고 깨끗했다. 크고 하얀 고층 아파트가 즐비해 있었다. 도처에 공원과 강이 있었다. 참으로 아름다운 도시였다. 반면에 비슷한 인구가 산다는 카바로프스크는 평양과 비교해 볼 때 도시 계획이 잘 안 된 느낌이었다. 19세기 중반에 세워졌다는데 불규칙하게 높고 낮은 건물들이 도시 한복판에 정부 청사용으로 자리잡고 있었다. 공장에서 뿜어 나오는 희고 검은 연기는 하도 짙어서 눈에 쉽게 띄었다. 시베리아 행 철도의 야적장은 먼지와 소음투성이였다. 평양에서 보았던 고층 아파트들이 공장 건물들과 도심지의 건물들 사이에서 불쑥 불쑥 솟아 있었다. 주요 도로 양쪽으로 나무가 늘어서 있었지만 건물처럼 먼지로 뒤덮여 있었고 돌보는 이 없이 방치된 느낌이었다. 모든 게 쇠퇴해 가는 인상인데도 트럭, 기차, 자동차, 자전거, 게다가 사람들로 도시는 북적대고 있었다.

우리는 아뮈르 강 다리를 건너 우회전하여 부두로 향했다. 카바로프스크는 아뮈르 강과 유쉬리 강이 만나는 지점 가까이 있는 도시라서 극동지역으로 통하는 뱃길과 철도를 연결하는 상업과 교통의 중심지다. 또 러시아가 시베리아 지역을 통치하는 거점이기도 하다. 운전사는 찾고 있던 부두를 발견했다. 거기서 그는 짐을 풀었다. 대부분의 짐은 배에 옮겨졌다. 작업이 다 끝나자, 우리 둘은 몸을 씻기로 했다. 강물이 더럽기는 했으나 하여간 뛰어 들었다. 모래와 진흙을 비누 삼아 씻고 나니 마음도 개운해졌다.

지금까지는 별 탈이 없었다. 우리는 다시 트럭을 몰고 도시의 빈민 지역 중에서도 가장 험해 보이는 지역 한복판으로 들어갔다. 원형으로 된 막다른 길에 들어섰다. 원형 중간에는 현대식의 깔끔한 콘크리트 건물이 있고 원형을 둘러싸고 작지만 깨끗한 나무 오두막들이 줄줄이 들어서 있었다. 문 앞에 화분이 놓여 있는 집들도 있었다. 막다른 길 입구에 '하나님의 집' 이란 우리 글 간판이 붙어 있었다. 운전사가 트럭을 세웠다. 그는 나에게도 내리라고 했다. 그를 따라 콘크리트 건물 앞으로 갔다. "사람들이 여기서 당신을 기다리고 있어요. 난 바로 떠나야 해요. 하나님의 은총이 당신에게 있기를 기도하겠습니다." 그는 내게 인사를 하더니 다시 트럭을 타고 떠났다.

어리둥절한 나는 이 건물의 문이 열리면 그 다음 어떻게 될 것인지 고민이 되어 그냥 서 있었다. 나이 든 여인이 나왔다. "예수님의 이름으로 환영합니다. 목사님이 기다리고 계셔요. 어서 들어오세요. 식사는 하셨나요?"

건물 안으로 그녀를 따라 들어갔다. 건물 내에 커다란 모임 방이 있고, 그 뒤쪽 문을 여니 아파트였다. 작은 마루방 한 개와 온돌방 두 개가 있는 한식 구조를 갖추고 있었다. 마루 한쪽에 조선 사람이 앉아서 신문을 읽고 있었다. 그는 일어나더니 내게 다가왔다. "환영합니다. 들어오시지요." 그의 외모는 별 특이한 점이 없었다. 한 50세 정도로 보이고 가늘고 희끗희끗한 머리칼에 수염은 없었다. 목소리는 부드러우면서도 위엄이 서려 있었다. 조선 사람치고는 키가 큰 편이고 약간은 마른 체격이었다. 그러나 명석한 외모를 풍기며 사람을 대하는 태도가 자신에 차 있었다. 그와 그의 아내의 품행에는 우리의 전통이 그대로 드러났다.

"나는 이송민 목사라고 합니다. 힘들고 어려운 여정을 잘 참고 무사히 도착하시니 아주 기쁘군요."

"저는 윤송남이라고 합니다. 큰 폐를 끼쳐 송구스럽고, 도와주셔서 정말 감사합니다."

"우리 서로 솔직하게 이야기합시다. 윤 선생은 우리가 누구인지 궁금하실 거예요. 우리도 마찬가지죠. 어떤 연유로 조국을 떠나야 했는지 알고 싶군요. 그 이야기 먼저 해 주시겠습니까?"

"저는 평안북도 소천에서 왔습니다. 제 할아버님의 존함은 윤당진이시고, 아버님은 윤마형이십니다." 나는 그들에게 내 배경과 도주할 수밖에 없었던 사건의 전후를 모두 말했다. 간혹 내 말 중간에 질문을 던지면서 그들은 내 이야기를 진지하게 들었다.

내가 이야기를 마치자 사모님이 말했다. "식사시간이 되었어요. 제가 상 차려 오겠어요. 그럼 먼저 씻으시겠어요?"

이 목사님은 깨끗한 물이 놓여 있는 탁자로 나를 안내했다. 손을 씻고 그가 건네준 마른 수건을 받았다. 함께 밥과 김치와 미역국을 먹었다. 참 맛깔스러운 식사였다. 식사 도중에는 거의 말을 나누지 않았다. 식사를 끝내자 다시 사모님이 차를 들고 들어왔다. 이제 이 목사님 차례였다. 그분의 이야기는 내게 너무나도 신기한 내용뿐이었다.

나도 북한에서 왔습니다. 개성에서 가까운 작은 마을에서 태어났지요. 거기가 어디인지는 잘 아시리라 믿습니다. 전쟁이 터졌을 때 내 나이 겨우 열 살이었지요. 처음 전투가 우리 마을에서 있었어요. 오갑수 장군이 이끄는 공산군들이 우리 마을을 불지르고 나만 빼고 모든 사람들을 죽였어요. 어머님께서 나무 밑구멍을 파고 그 속에 숨겨주셨기 때문에 살아 남았죠. 사흘 동안을 그곳에 숨어 있었어요. 감히 나올 생각을 할 수 없었지요. 눈에 띄면 잡힌다는 것을 알았기 때문에 밤에만 길을 나섰고 낮에는 숨어살았습니다. 얼마나 걸었는지, 며칠이나 걸렸는지는 모르겠지만 어느 날인지 먹을거리와 숨을 곳을 찾아 헤매는 같은 처지의 사람들을 만났어요.

세 자식을 둔 아주머니네 묻어 살게 된 거죠. 아주머니가 무던하게 날 자식처럼 대해주셨지요. 우린 계속 걸어서 대전에 도착했어요. 불행하게도 대전에 도착하자 그 도시에서 또 전투가 벌어졌잖아요. 거기서 새 엄마와 아이들 셋이 다 폭격에 맞아 죽었어요. 나도 강변 모래 구덩이에 파묻혀 죽기만 기다리고 있었는데 누군가 힘센 팔로 나를 끌어내더라고요. 그 사람한테선 이상한 냄새가 났어요. 그러나 반죽음 상태에 있던 난 그를 알아보지 못했어요. 잠시 후에 그가 날 트럭에 태우더라고요. 내가 깨어나서 보니 미군 병원이었어요. 그 사람이 미군 병사였더군요. 그는 내가 치료받고 급식 받도록 도와주었어요. 군대가 다시 남쪽으로 후퇴하자 나를 데리고 갔습니다. 그 후 그분은 나를 입양하여 돌봐주었어요.

그리고 1953년 휴전으로 전쟁이 끝날 때 날 미국에 데리고 갔습니다. 나는 그때 나를 구해주신 하나님의 은혜에 감사하면서 이처럼 하나님께서 주신 삶의 선물을 되갚아야 되는 것을 깨달았어요. 그래서 나는 미국에 사는 한인들을 위한 목사가 되었습니다.

그러다가 3년 전이었어요. 기가 막힌 분을 만났어요. 그분은 내가 전에 한 번도 들어보지 못한 러시아의 카바로프스크라는 도시에서 온 한국 사람이더군요. 그분이 그 도시에 사는 가난한 고려인들을 위해서 본인과 함께 여러 사람들이 하는 사역을 말씀하셨어요. 아내와 난 그분의 메시지에 감동을 받았습니다. 비록 우린 나이가 들었지만 우리의 여생을 그분과 함께 이곳 고려인들을 위해 바치자고 작정했어요. 그런데 우리가 카바로프스크에 도착한 후 그분은 이미 하나님 나라로 부름받아 가신 것을 알게 되었어요. 그 이후로 한 3년 되었어요. 그분의 일을 이어 받은 지…. 우리도 천국으로 갈 때까지 여기서 일하기로 했습니다.

이야기를 마칠 즈음 이 목사님은 거의 기운이 없으셨다. 사모님이 재빨리 목사님 옆으로 다가갔다. "이제 주무실 시간이네요. 윤 선생님 잠자리는 옆방에 준비되어 있어요. 잠자리에 드시기 전에 뭐 필요한 것은 없는지요? 목사님과 제가 이 방을 쓰겠습니다."

전쟁, 미국인, 그분의 신앙, 하나님 등 수많은 단어로 혼란스러워서 서둘러 옆방에 들어와 자리에 누웠다. 미동도 하지 않은 채 한 반나절 푹 잤다.

잠에서 깨었을 때 이 목사님은 사택에 계시지 않았다. 사모님이 아침상을 들고 오셨다. "목사님은 농장에 가셨어요. 저녁에나 돌아오실 겁니다. 도시를 한번 돌아보시겠습니까?"

목사님의 집 주위에 둘러싸인 오두막들이 '하나님 집' 이라고 불리는 교회의 소유임을 알았다. 거주자들은 모두 성도들이었다. 그들은 서로 보호하고 돕기 위해 함께 모여 살고 있었다. 남자들은 도시 여기저기서 일을 하였고, 여자들은 농산물과 음식을 만들어 장사하면서 자녀들을 돌보았다. 매주 일요일이 되면 아침과 저녁 예배를 드렸다. 교회는 또한 어린이를 위한 학교로도 사용되었다. 이 목사님이 교장이고 성도 두 사람이 교사로 수고하고 있었다. 사모님의 역할은 아주 소중했다. 시장 형편을 잘 알고 해박한 의약 지식에 산파 역할도 하고 환자 심방도 하고 수요일 저녁마다 여성 성경공부 반을 인도했다. 사모님은 그날 저녁 가가호호 나를 데리고 다니며 소개시키고 온갖 종류의 물건을 사고 파는 시장도 구경시켜 주었다. 이런 것들이 내 조국에는 없었다. 소음과 혼돈으로 정신이 멍해졌다. 백여 년 건물인 낡은 정부 청사가 있는 중심가를 지나 걸었다. 사모님은 시내 관광의 마지막 처소라며 '애국 전사자 기념관' 으로 안내했다. 아뮈르 강을 바라보는 절벽에 위치해 있었다.

그날 저녁 식사를 마친 후 나의 장래에 대하여 목사님과 의견을 나누었다.

"윤 선생님을 괴롭힐 생각은 없습니다. 그러나 선생님께서 미래에 대해 빠른 결정을 하시는 것이 좋을 것입니다. 지금 내가 보는 바로는 네 가지의 대안이 있군요. 첫 번째로 여기서 더 깊숙한 러시아 땅으로 들어가는 방법입니다. 이곳에서 멀리 갈수록 더 안전할 것입니다. 이곳이 큰 도시이기는 하지만 밀고자들은 도처에 있습니다. 두 번째 방법은 남쪽에 있는 블라디보스토크로 가는 것입니다. 그곳에는 고려인들이 많이 살고 있습니다. 거기서 어떤 일을 당할지 각오하셔야 해요. 거기에도 역시 밀고자가 문제입니다. 세 번째는, 이 근처에서 사는 길인데, 여기서도 언제 어떻게 될지 모를 각오를 하셔야 합니다."

그는 네 번째 방법을 이야기하기 전에 잠시 망설였다. 처음의 세 가지 방법이 내 마음에 잘 와 닿지 않았다. 여전히 내 마음속에 언젠가는 고향에 돌아가는 게 최선의 방법으로 자리잡고 있기 때문이었다. 아내와 자식들이 보고 싶었다. 이 목사님의 말씀을 계속 기다렸다.

"나는 이것이 최선의 방법이고 잘 될 것이라고 생각합니다. 여기에 머물면서 우리와 함께 일을 합시다. 당신은 농부입니다. 쌀, 옥수수, 고구마 농사를 지을 줄도 알고, 수로관개에도 경험이 있으시고요. 강 건너 수 킬로미터 떨어진 데 교회 농장이 있습니다. 그 농장에서 교회가 사회복지를 위해 필요한 경비를 충당하는 데 충분한 수확을 걷어들이고 있습니다. 그렇지만 다른 경험을 가진 농부를 쓸 수 있지요."

"그런데 왜 다른 곳과 달리 거기선 밀고 당하지 않는다는 겁니까?"

"밀고를 당할 수도 있습니다. 그러나 제가 막아 드릴 수가 있습니다. 아시다시피 이 나라는 현재 사회주의 정부가 어느 정도 붕괴된 수준입니다. 그래서 일상 농상을 실질적으로 관리하는 사람들은 공적인 기관 관리자들하고는 다르거든요. 수세기 동안 러시아 황제들은 정치사범과 범죄자들을 시베리아로 추방하지 않았습니까? 공산주의자들도 마찬가지였습니다. 그 사이에 마피아와 같은 지하조직들이 서서히 생겨났어요. 이제 소비에트 연방국가의 권위가 쇠퇴하면서 그 공백을 마피아들이 잠식하고 있습니다."

"무슨 뜻인지 잘 모르겠습니다. 마피아와 상대하는 것이 더 쉽다는 말씀이십니까? 오히려 그들이 돈 때문에 저를 더 밀고하려고 하지 않겠습니까?"

"두 가지를 제외하고는 그렇다고 할 수 있지요. 이 주위의 마피아 두목들은 미신에 의존하는 경향이 짙습니다. 그들은 모든 종교를 마치 마술처럼 여겨요. 그래서 대체로 교회에 간섭을 하지 않습니다."

"그리고 그 외에도," 사모님이 말을 이었다. "마피아 우두머리의 자녀 세 명이 태어날 때 내가 받았어요. 성은 노바코프라고 하는데, 그 사람의 부인이 가난한 사람들을 보살피는 우리 일을 돕고 있어요. 노바코프 씨에게 잘 이야기하면 윤 선생님을 보호해 줄 수도 있어요."

그렇게 해서 나는 우쉬리 강 동쪽에 있는 교회 농장의 일꾼이 되었다. 토양은 비옥했다. 수확은 풍작이었다. 내가 있음으로 말미암아 농장이 조금 더 많은 수입을 올릴 수 있었다. 고향에서 양봉을 한 적이 있었다. 이곳 아뮈르 지역은 러시아 전체에서 가장 좋은 꿀을 생산하는 곳으로 유명했다. 몇 년이 지나자 양봉사업이 번창하여 모스크바에까지 우리가 생산한 꿀을 보낼 수 있었다. 나는 토요일 저녁마다 목사님과 사모님 댁을 방문하고 거기서 하룻밤을 지내고 주일 예배를 드리고 일요일 밤에 농장으로 돌아왔다. 이게 행복한 일상이 되어 버렸다. 그러다 보니 향수병까지 점차 사라지기 시작했다. 그러던 어느 토요일이었다. 목사님 내외분과 저녁 식사를 들면서 언제부터인가 내 마음속에

틈틈이 자리잡던 질문을 하였다. "목사님, 내가 자랄 때 하나님에 대한 이야기는 미신이라고 배웠습니다. 그것은 사람들의 마음을 하늘에 두고 부유층의 사악함을 잊게 하도록 꾸민 이야기라고 말입니다. 그런데 목사님은 마치 하나님을 살아 계신 최고의 인물처럼 예배를 드립니다. 도대체가 미신인지 사실인지 알 수가 없습니다."

"공산주의의 기본적인 결점은 신의 존재와 인간은 그의 영을 품고 산다는 점을 인정하지 않는 데 있습니다. 하나님을 믿는 자로서 우리는 정의를 실현하고 서로 사랑하지요. 인간이 하나님을 부정하면 선과 악의 척도가 없어서 강한 자가 모든 것을 차지하고 약한 자는 억압을 받게 됩니다. 그것은 자본주의나 사회주의 모두에 다 통하는 말입니다. 윤 선생님은 조국에서 부정과 압박을 보지 못했습니까?"

"보았습니다. 그러나 체제나 가치가 원래 의도와는 달라서 생긴 것이지요. 공산주의자들은 서로 섬기고 정의로운 사회를 건설하라고 교육받습니다. 단지 소수의 잘못으로 체제 전체가 잘못됐다고 말할 수는 없지요."

"사실입니다. 하나님을 믿지 않는 사람이나 사회도 사랑하고 정의를 위해 일할 수 있습니다. 그러나 더 높은 존재를 인정하지 않으면, 우리 인간은 탐욕과 부패가 지배하게 되지요. 이 문제에 대해선 더 깊이 대화를 나누고 싶군요. 하지만 난 내일 예배 준비를 해야 합니다. 다음 주 토요일에 우리 계속 얘기하도록 합시다."

그러나 운명은 다른 쪽으로 정해져 있었다. 나는 이 목사님과 다시는 이야기를 나누지 못했다.

파국

그 다음 주말이었다. 목사님을 찾아뵙던 토요 방문을 연기할 수밖에 없었다. 분봉이 시작되어 그 작업이 잘 마무리되는 것을 지켜보기 위하여 떠날 수가 없었다. 늦은 밤이 되어서야 꿀벌들은 벌통으로 들어가 조용해졌다. 지금 떠난다 해도 목사님 댁에 도착하면 한밤중이 될 것이다. 그래도 목사님 댁에 가기로 마음을 정했다. 하나님에 관한 토론을 계속하고 싶었기 때문이었다. 목사님 가정과는 상당히 친밀해졌다. 목사님 부부가 마치 친부모처럼 느껴졌다. 목사님 부부도 내게 애정을 보이시고, 찾아뵈면 시간에 관계없이 언제나 반겨주셨다.

원형거리 가까이 가는데 뭔가 잘못되었다는 느낌이 들었다. 교회의 간판이 뜯겨 떨어져 있었고 문이 매달린 채 열려져 있었다. 안쪽 목사님 사택의 문도 활짝 열려 있었다. 아무 소리도 들리지 않았다. 두려움이 엄습했다. 나는 신을 벗고 조용히 안으로 들어갔다. 문 앞 마룻바닥 위에 목사님이 머리가 피투성이가 된 채 쓰러져 있었다. 목사님의 시신을 지나치는데 내 온 몸이 공포와 분노로 떨렸다. 옆방에 가녀린 사모님도 습격을 받았는지 엉망이 된 채로 방구석에 쓰러져 있었다. 사모님 역시 돌아가셨다.

나는 충격을 받고 바닥에 털썩 주저앉았다. 어떤 나쁜 사람들이 이런 짓을 저질렀단 말인가? 이처럼 좋은 분들을 왜 죽이는가? 참사의 공포는 나를 꼼짝 못하게 만들었다. 얼마나 그렇게 멍하니 앉아 있었는지 모른다. 우선 무슨 일이 일어났는지 알아보려면 이웃을 찾아봐야 했다. 그러나 곧 자아 보호 본능에 사로잡혔다. 어쩌면 그들은 나를 의심할지도 모른다. 오히려 체포당하고 심문에 고문도 받을지 모른다. 러시아에서 중국인과 한국인 범죄 혐의자를 다루는 방법은 너무나도 잘 알려져 있었다. 사건의 전말을 알고 싶었던 바람이 러시아 사람을 피해야 한다는 생각 때문에 뒷전으로 밀려났다.

나는 아무 것에도 손을 대지 않은 채 조용히 교회를 빠져 나왔다. 거리에는 아무도 없었지만 그늘진 그림자를 따라 철도 야적장으로 향했다. 화물차는 매시간 떠나는 것을 이미 알고 있던 터였다. 목사님 부부의 시신이 발견될 때엔 이미 꽤 먼 거리에 가 있을 것이다. 짐을 다 싣고 문을 닫으려는 찰나에 화물차에 올라탔다. 나는 뒤쪽 구석에 가자루를 뒤집어쓰고 숨었다. 내 인생을 지배하는 운명은 참으로 심술궂었다.

오기섭

오갑수의 유산

"동굴로 빨리, 빨리 뛰어. 동굴로 들어가. 폭격기가 온다."

사이렌 소리가 계속 울렸다. 사람들이 미처 피신하기도 전에 미군 전투기에서 폭격을 가했다. 인명을 구하려고 온 힘을 다했지만 때가 너무 늦었다. 마치 사나운 폭풍 속의 비처럼 폭탄이 떨어졌다. 이 폭격으로 할아버지는 물론 수천 명이 죽었다.

할아버지는 위대한 지도자 김일성과 함께 했던 독립투사였다. 일본인이 우리나라를 침략했을 때 독립 투사들은 산으로 들어가 30년 동안 침입자를 상대로 게릴라전을 펼쳤다. 산은 그들의 방패막이였고, 주민들은 그들에게 먹을 것을 주었다.

1945년에 일본 제국주의자들이 패망할 때 미국은 자국의 잇속을 챙기려고 하였다. 그러나 위대한 지도자는 우리를 구하려고 다시 왔다. 미국은 국토의 반인 남쪽을 차지할 능력이 충분할지는 몰라도 한반도 전체를 지배할 수는 없었다. 할아버지께서는 1950년 그날 밤 돌아가시기 전까지 위대한 지도자의 가장 신임 받는 부관 중 하나였다. 위대한 지도자와의 친분과 영웅적인 죽음은 할아버지를 '자유의 순교자'로 널리 알려지게 했다. 그런 할아버지의 아들인 내 아버지는 원산지구 노동당 위원장으로 30년 동안 존경을 받았다.

내가 태어난 때는 할아버지가 돌아가시고 나서 여러 해 후였지만, 매일 잠자리에 들기 전에 할아버지에 대한 영웅적인 이야기와 위대한 지도자의 지혜에 대해 들었다. 그러나 내게는 부모님을 볼 기회가 많지 않았다. 아버지는 항상 원산이나 수도인 평양에서 당의 일에 몰두하셨다. 위대한 지도자의 생일과 같은 국경일에만 아버지를 잠시 보았다. 그 당시에는 공적 행사에 당 책임자의 온 가족이 필수적으로 참석해야 했다. 어머니는 이런 신분의 아내로서 여성 모임에서 새 농법에서 정치 교육에 이르기까지 모든 분야에서 지도하는 일을 맡았다. 할아버지 덕에 '오갑수 가족'은 어디를 가나 존경을 받았다. 어떤 영웅이나 순교자들은 공헌도에 따라 훈장을 받았다. 그러나 우리 가족은 그야말로 그런

계급 이상이었다. 우리 오갑수 가족은 타인보다 식량 배급량도 많았고, 넓은 아파트에서 살았다.

어려서부터 이런 배경 때문인지 버릇없이 자랐다. 탁아소와 학교에서도 선생님에게 특별한 대우를 받았고, 버르장머리 없이 굴어도 좀처럼 야단을 맞지 않았다. 내가 원하면 무엇이든지 다 가질 수 있었지만 정작 필요한 정당한 징계나 정직한 평가는 받지 못하고 자랐다. 부모님은 특권의 세계에서만 머물고 있어서 자식이 '사회의 불건전한 요소'가 된다고는 의심조차 하지 않았다.

내가 18살의 청년으로 군에 입대했을 때에도 내 가문에 대한 명성이 이미 알려져 있었다. 난 '수송수리' 부서에 배치되었다. 내가 이 부서에 배치된 것은 기계에 대한 기술이 있어서가 아니라 내가 문제를 가장 적게 일으킬 거라는 판단에서였다. 그곳에서 나는 물을 만난 오리처럼 기계를 잘 다루어 다른 사람은 물론 특히 내 자신도 놀랄 정도였다. 8년 후 제대할 때는 인간성은 나아지지 않았지만, 자격증이 있는 기술자였고, 여러 종류의 트럭과 자동차를 운전할 줄 알았다.

제대한 후 업무배치사무소에 가서 일자리를 받아야 했다. 이 나라에서는 놀고먹을 수 없게 되어 있었다. 그러나 나는 아버지를 통해 이런 제도를 피할 수 있다고 생각했다. 아버지는 틀림없이 당 조직 내부의 일자리를 찾아 주든지 정 안되면 아버지의 운전사 자리라도 주리라 생각하였다. 그러나 난 상황 판단을 더 잘 했어야 했다. 아버지는 엄격한 사회주의자여서 어떤 사람, 특히 자식을 위해서 규칙을 어길 사람이 아니었는데도 말이다.

"단지 오갑수의 손자라고 해서 특권이 주어질 수 없다." 아버지는 이 말을 다시 내게 상기시켰다. "정식 경로를 통하거라. 우선 다른 사람들처럼 업무배치사무소를 찾아가라." 난 아버지에게 미안한 마음이 들었다. 아버지가 화가 났고 당의 질서를 손상시키는 자식의 태도에 실망하셨음을 그의 목소리로 짐작할 수 있었기 때문이었다. 그러나 한편 죄진 모습도 아버지에게서 엿볼 수 있었다. 그는 내 눈을 계속 피했다. 대부분의 내 삶을 내 마음대로 살도록 방치하였기 때문에 이제 아버지와 서먹한 사이가 된 것이었다.

별다른 방법이 없기에 지역 업무배치사무소에 찾아가 최근에 군복무를 마친 사실과 업무를 배치 받을 준비가 되어 있음을 보고했다. 사무소 책임자는 아버지보다 훨씬 더 친절하게 나를 대해 주었다. 내가 오갑수의 손자라는 사실이 높은 사람들로부터 점수를 딸 수 있는지도 모른다는 생각을 갖게 한 것이다. 그래서인지 자격이 없는데도 불구하고 관료직에 속하는 자리 몇 개를 내게 제안했기에 그 가운데서 가장 인기 있는 자리를 택했다.

그 다음날 일을 시작하였다. 난 시 정부 물품조달 사무실의 부 책임자가 되었다. 첫 출근을 하자 이미 책임자와 다른 직원 모두 내 신분을 알고 있었다. 그들은 조심스럽게 환영하면서 내게 책상과 의자를 내주었다. 매일 아침에는 차를, 오후에는 커피를 가져다주었다. 공적 행사 때마다 나를 데리고 가 방문한 귀빈들에게 소개시키기도 했다. 이런 일은 내 업무와는 전혀 관계가 없었는데도 이런 일을 했다고 매주 식량 배급량도 추가분을 받았다.

처음에 난 아버지보다 나아야 된다고 생각했다. 그래서 내게 주어진 직분을 철저히 수행했다. 신분의 특권을 최대한 이용했고, 마치 내가 거물급 인사처럼 처신했다. 그러나 그 후 몇 해가 되지 않아서 이런 것 모두가 지겨워지기 시작했다. 점점 군복무 시절이 그리워졌다. 비록 군복무 기간에도 특권을 누리기는 했지만, 무엇인가를 배우고, 또 가치 있는 일들을 했던 때였다. 아마도 내가 이처럼 끊임없이 무엇인가를 추구하는 것도 오갑수와 헌신적인 아버지의 피는 속이지 못하기 때문일 것이다. 양심인지 권태인지는 모르겠지만 마침내 뭔가 도전적인 새로운 일자리를 찾기로 결심했다. 그때 내 나이 스물 여덟 살, 한창 혈기가 넘치던 때였다. 속이 훤히 들여다보이는 속임수로 살고 있는 내 삶에 변화를 원했다.

나는 업무배치사무소에 다시 갔다. 사무실 책임자는 나를 보자 당황해 했다. 시 정부 물품조달 사무실로부터 나에 대한 좋은 평가보고를 받은 터였다.

내 성격으로 보아 도전할 수 있고 내 자신이 성장하고 발전하는 데 도움이 되는 직업, 게다가 내가 오갑수 가문에 속한 것을 모르는 곳에서 일하고 싶다고 솔직히 고백했다. 두말할 것 없이 책임자는 깜짝 놀랐다.

"이해할 수 없소. 내가 당신에게 가장 좋은 자리 중에 하나를 주었는데 말이오. 아니, 지금 그 자리가 마음에 안 든다는 말이오? 동무는 너무 많은 것을 요구하고 있군요."

"아니오, 제발 나를 좀 이해해 주십시오. 나는 동무의 친절한 배려에 감사하고 있소. 그러나 나는 젊은 남자요. 나는 뭔가 힘든 일을 하고 싶소. 뭔가 나의 조국과 가족에게 의미 있는 일 말이오."

처음에 그 책임자는 불신의 눈빛으로 나를 응시했다. 그러더니 곧 미소를 지어 그도 나처럼 마음의 변화가 있었던 게 아닌가 하는 생각을 갖게 만들었다. 그러나 그 미소가 그의 이중 성격이었음을 알게 되었을 때는 너무 늦었다.

"시베리아에 있는 러시아 집단벌목장에서 일할 자원자를 구하라는 명령을 위대한 수령께서 지시했소. 애국자들이 러시아에 가서 일하면 그 대가로 러시아에서 우리 정부에 돈을 지불하게 되어 있소. 동무는 그런 힘든 노동을 할 수 있소? 위대한 수령의 인정을 받는 일이오."

주저하지 않았다. 내가 원하던 일이 바로 이것 같았다. "어떻게 하면 갈 수 있소? 거기에서 어떻게 살게 됩니까? 러시아 사람들 밑에서 일을 하게 됩니까? 난 러시아 말을 할 줄 모르오."

"그곳에선 다른 동무들과 함께 집단으로 지낼 것이오. 아마 군대의 내무반이라고 생각하면 될 것이오. 대신 많은 급료를 받을 것이오. 보통 노동자는 월 80원 정도요. 기술자와 운전사인 동무의 경력을 따지면 아마 200원까지도 벌 수 있을 거요."

나는 깜짝 놀랐다. 월 80에서 200원이라! 이 정도의 액수면 여기서 버는 액수의 두 배 내지 세 배가 넘는 큰돈이었다. "거기서 얼마 동안 일해야 합니까? 어떤 옷을 입나요?"

"걱정하지 않아도 되오. 그런 물질적인 건 다 알아서 해 줄게요. 동무만 가겠다고 수락하면, 기차로 국경을 가로질러 러시아의 칸카 호수를 지나 '체도민' 이라는 곳으로 가게 되오. 여기서 북쪽으로 대략 8백 킬로미터 떨어져 있소. 거기에 집단벌목장이 열 두 곳이나 되오. 그 중에 한 곳에서 일할 것이오. 계약은 3년입니다."

내 인생에서 처음 맛보는 흥분이었다. 신천지에서 모험하고, 조국을 위해 일하며, 게다가 노동의 대가도 높다니 금상첨화가 아닌가! 책임자는 내가 좋아하는 것을 눈치챘다. "해외 인력 파견 위원회 사무실이 이 건물에 있소. 소개장을 써 줄 테니 위원장 김도순 동무에게 가져가시오. 그러면 그 다음 순서를 알려줄게요."

김 동무는 나를 기쁘게 맞아주었다. 내 기록을 대충 훑어보았다. "분명히 이 일을 하고 싶단 말이오?" 전혀 믿기지 않는다는 음성이었다.

"네, 그렇습니다."

"그렇다면 좋소. 모든 걸 다 지시해 놓겠소. 열흘 안에 떠날 준비를 하시오."

이처럼 급작스럽게 일이 벌어지니 어리둥절해졌다. 주저할 만한 이유가 왜 없었는지 모르겠다. 그러나 아버지는 내 의지를 듣고선 크게 웃으시며, 두 팔을 벌려 나를 안고 내 어깨를 두드려 주셨다. 내가 위대한 수령을 위하여 그런 애국적인 임무를 맡은 것을 오히려 자랑스럽게 여겼다. 열흘 뒤 200명의 다른 장정들과 함께 북쪽의 시베리아 행 기차에 탄 나를 볼 수 있었다.

집단벌목장

러시아로 입국하기 전 국경에서 일행은 기차에서 내려 큰 강당에 모였다. 위대한 수령과 그의 아들 사진이 벽에 걸려 있었다. 군대식으로 정렬 명령을 받고 그대로 따랐다. 검열 후 나누어주는 서류를 받았는데 거기에 서명이 필요했다. 서류에는 다음과 같이 써 있었다.

서류에 서명한 자는 러시아의 시베리아 영토에 머무는 동안에 조국과 위대한 영도자 김일성 수령과 민족의 태양인 김정일 동지를 비난하는 말을 절대 금한다.

서류에 서명한 자는 러시아의 법과 규칙을 준수하고 러시아의 고려인들과의 접촉을 금한다.

서류에 서명한 자는 동료 가운데 조국이나 조국의 지도자를 비방하는 말을 듣는 즉시 상관에게 보고해야 한다.

우리는 모두 서명했다. 그리고 여권을 내주고 대신 신분증을 받았다. 신분증에는 내 이름이 없고 "제3 집단벌목장, 번호 7747-Q478"이라고만 기록되어 있었다.

다시 우리를 태운 기차는 투루멘 강 다리를 건넜다. 이제 러시아에 입국한 것이었다. 기차가 정차하고 명령에 따라 모두 기차에서 내렸다. 기차는 되돌아 조국의 국경을 건너 달리고 있었다. 시야에서 멀어져 가는 기차를 보면서 섬뜩한 고립감과 불길한 예감이 내 가슴을 가득 채웠다. 내 인생에서 처음으로 홀로 선 것이었다. 내 가문이 전혀 도움이 되지 않을 것이었다. 아는 사람은 아무도 없었다. 더군다나 우리의 과제나 역할을 알려주지 않는 책임자들의 태도가 왠지 불안했다.

"지금 이 순간부터 동무들은 해외거주 조선인 노동자의 보호를 받게 되어 있소. 동무들은 하라는 대로만 일하면 되오. 그러면 문제가 없을 것이오. 문제를 일으키는 자는 그 대가를 받게 될 것이오. 자, 이제부터 체도민 행 기차를 타기 위해 철도 길을 따라 행진할 것이오. 지시만 따르고 말하지 마시오."

이런 명령을 내린 사람이 무장 감시원들을 향해 고개를 끄덕이자 감시원들은 줄을 서서 행진하라고 명령했다. 그들은 행동이 느린 사람을 소총으로 밀치거나 때렸다. 우리는 화물차에 올랐다. 창문도 없고 빽빽한 화물칸에 갇혔는데 신선한 공기는 물론 물과 화장실도 없었다. 하루에 몇 번 기차가 정차하는 곳에서 용변을 보거나 물을 마실 수 있었다. 종착지에 도착하는 데 일주일이 걸렸다.

기차에서 끌어내듯이 해서 내리는데 내 이름이 호출되었다.

"내가 오기섭이오, 동무." 몸이 너무 약해져서 제대로 걸을 수조차 없었다. 누군가 등뒤에서 미는 바람에 나는 소리가 난 방향으로 넘어졌다.

근처에 있는 창고로 인도되었다. 벌목장의 사령관은 책상 앞에 앉아 있었다. 그는 일어나더니 내가 있는 곳으로 왔다. 큰 키에 마른 체구로 긴 코를 가진 그 얼굴은 꽤 거만해 보였다.

"나는 동무가 왜 이곳에 왔는지 모르겠소. 동무가 여기로 보내진 데는 실수가 있었거나 아니면 우리를 감시하기 위한 것 같소. 왜 오갑수의 손자가 벌목장으로 오게 된 것이오? 동무는 늘 감시를 받을 것이오. 어떤 규칙 위반도 바로 처벌 대상이오. 날 속일 생각일랑은 아예 하지 마시오."

"사령관 동무, 잘못 알고 계십니다. 난 내 애국심과 위대한 영도자에 대한 충성의 표시로 이곳에 자원했습니다. 이곳에 있는 동안 동무의 명령에 모두 따르겠습니다." 이 말과 함께 아버지가 집을 떠나는 자식에게 준 선물인 일제 시계를 주머니에서 꺼내 그에게 주었다. 그의 밑에서 일하게 됨을 기뻐하고 잘 하겠다고.

그는 얼떨떨해 하지도 않고 당황하는 기색도 없이 시계를 받아 들고는 제자리에 가 앉았다. "좋소! 수일 내에 동무의 기록을 살펴보고 다시 부르겠소."

그 후 며칠 동안은 참으로 끔찍했다. 하루에 열 네 시간의 중노동을 했다. 훈련을 거의 받지 않은 상태에서 60미터 이상 자란 소나무, 낙엽송, 자작나무를 베야 했다. 자작나무는 쇠처럼 단단했다. 우리 가운데 이런 나무를 본 사람은 아주 적었고, 게다가 도끼와 톱으로 벌목해본 경험자는 아주 극소수였다. 나는 6조에 소속되었다. 내 신분은 143번이었다. 우리 조에서 건장한 장정 두 사람이 나무를 베는 작업을 맡았다. 그러나 그들도 벌목 경험이 없는 사람이었다. 나무들은 베다보면 예상했던 방향과 다른 쪽으로 쓰러졌다. 그들이 베었던 첫 번째 나무는 우리들이 일하는 곳으로 쓰러졌다. 천만다행으로 나무 몸통에 정통으로 맞은 사람은 없었지만 몇 사람이 나뭇가지에 맞아 쓰러지고 상처 입는 사고가 발생했다. 한 사람은 혼수상태가 되어 트럭에 실려 숙소로 후송되었다. 나머지 사람은 톱으로 쓰러진 나무들의 가지를 잘라내는 작업을 했다.

둘째 주, 어쩌면 다섯째 주, 아니면 열 번째 주, 시간 가는 걸 모르겠다. 그 무렵의 내게 시간이란 아무 의미가 없었다. 나무를 베고 또 베도 끝이 보이지 않는 울창한 숲, 나무와의 싸움에 머리가 멍해지고 근육이 마비되었다. 갑자기 큰 고함 소리가 들렸다. "143번, 즉시 6조로 가라!"

나는 톱을 집어들고 걸었다. 목적지에 도착하기 전인데, 고함 소리가 들렸다. "넘어진다!" 그때였다. 자작나무가 마치 어두운 밤처럼 나를 덮친 것이다. 피하려고 했지만 나뭇가지 하나가 내 등을 치는 바람에 쓰러지면서 그 밑에 깔렸다. 그렇게 얼마나 있었는지 몰랐다. 아니 시간엔 신경 쓰지 않았다. 잠에 빠져든 느낌이었다. 내가 구출되었을 때엔 소리를 지르지도 않았다. 하반신이 마비된 것만 같았다. 동료들이 사망자와 부상자들을 운반하는 트럭 있는 곳으로 나를 데리고 갔다. 숲 속에는 의료진이 배치되어 있지 않았다. 숙소가 있는 본부에만 있었다. 사건 후 수 시간이 지나서야 트럭을 쓸 수 있었다. 사망자 네 명의 시신은 맨 밑 칸에 놓였고, 그 바로 위칸에 나처럼 중상자들이 타고, 맨 위칸에는 경상자 몇 사람이 실렸다.

수많은 부상자들 틈에 끼어 나도 병원에 누워 있었다. 사고가 난 지 나흘째 되는 날 다리에 감각이 되돌아오는 걸 느낄 수 있었다. 이게 꽤 싫었다. 할 수만 있다면 이 사실을 숨기고 싶었다. 그러나 외상이 나았고 다시 걸을 수 있을 만큼 회복된 점을 간호사와 의사가 모를 리가 없었다. 나는 6조에 합류하라는 명령을 받았다. 탈출과 자살, 이 두 가지 생각이 머리에 떠올랐다. 탈출은 불가능하고 자살 기도는 임시방편인 것을 모르는 바 아니었다. 그날 저녁 우리는 식당에 모였다. 식단은 보리밥에 배춧국이었다. 식사 후 작은 방에 들어가 나란히 깔려 있는 나무판대기 위에 쓰러져 곧 잠에 빠졌다. 지쳐 쓰러진 그 모습은 마치 한 가닥의 긴 국수 가락 같았다.

아침에 다른 노동자들과 함께 숲으로 떠나는 대열에 서 있을 때였다. 감시원이 나를 끌어냈다. "같이 갑시다." 이것이 전부였다. 나는 사령관의 사무실로 불려갔다. 만일 그날 노동자 무리에 섞여 숲으로 갔다면, 난 자살 기도를 했을지도 몰랐다. 그만큼 지쳐 있었다. 사무실로 들어가자 사령관 동무는 전처럼 책상 앞에 앉아 있었다. 나를 올려다보고는 미소를 지었다. 경비병이 나가고 우리 둘만 남았다. "오 동무, 매우 안 좋아 보이는군. 혹사당하지 않았기를 바라오. 동무와 같이 중요한 사람은 잘 대접해야 되는데… 그것이 나의 임무요." 그의 웃음 속엔 빈정거림이 묻어 나왔다. 내가 그의 손에 잡혀 있는 것을 그가 모를 리 없었다. 나도 알 정도이니까. 아무 대답 없이 차려 자세로 서 있었다.

"동무에게 한 가지 제안을 하겠소. 우리는 함께 일할 수 있을 것이오. 앉으시오."

그렇게 말하는 그에게 고마움마저 느꼈다. "사령관 동무, 함께 일을 할 수 있다면 영광입니다. 어떤 일을 해 드릴까요?"

"동무의 기록을 보니 기술자에다 트럭 운전사였더군. 맞소?"

"그렇습니다. 군대에서 배웠습니다. 기술자와 운전사 면허를 가지고 있습니다."

"좋아. 집단벌목장을 운영하는 게 따분해질 때가 가끔 있소. 그래서 말인데… 취미생활로 작은 사업을 하나 개발했소. 동업자가 필요하오. 이 지역엔 식량, 담배, 장화, 외투, 술, 약품 등의 모든 물자가 부족하오. 그래서 꾸준히 물자를 대줄 수 있는 공급처를 확보해 놓았소. 동무가 운전과 배달을 맡아 준다면, 수감자, 경비원, 아니 러시아인들에게까지 전 지역에 이 물품을 팔 수가 있소. 동무는 운전사 월급도 받고 수익의 20퍼센트를 받을 수 있소."

"운전사 월급은 얼마입니까?"

"한 달에 180루블이오. 그러나 그 중 절반은 정부에 내고, 나머지의 절반이 숙식비로 나가니 45루블이 동무의 몫이오. 3년 동안 살려면 이보다 더 많은 돈이 필요할 것 아니겠소."

"무슨 일을 언제부터 하는 겁니까?"

"우선 열 두 개 벌목장의 위치를 알아야 하오. 지도를 보여주겠소. 오늘부터라도 시운전을 해 볼 수 있소. 체도민이 다른 벌목장에 물자를 공급하는 본부요. 동무는 이곳 저곳 다니려면 쉴 새가 없을 거요. 벌목장마다 사업 담당자를 정해 알려주겠소. 연락은 내가 취하겠소. 동무는 내가 동무에게 주는 물자를 지정한 사람에게 전달하기만 하면 되오. 그런데 속임수를 쓸 생각일랑은 아예 마시오. 속임수를 쓰면 벌목장으로 되돌리겠소. 당신 전임자가 나를 속이려다가 들켜서 며칠 전에 벌목장 노동자로 다시 돌아갔소."

나는 지도를 보면서 어떤 화물이 어디로 가는지 확인하고, 트럭을 검사하면서 그날 하루를 보냈다. 트럭은 낡은 1950년대 지굴리 형이었지만 아직은 쓸 만했다. 군대에서는 이보다 더 형편없는 트럭을 운전했었다.

이때부터 내 잠자리도 벌목노동자들과는 다른 곳으로 바뀌었다. 노예처럼 일하는 노동자들은 내가 사령관과 모종의 일을 꾸미고 있는 것을 알았다. 내가 그들과 같은 건물에서 지내면, 나를 죽일지도 몰랐다. 그들이 불쌍해 보였지만, 그들을 도울 방법이 없었다. 공산주의자로서 '사리사욕을 추구하는' 자본주의적 사고 방식에 빠져 들어간 내 자신에 충격을 받았다. 그러나 어쩔 수 없었다. 벌목장으로 다시 가지 않으려면 어떤 짓이라도 해야 했다.

다음날 첫 번째 임무가 주어졌다. 4번 벌목장에 쌀을 가져가는 일이었다. 장거리였다. 도로는 비포장인데다가 울퉁불퉁하고 엉망이었다. 도로 길목 검문소를 지날 때마다 검문을 받았다. 그날 4번 벌목장에 도착했을 때는 이미 어둠이 깔린 후였다. 창고에 짐을 다 풀고 나서 그곳 사령관에게 호출되었다. 나는 그의 원하는 바를 이미 알고 있었다. 내 운전석 밑에 숨겨두었던 상자를 가지고 갔다. 이것을 커다란 군용가방에 넣고 사령관에게 갔다.

그는 꽤 퉁명스러운 사람이었다. 단도직입적으로 가방 안에 무엇을 가지고 왔는지 물었다. 나는 가방에서 상자를 꺼내 그에게 건네주었다. 그것을 받아 책상 밑에 놓더니 한마디 던질 뿐이다. "됐소. 그만 나가시오."

"네, 사령관님. 저녁은 어디서 먹나요?"

"다른 사람들과 같소. 사람들이 숙소로 돌아오면 그들과 함께 하면 되오." 나는 유령 같은 무리가 지쳐 기진맥진한 채 숲 속에서 나오더니 긴 식탁 의자에 힘없이 걸터앉는 모습을 보았다. 쌀죽과 콩자반이 그들 앞에 놓여져 있었다. 아무도 말하는 사람이 없었다. 그저 수저만 움직일 뿐이었다. 내 밥그릇을 들고 밖으로 나왔다. 내 조국 사람들이 당하는 이런 천대를 보면서 마음이 아팠다. 이처럼 비참한 삶을 사는 동지들을 놔두고 이를 피하려는 내 태도가 명예롭지 못했다. 물론 노예 같은 생활도 명예로운 것은 아니었다. 일년도 채 안 되는 짧은 기간에 내 인생은 뒤틀려 버렸다. 버릇없는 손자에서 이상주의적 애국자로, 노예로, 지금은 부패한 정치인에게 비굴하게 아부하는 인간이 되었다. 이제 옴짝달싹 할 수도, 빠져 나올 수도 없었다.

체도민에서의 삶은 지루하기 짝이 없었다. 다양한 부류의 사람들을 만나 관계를 맺어야 했고, 그들 모두에게 물자를 보급하고 기쁘게 하려면 주도면밀해야 했다. 매일 이 벌목장에서 저 벌목장으로 짐을 운반했다. 수개월이 지나자 벌목장 수위들과 도로를 지나칠 때마다 마주치는 검문소의 경비병들과 친구가 되었다. 그들은 내가 지나갈 때마다 건네주는 '선물'을 기다렸다. 나는 사령관 몰래 그들 중 몇 사람과 소위 부업을 하게 되었다.

한 예로, 제6 벌목장 수위가 어느 날 저녁 식사 후 내게 다가왔다. 우리는 밖에 앉아서 담배를 피웠다. 그는 담배를 한 모금 빨고 나서 아주 태연히 내게 말을 걸었다. "동무에게 제안할 게 있소. 약간의 돈도 벌고, 좋은 일도 할 수 있소이다."

"나는 지금 일만으로도 바쁘오. 더 이상의 일은 필요 없소. 이미 쓸 돈보다 더 많은 돈을 벌었소. 그래서 조국으로 돌아가서 쓸 수 있도록 루블을 조선 돈으로 환전하는 길을 알아보고 있는 중이오."

수위가 픽 웃었다. "동무가 고향에 돌아갈 수 있는 운 좋은 사람인지도 모르지. 그러나 절대로 그 많은 돈을 갖고 가도록 가만 놔두지는 않을게요. 고향에 돌아가려면 이곳과 고향 거물들의 눈가림을 위해 지금 갖고 있는 돈보다 더 엄청난 뇌물 자금이 필요할 거요."

그의 말이 맞았다. 그러나 고향에 돌아가기 위해 무슨 일이든지 다 할 작정이었다. 뇌물이 더 든다면 돈을 더 벌어야 했다. "어떤 계획이라도 있소?"

"어젯밤, 동료와 같이 창녀와 지냈소. 여기서 멀지 않은 곳에 한 20여 명의 여자들이 있는 집이 있소. 내 계획은 이렇소. 이곳 남자들은 수개월 아니 수년 동안 여자 구경도 못하고 이곳에 박혀 있소. 단 몇 분만이라도 여자랑 지낼 수만 있다면 가진 것을 다 낼 수 있단 말이오. 그러나 여기서 남자들을 밖으로 데리고 나갈 수는 없지 않소? 그러나 그 여자들을 이리로 데리고 오게 하는 거죠. 그걸 동무가 맡으면 되오. 여자들을 트럭에 태워 이리로 데리고 오고 트럭은 정비소에 주차시키면 되는 게요. 밤에는 이 근처에 아무도 없을 테니… 아마 여자 열 명은 트럭에 태울 수 있을 것이오. 한 번에 남자 열 사람이 15분에서 20분 정도 여자들과 시간을 보내게 하고, 일주일에 한 이삼일, 하룻밤에 두 세 시간만 들이면 잘 될 것 같소."

"여자들에게 얼마나 주면 되오? 벌목꾼들은 돈이 없을 터인데."

"20분을 위해서라면 목숨이라도 내 놓든지 종신 계약이라도 할 남자들이오. 장담하오."

이런 사업이라면 마음에 전혀 내키지 않았다. 그러나 가장 비참한 상황에 처한 남자들에게 단 15분만이라도 여자를 접하게 하는 건 기막힌 생각이었다. 수위 예상이 딱 맞아 떨어졌다. 어디에서 돈을 구했는지는 몰라도 벌목꾼들은 몰려들었다. 그들은 우리에게 돈을 주었다. 그리고 트럭에서 단 몇 분을 보냈다. 한 달이 채 되기도 전에 그들은 돈을 갖고 다시 왔다. 나는 서서히 부자가 되어갔다.

그렇게 내 인생은 흘러갔다. 3년 동안 나는 꽤 많은 돈을 모았다. 사령관의 도움으로 러시아 은행에 구좌도 개설했다. 그리고 사령관 모르게 은행원을 매수해 다른 구좌를 개설해서 거기에 모은 돈을 저금했다.

그 동안 양심 따위에는 신경을 쓰지 않았다. 선악에 대한 가책을 따돌리고 돈을 모으는 데만 집중했다. 어떤 상황에서도 이득을 보고 넉넉하게 살다보니, 양심의 가책을 느끼지 못했는지도 몰랐다. 그런데 이제서야 이곳 벌목장에서 내 영혼은 죄악 가운데 빠져 있음을 깨달았다. 견디기가 어려웠다. 같은 조선 사람을 이용한 게 괴로워졌다. 그러나 또 다른 한편으로 그들을 이런 식으로 도왔다는 생각도 들었다. 어쨌든 고향으로 돌아갈 날이 얼마 남지 않았다고 다짐했다.

파국

그날은 토요일 밤, 아니 이른 일요일 아침이었다. 나는 고된 하루의 일과를 마치고 막 돌아오는 길이었다. 벌목장 입구를 들어서는데 뜻밖에 사령관 비서인 전호빈을 만났다. 그와 나는 동업을 하면서 가까운 친구가 된 사이였다. 그는 트럭 짐칸으로 뛰어 오르더니 열린 창으로 머리를 들이밀었다.

"무슨 일이 있어도 사령관의 사무실에는 가지 마. 너를 찾고 있어. 넌 반역자로 잡힐 거야."

"뭐라고? 나를 잡는다고? 반역자라니 무슨 말야? 내가 '부업' 때문에 잡힌다면 할 말은 없지. 그러나 사령관도 관련되어 있는데, 왜 나를 잡아?"

"아니! 아니! 부업과는 아무 관계가 없어. 네 할아버지의 사촌이 남한 장성인데 그것을 보고하지 않은 증거를 반대파들이 찾아 냈다나 봐. 네 아버지는 벌써 체포되었고. 어머니와 여동생은 함경북도 북쪽 끝으로 추방되었다니까, 잡히면 너도 반역자로 처벌받을 거야."

숨을 쉴 수가 없었다. "아버지가? 할아버지가? 말도 되지 않아. 누가 그런 거짓말을 해?"

"공식 발표문을 내가 직접 봤어. 위대한 수령님이 사망했어. 당은 혼란 상태에 빠졌어. 권력 밖에 있던 사람들이 수령님과 가까웠던 사람들을 찾아내서 복수하고 있어. 너의 가족도 숙청대상 중의 하나야. 지금 여기서 너랑 얘기할 수 없어. 여기서 우리 둘이 잡히면 내 목도 날아갈 거야. 이 트럭으로 제5 벌목장으로 지금 떠나. 거기에 시베리아 횡단 철도역으로 가는 철로길이 있어. 일단 거기까지만 가면 어느 방향으로든지 갈 수 있을 거야. 서둘러. 어서 여기서 떠나!" 그는 트럭에서 뛰어내리더니 어둠 속으로 사라졌다.

몇 시간 후에 나는 제5 벌목장 가까이 이르렀다. 그곳은 자주 드나들던 곳이었다. 먼저 트럭을 찾지 못하도록 덤불 속에 숨겼다. 그리고 철길을 찾았다. 통나무 목재가 높다랗게 산적된 네모난 화물차들이 철로길 옆에 있었다. 나는 커다란 통나무 밑 틈새에 몸을 숨기고 기다렸다. 잠시 후에 기관차가 오더니 화물차들을 연결하였다.

나는 움직이지 않은 채 누워 기다렸다. 역에서 들려오는 통상 안내 방송을 제외하고는 정적이 깔려 있었다. 그제야 통나무 밑에서 나와 가까이 있는 신호 제어기 근처로 기어갔다. 그리고 그 뒤에 숨어 짐 운반자들의 동정을 살폈다. 내가 숨어 있는 곳에서부터 네 번째 화물차에다가 한 일꾼이 바쁘게 짐을 싣고 있었다. 나는 지켜보았다. 그리고는 살금살금 가까이 다가갔다. 작업이 거의 다 끝나가고 있었다. 대부분의 일꾼은 다음 화물차로 옮겨가 있었다. "문 닫아!" 조장의 명령이 떨어졌다. 문이 닫히는 그 찰나 나는 칠흑 같은 화물차 안으로 뛰어들었다. 꽝! 문이 닫히면서 밖으로 고리가 잠겼다. 나는 어디론가 가고 있었다.

형제들

로스토브

윤송남은 화물차의 구석에 있는 두 개의 기계상자 뒤를 은신처로 삼고 일꾼들이 짐을 싣고 내리는 동작을 지켜보았다. 일꾼들은 무거운 짐을 끙끙 들어올리면서 투덜대었다. "문 닫아! 이제 출발!" 명령이 떨어졌다. 일꾼들은 기차에서 뛰어내렸다. 문이 닫히기 전, 일 분 아니 이 분이 지났을까. 윤송남은 그 짧은 순간에 화물차 안으로 몸을 던진 한 남자를 보았다. 그러나 아무도 그를 보지 못했나 보다. 문이 닫히고 문 밖으로 자물쇠가 채워졌다.

윤송남은 그 사나이의 얼굴을 볼 수는 없었지만 바닥에 쓰러지며 내쉬는 긴 안도의 숨소리만은 들을 수 있었다. 바로 그 순간 윤의 다리에 쥐가 올랐다. 다리를 움직여야만 했다. 사나이는 그 작은 소리를 듣고 온 몸이 경직되면서 은신처를 찾아 숨었다.

누군가가 있다는 것을 알면서도 선뜻 먼저 말을 할 용기가 둘 다 없었다. 무기가 될만한 물건을 찾아 주위를 둘러보아도 아무것도 없었다. 썩은 화물차 벽면에서 새어나오는 희미한 빛줄기 이외엔 어둠뿐이었다. 두 사람은 서로 숨은 위치를 확인하느라 움직이지 않은 채 긴장을 풀지 못했다. 그러나 시간이 흐르자 서서히 두려움은 사라지고 호기심이 발동했다.

드디어 오기섭이 먼저 말문을 열었다. 그 동안 어설프게나마 배운 러시아어였다. "난 싸우고 싶지 않소. 서로 돕도록 합시다."

윤송남이 대답했다. "러시아 말을 할 줄 모르오. 당신은 러시아 사람이 아닌 것 같군요. 외국 억양인데, 누구시오?"

"나는 조선인이오."

윤송남은 숨어 있던 곳에서 뛰쳐나오다시피 했다. 상대방이 같은 조국 사람이라니 너무 기뻤다. 그는 모든 경계심을 버린 채 목소리 나는 방향으로 다가갔다. 그는 조선말로 소리쳤다. "나도 조선 사람이오. 우린 동지요."

이 말에 오기섭도 숨어 있던 곳에서 나왔다. 둘은 화물칸 중간 지점쯤에서 만났다. 처음에는 어둠 속에서 서로 바라보기만 했다. 그리고는 앉아서 이야기를 나누기 시작했다. 그렇게 얼마 동안 서로 자신의 처지를 털어놓았다.

기차가 갑자기 속력을 줄이기 시작했다. 두 사나이는 깜짝 놀라며 현실로 되돌아 왔다. 어디를 지나쳤나? 어디로 가는 건가? 남쪽으로 가면 중국 감옥, 북쪽으로 가면 시베리아의 노동수용소, 동쪽이라면 블라디보스토크의 경찰에 넘겨질 것이다. 그들은 서쪽으로 가야 했다. 그들이 탄 기차는 옆의 선로로 옮겨지더니 정차하였다. 할 수 있는 게 아무것도 없었다. 화물차는 이틀 동안 그대로 정차해 있었다. 윤송남과 오기섭은 배고픔과 갈증으로 견디기 힘들었다. 사흘째 되는 날 밤이었다. 무엇인가 희망을 주는 소리를 들었다. 화물차 밖에서 조선말 소리가 들려왔다. 두 남자 음성이었다. 그들은 화물차가 제대로 잠겼는지 점검하고 도착지를 확인하는 대화를 나누고 있었다. 그 두 남자가 가까이 올 때까지 기다렸다. 그리고는 윤송남이 열린 틈새로 속삭였다. "선생님, 제발 저희들 좀 살려주십시오!"

일꾼들은 가까이 다가왔다. "누구요? 그 안에서 뭐 하는 거요?"

"우리 두 사람은 러시아 경찰을 피해 도망 나온 조선 사람입니다. 아무 죄도 없는데 잡으려고 합니다. 사흘 동안 아무것도 먹지 못했는데, 제발 살려주십시오."

"문을 열겠소. 그러나 한 번에 한 사람씩 손을 들고 나오시오. 우린 무기가 있소. 허튼 짓은 하지 마시오."

문이 슬며시 열렸다. 두 사람은 손을 들고 한 사람씩 천천히 밖으로 나왔다.

"물 좀 있습니까? 먹을 것도요. 아무것이라도 좋습니다, 먹을 거라면…. 가진 돈이 있으니 드리겠습니다." 오기섭은 나오자마자 애걸했다.

한 일꾼이 물병을 건네주었다. "도대체 누구요? 어디로 가는 길이오? 빨리 말하시오. 시간이 없소."

두 사람은 물을 흠뻑 들이마시고는 말했다.

"우리는 시베리아 동쪽에 있는 벌목장에서 탈출했습니다." 두 사람 다 같은 데서 온 것처럼 오기섭은 자신의 삶을 이야기했다. "여기서 잡히면, 우린 그곳으로 가야 하거나 죽게 될지 모릅니다. 제발 좀 도와주십시오."

"어떻게 해 주면 좋겠소? 빨리 말하시오. 당신들이 잡히면 우리도 일자리를 잃거나, 아니 더 나쁘게 당할지도 모르오. 무엇을 원하시오?"

"서쪽으로 가야 합니다. 가능한 한 시베리아에서 가장 먼 곳으로요. 서쪽으로 가는 화물차를 탈 수 있게 도와주십시오. 그리고 먹을 것… 먹을 것을 좀 주실 수 있습니까?"

일꾼들은 서로 바라보았다. 한 사람이 고개를 끄덕이자 다른 사람이 기차 뒤로 사라졌다.

"당신들은 운이 좋군요. 저기 세 번째 철로에 놓인 화물차가 흑해 부근에 있는 로스토브로 갑니다. 한 보름은 걸릴 거요. 화물칸 문이 곧 잠길 테니 서두르세요. 로스토브에 도착할 때까진 밖으로 나올 수가 없을 겁니다. 동료가 물과 먹을 것을 조금 가져다 드릴 거예요."

윤송남과 오기섭은 무사히 화물차에 탔다. 그러자 다른 일꾼이 나타났다. 그의 손에는 먹을거리가 담긴 꾸러미와 물 두 병이 들려 있었다. 그는 꾸러미를 건네주면서 충고했다. "조금씩 아껴 드세요. 도착할 때까지 이것으로 견뎌야 하니까."

문이 닫히기 전에 두 사나이는 친절을 베푼 낯선 동포에게 진정으로 고마움을 표했다. 그때 윤송남이 물었다. "실례입니다만, 기독교인이십니까?"

"그렇소. 그런데 그건 왜 묻는 거요?"

"최근 몇 년 동안 그분들에게서 많은 도움을 받았습니다. 혹시 로스토브에도 기독교인들이 있는지 알고 계십니까?"

"확실히는 모르겠지만 거의 모든 곳에 조선인들이 있고, 조선인들이 있는 곳이면 아마도 교회가 있을 것입니다. 이렇게 하세요. 로스토브에 도착해서 귀를 기울여 보세요. 조선말을 들을 수 있을 거예요. 많은 조선 사람들이 철도청에서 일하고 있고 대부분이 우리처럼 점검 같은 일을 맡고 있어요. 잘 가십시오. 하나님께서 두 분을 돌봐 주시기를 기도하겠습니다."

처음 열흘과 비교해 보면 마지막 보름 동안의 화물차 안에서의 삶은 호사였다. 물과 음식을 아껴가며 먹고 마셨다. 잠도 충분히 자고, 조국과 시베리아에서 겪었던 일들을 서로 나누며 시간을 보냈다. 오기섭은 그 유명한 할아버지에 대해서, 또 보초병들과 몰래 했던 '부업'에 대해서도 말하지 않았다. 또 매춘부를 이용해 돈벌이 한 것에 대해서도 입을 다물었다. 윤송남의 경우는 대부분의 시골 사람들이 겪는 그런 전형적인 삶이었다. 단지 한순간의 분노가 그의 운명을 바꾼 것이었다. 그렇다 하더라도 그는 여전히 공산주의자였고, 기회가 되면 기꺼이 고향에 가고 싶다고 했다. 그리고 목사님에 대해서, 그가 한국에서 미국으로, 또 카바로프스크로 오게 된 인생 여정, 마지막으로 비참하게 살해당한 그 모든 내용을 윤송남에게 자세히 말했다.

서로가 신뢰하게끔 되자 두 사나이는 말을 놓기 시작했다. 윤송남이 나이가 많다고 '형'이 되어 오갑수를 '아우'라고 불렀다.

철도청 일꾼들의 말은 정확히 맞아 떨어졌다. 열 엿새째 되는 날 아침에 기차가 멈추었다. 밖을 힐끗 살펴보니 그곳은 대도시의 철도 야적장이었다. 날씨는 따뜻하고 맑았다. 그들은 화물칸 잠금 장치가 풀리고 문이 열리기 전까지 이틀이나 더 갇혀 있어야 했다. 일꾼들은 그들이 숨어 있는 화물차 뒤에서 짐을 내리느라 계속 바쁘게 움직였다. 두 사나이는 그 틈을 타 들키지 않고 화물차 안에서 빠져 나올 수 있었다. 천천히 철로를 건넜다. 그들에게 신경을 쓰거나 주의를 기울이는 사람은 아무도 없었다. 그들은 커다란 건물 내 터미널에 들어설 때까지 계속 걸었다. 내부는 멋있고 깨끗했다. 러시아 영웅을 새긴 조각상들이 우아하게 놓여 있고, 벽에는 그림들로 장식되어 있었다. 두 도망자에게는 기차역이라기보다는 성(城)처럼 보였다.

기차역은 목적지를 향해 발걸음을 재촉하는 수천 명의 사람들로 붐비고 있었다. 처음엔 그런 무리가 가는 방향으로 따라 갔다. 그러다가 오갑수는 러시아 간판을 조금씩 헤아리기 시작했다. 음식점, 화장실, 수화물. '수화물'이 바로 그들이 원하는 바였다. 한 두 차례 헤매다가 가방이 잔뜩 실린 채 돌아가는 컨베이어 벨트와 한쪽 벽면에 가방들이 쌓여 있는 탁 트인 넓은 공간에 이르렀다.

그들은 한쪽에 서서 지켜보기로 했다. 그러나 누가 누구의 가방을 가져가는지 도통 알 수 없었다. 세계 각 나라 사람들이 다 모여 있었다. 피부색도 다르고 모양새, 크기도 사람마다 다 달랐다. 언어들도 각각이었다. 조선인이 다른 사람의 짐을 갖고 가는 걸 어떻게 알아차릴 수 있겠는가?

시간이 지나자 사람 숫자가 줄어들기 시작했다. 자정이 지나자 아주 소수만 남았다. 아주 초라한 행색의 무리가 건물의 한쪽 구석에 모여 있었다. 그곳에서 밤을 지새는 것 같아 보였다. 몇 명의 경찰들이 넝마주이 같은 무리를 감시할 양인지 근처를 오갔다. 그들은 가끔 두 사나이에게도 의심스러운 눈길을 보냈다.

그런데 갑자기 시끌벅적 떠드는 소리가 들렸다. 두 사람이 기다리던 바로 그 소리, 임무 교대 시간이 되어 일하러 온 사람들이 떠드는 소리였다. 그들은 조선말을 하고 있었다. 여자들은 바닥을 문지르고 광내는 일을 하였다. 남자들은 한쪽에 놓인 가방들을 방으로 옮기기 시작했다.

기회였다. 윤송남이 가방 옮기는 사람들 옆으로 슬그머니 다가갔다. "도움이 필요합니다. 아주 먼 곳에서 왔는데, 돈은 조금 있소이다. 도와주실 수 있습니까?"

그 짐꾼은 윤송남이 이방인이라는 것을 금방 알아차렸다. 말투가 아주 달랐기 때문이었다. "어떤 도움이 필요하십니까?" 그는 일하던 동작을 늦추지 않고 조용하게 물었다.

"난 친구와 함께 있는데 며칠 머물 곳이 있으면 합니다. 우린 조선 사람입니다. 그리고 시베리아에서 탈출했소이다."

"아까 있던 곳에서 기다리다가 우리가 떠날 때 따라오세요. 밖에서 우리가 서로 작별인사를 할 터인데 그때 합류하세요. 그럼 이따가 봅시다."

두 사나이는 사람들이 일하는 것을 지켜보았다. 그러다가 둘 다 잠이 들었다. 윤송남은 적막감에 화들짝 잠을 깼다. 일을 끝냈는지 기차역 밖을 향해 저만큼 일꾼들이 무리 지어 나가고 있었다. 두 사나이는 때맞추어 간신히 출입구로 달려가 일꾼들이 나누는 인사를 지켜보았다. 그리고 아무 말 없이 아까 만났던 남자가 5명의 다른 사람들과 걸어가는 뒤를 따라갔다.

다른 길로 여러 번 돌아 소란한 소리가 들려오는 골목길에 다다랐다. 오기섭은 걱정이 되었다. "형님, 무슨 일인가요? 싸움터 같은데 온 것 아닙니까? 우리를 어디로 데리고 가는 겁니까?"

"자넨 믿지 않겠지만, 지금 기도 모임에 가는 길일 거야." 윤송남은 짐작했다. "기독교인들은 어디에서건, 새벽마다 매일 아침 기도를 하는 것 같아. 하나님께 드리는 기도 소리일 거야. 그러니 괜찮아. 어서 와."

십자가가 있는 작은 건물 안에 10여 명의 사람들이 바닥에 엎드린 채 하나님께 통성 기도를 드리고 있었다. 두 사나이는 조용히 앉아 그들의 기원 내용을 알아들으려고 귀를 기울였다. 기도가 끝나고 한 여인이 이웃을 섬기라는 내용의 말씀을 간단히 전했다. 그리고 각자 책을 펼쳐 찬송을 불렀다.

설교를 했던 그 여인이 두 이방인에게 다가왔다. "철도청에서 일하는 친구들과 함께 왔습니까? 환영합니다. 나와 함께 아침을 먹으며 이야기합시다."

로스토브는 이 두 사나이가 원했던 천국이었다. 큰 도시인데다가 여러 인종이 어우러진 그런 곳이었다. 경찰은 간섭하지 않았다. 교인의 알선으로 고려인이 운영하는 작은 공장에 불법으로 취직이 되었다. 그 공장은 산업용 볼베어링을 생산하는 곳이었다. 한 부서에서는 시베리아 산 단단한 자작나무로 '특수 베어링'을 만들고 있었다. 최근까지 오기섭이 일하던 그 벌목장 일꾼들이 벤 나무로 생계를 이어가다니, 참 얄궂어 보였다. 일은 힘들었다. 하루에 열 시간씩 일주일에 엿새를 일했다. 임금은 겨우 생계를 유지할 수 있을 정도였다. 그러나 일년이 안 되어 두 사람은 기술자가 되었고, 공장 밖에서는 한인 사회의 일원으로 받아들여졌다.

그러나 그때 일이 생겼다. 오기섭이 사랑에 빠진 것이다. 러시아 아가씨로 타티아나라는 이름을 가진 매점 판매원이었다. 맑은 초록빛 눈동자에다가 갸름한 얼굴로 보아 동양계 조상의 피가 섞인 느낌을 주었다. 그녀의 미소는 밝고 부드러웠다. 오기섭은 상사에게 줄 커피를 사러 갔다가 그녀를 처음 만났다. 그 이후로 매일 매점 앞을 지나가며 그녀에게 손을 흔들며 미소를 보냈다. 그때마다 그녀도 아는 체 했다.

어느 토요일 저녁, 공장 친구들과 춤추는 곳에 갔다. 음악 소리가 매우 컸는데 그보다도 잡음이 더 크게 들렸다. 담배연기로 자욱한 데서 음악에 맞춰 몸을 흔드는 사람들로 실내는 꽉 차 있었다. 오기섭은 그 분위기에 빨려 들어갔다. 누군가 뒤에서 그의 어깨를 쳤다. 뒤돌아보니 타티아나였다. 그녀의 눈빛은 그를 사로잡았다. 오기섭은 춤을 춰 본 적이 한 번도 없었지만, 그날 밤에는 날이 밝을 때까지 그녀를 안고 춤을 추었다. 끝났을 때, 그는 그녀의 손을 잡고 어머니와 함께 사는 그녀의 아파트까지 데려다 주었다. 꼭 잡은 손의 감촉을 서로 조용히 만끽했다.

그녀가 침묵을 깼다. "어디에서 왔어요? 회사 매점에서 2년 동안 일했지만 최근까지 당신을 본 적이 없어요. 집이 어디예요?"

처음에 오기섭은 자신의 신분의 일부만을 밝히려고 했는데 어쩌다 보니 모든 내용을 다 말하고 말았다. 그녀의 아파트 밖 계단에 앉아서…. 이미 여명이 밝았는데도 그들은 헤어질 마음이 들지 않았다. "이제 당신에 대해서도 말해봐요. 로스토브 출신인가요? 어머님과 늘 같이 살았나요?"

"아버지는 타타르족이었어요. 내 눈 생김새와 색깔이 아버지를 닮았어요. 어머니는 러시아인이에요. 할아버지와 가족들은 이곳 크리미아에서 그리 멀지 않은 타타르 선조의 땅에서 살았지요. 그러나 스탈린이 타타르족에게 전쟁에서 독일인을 도왔다는 죄명을 씌워서는 카자흐스탄으로 추방했어요. 최근에 러시아 법원에서 스탈린의 결정을 뒤집었지만 이제는 너무 늦었어요. 우크라이나 사람들이 우리 선조의 땅을 지배하고 그 땅을 돌려달라는 우리의 요구를 거절했지요.

나는 카자흐스탄에서 태어났어요. 언젠가는 우리의 땅을 다시 찾을 수 있다는 희망을 갖고 몇 년 전에 아버지랑 이곳으로 이사 왔어요. 불행하게도 이곳에 온지 몇 개월 안 돼 아버지께서 돌아 가셨어요. 어머니와 나는 그때부터 이 아파트에서 함께 살고 있어요."

아버지의 죽음을 이야기하면서 그녀는 조용히 눈물을 흘렸다. 오기섭은 그녀의 이마에 부드럽게 입맞춤을 해 주었다.

그날 이후, 매주 토요일 밤이면 그들은 함께 춤추러 갔다. 밤이 새도록 춤을 추고 동틀 무렵이면 돈강을 바라보며 함께 오솔길을 걸었다. 어느 일요일 아침이었다. 버드욘스키 프로스키트까지 걸었다. 그리고는 고르키 공원에 들어갔다. 커다란 수양 버드나무 아래서 처음으로 사랑을 나누었다. 서로에게 빠져 있는 그들처럼 나무도 흔들리는 것 같았다. "이제 우리는 부부예요. 타티아나, 나와 결혼해 주겠어요?" 그녀는 주저하지 않았다. "기꺼이 당신의 아내가 되겠어요." 서로 손을 꼭 잡고 행복해 했다. 그리고 그녀의 아파트로 향했다.

그들은 공원을 나와 프쉬킨스키 도로를 향해 가로등 밑을 지나고 있었다. 술주정뱅이 두 사람이 벤치 위에 수그리고 앉아 있었다. 두 사람이 지나가는데, 그들 중 한 명이 고개를 들어 그들을 바라보았다. "더러운 창녀!" 경멸조의 말을 내뱉었다. 오기섭은 본능적으로 그에게 달려들었다. 그 남자의 멱살을 잡고 주먹으로 얼굴을 때렸다. 그가 벤치 뒤로 넘어졌다.

다른 술주정뱅이가 "살인이다! 살인이야!"라고 소리를 지르며 도망쳤다. 타티아나는 오기섭의 옷을 잡아당기며 "도망가요! 빨리! 경찰이 온다구요. 가요! 어서 가!"

그러나 오기섭은 그녀의 말을 듣지 않았다. 격분해서 쓰러진 술주정뱅이를 무조건 때리기 시작했다. 경찰이 그를 끌어내렸다. 오기섭은 투옥되었고 이틀 뒤에 재판을 받았다.

"오기섭 씨, 당신은 불법 체류자요. 당신은 여권, 비자, 신분증도 없는 사람이오. 그러므로 당신의 나라인 조선인민공화국으로 추방될 것이오. 그때까지 당신은…."

타티아나의 절규는 재판관의 판결을 가로막았다. "안 돼요! 안 돼! 그러면 안 돼요. 그렇게 할 수 없어요. 그는 내 남편이에요. 존경하는 재판관님, 제발 자비를 베풀어주세요. 내 남편이란 말예요."

그녀의 청원은 받아들여졌다. "만약 당신이 그의 아내가 되어 합법적인 서류를 갖춘다면 그때까지 추방명령을 보류해 주겠소. 그 동안 어쩔 수 없이 폭행 구타 죄로 6개월 동안 교도소 생활을 해야 합니다."

투옥생활 두 달 째 되던 때, 오기섭은 면회자가 있다는 연락을 받았다. 그는 타티아나 아니면 윤송남이 왔으리라고 생각하면서 면회실로 들어갔다. 그러나 잘 차려입은 중년의 조선인이 그를 기다리고 있었다.

"당신이 오기섭이오?"

"네, 당신은 누구십니까?"

"나는 송무현이오. 조선인민공화국 영사관에서 나왔소. 당신 재판에 대한 이야기를 들었소. 북조선 인민이 당신처럼 대우를 받는 게 부당하다고 생각하오. 당신 애인의 변호는 훌륭했소. 주정뱅이를 폭행한 이유로 당신을 체포하다니…. 당신을 수일 내에 석방하도록 법원과 협상하겠소."

"그런데 당신은 왜 나를 위해 그러십니까?" 의심이 오기섭의 등줄기를 타고 오르락내리락 하였다. '내 신분을 알고 있는 게 분명해. 벌목장에서 탈출한 것을. 어떻게 하려는 걸까? 정신 똑바로 차리고 경계를 늦추어선 안 돼.'

"우리 인민을 모욕하는 것은 우리의 조국과 친애하는 지도자 동지를 모욕하는 것이오. 그냥 수수방관만 할 수 없잖소. 내일이나 모레, 당신은 우발적인 사고에 후회하고, 러시아와 러시아인들을 존중하겠다는 각서에 서명만 하면 되오. 그렇게 할 수 있소?"

"도와주셔서 고맙습니다. 네, 그런 거라면 서명하죠."

"좋소. 그러면 수일 내에 다시 와 당신을 빼 내겠소."

이틀 후, 약속한 대로 영사관 직원이 다시 나타났다. "모든 것이 다 잘 처리되었소. 이제 교도소장의 방으로 갈 터인데, 소장이 지난번에 내가 말했던 대로 각서에 서명할 것인지 물을 것이오."

오기섭은 교도소장으로부터 출소 허가를 받고 영사와 함께 교도소 문쪽을 향했다. '경계를 늦추지 말자.' 스스로 다짐했다. '어딘가에 함정이 있을 거야.' 그러던 차에 타티아나가 시야에 들어왔다. 그녀는 윤송남과 함께 교도소 정문 앞에 서 있었다. 그녀는 오기섭에게 달려와 포옹했다. "여보, 여보!" 그녀는 눈물을 흘렸다. 오기섭은 힘겹게 눈물을 참고 있었기 때문에 아무 소리도 낼 수가 없었다. 두 사람은 교도소를 뒤로 한 채 손을 잡고 걸었다. 차 한 대가 길 옆에 서 있었다. 그러나 두 사람은 다시 만났다는 기쁨에 주위를 살필 여유가 전혀 없었다. 영사관 직원이 앞에 서서 걷다가 차의 문을 열었다. 윤송남은 오기섭과 타티아나가 둘만의 시간을 갖도록 뒤쳐져 걷고 있었다. 그때 윤송남이 차 뒤에서 덩치 큰 남자가 나오는 것을 보았다.

"아우, 어서 도망쳐. 속았어!"

그러나 이미 늦었다. 오기섭은 애인과 함께 붙잡혔다. 갑작스런 주먹에 정신을 잃었다. 덩치 큰 사나이가 오기섭을 들어올려 차의 뒷좌석에 태우고, 타티아나를 땅에 쓰러뜨린 후 태연하게 오기섭 옆좌석에 앉았다. 차는 황급히 질주했다.

모스크바

나는 두 주 동안 로스토브 뒷골목과 빈민가에 숨어 지냈다. 내 숙소나 교회에 돌아갈 용기가 나지 않았다. 구걸을 하면서 쓰레기 더미 속에서 잠을 청했다. 너무나도 어리석은 나 자신을 용서할 수가 없었다. 어떻게 오기섭이 그 사람들을 믿도록 놔두었단 말인가? 왜 그 공격자들을 막을 수 있도록 가깝게 있지 못했을까? 자책은 끝없이 계속되었다.

마침내 월요일 아침, 해뜰 무렵에 나는 교회를 향해 골목길을 걸어가는 내 자신을 발견했다. 멀리서 하나님께 기도 드리는 소리를 들을 수 있었다. 교회로 들어갔다. 기진맥진한 육신은 끔찍하게 떨렸고, 마치 어린아이처럼 울었다. "용서해 주세요. 용서해 주세요. 오! 하나님,

아우 오기섭을 구해 주세요. 살려주세요." 기도가 자연스럽게 나왔고 멈추질 않았다.

얼마나 되었을까. 어깨 위의 손길을 느꼈다. "예배가 끝났어요 같이 가시지요."

나는 올려다보았다. 아침 예배를 주관했던 김선화라는 교우였다. 아무 말도 하지 않고 순순히 그녀를 따라 갔다. 그녀의 집이었다. 대여섯 명이 모여 있었다. 아침 식사를 마친 후, 한 남자 성도가 말문을 열었다. "윤 형제, 우리 생각으로는 형제가 여기 로스토브를 떠나는 편이 더 안전할 것 같습니다. 그 동안 함께 지내면서 윤 형제가 좋은 분인 걸 잘 알고, 이곳에 머물기를 원하지만…."

다른 남자가 끼어 들었다. "당신의 친구인 오기섭을 납치한 이후 북한 공작원들이 당신을 찾아 샅샅이 뒤지고 있어요. 당신이 유일한 목격자이기 때문에 그런가 보오. 타티아나라는 여자는 건드릴 수 없지만, 형제의 숙소는 계속 감시를 당하고 있어요. 그 동안 숙소에 가시진 않았죠?"

"예. 그러나 거기에 내 모든 게 있어요. 그 동안 돈을 약간 모았는데 그것도 거기에 그냥 있고요. 근데 어디로 가야 할는지 모르겠어요. 어떻게 해야 합니까? 왜 난 알지도 못하는 곳만을 찾아 도망 다녀야 하는지 모르겠습니다. 조국에서 도망치지 말았어야 했는데…."

"형제님, 우리들도 전에는 형제처럼 많은 고통을 겪었습니다. 당신이 당하는 고통이 얼마나 큰지 알고 있습니다. 그러나 절대 포기해서는 안 돼요. 살아야 합니다. 하나님께서 어떤 미래를 열어 주실지 형제가 아직 모르지만… 형제가 모스크바로 가는 데 도움이 될까 해서 우리가 돈을 조금 모았어요. 외국인에게 머물기 좋은 곳은 아니지만, 북한 공작원들에게 발각될 우려는 여기보다 적을 것입니다. 모스크바에 도착하면 황진호 목사님을 찾아가십시오. 여기 목사님의 주소가 있어요. 황 목사님께서 형제를 도와주실 겁니다." 그는 말을 마치고는 러시아 돈이 들어 있는 봉투를 건네주었다.

나는 봉투를 받고 그들에게 고마움을 표했다. 다음날 아침, 기차역으로 떠나기 전에 한 성도가 돈 간수 법을 알려주었다. "잔돈은 주머니와 지갑에 넣고요. 고액권의 일부는 구두의 안창 밑에, 일부는 배에다가 테이프로 붙이고, 나머지는 허벅지에 붙이세요." 그는 웃었다. "그리고 지폐 몇 장은 속옷 바로 안쪽에 넣고 붙이시면 돼요."

그들은 기차표까지 건네주었다. 나는 삼등석 기차에 몸을 싣고 모스크바로 향했다.

기차를 타고 가는 사흘 동안은 아무 탈이 없었다. 그러나 기차에서 내리자마자 문제가 생겼다. 기차역은 단장이 안 된 두 개의 벽돌 건물이었다. 근처에 두 서너 개의 창고 건물이 있었다. 매우 복잡했다. 수천 명이나 되는 사람들이 사방에서 서로 밀고, 밀치며 혼잡스러웠다. 나는 역 남쪽에서 운행한다는 전차를 찾으려 했지만 방향 감각을 완전히 잃어버렸다. 내가 기대했던 곳이 아니었다. 군중에 휩쓸려 이곳 저곳으로 밀렸다. 마침내 그곳을 뚫고 역 밖으로 나와 새롭게 방향을 모색하였다. 목적지를 찾기 전까지 기차역 청사를 서너 번이나 돌며 헤매었다. 이처럼 배회하던 나를 부랑배들이 가만 놔둘 리 없었다. 네 명의 젊은이가 나의 주위를 에워싸더니 창고 뒤쪽으로 걸어가도록 협박했다. 나를 "중국 놈"이라고 부르면서, 주머니와 지갑에 있던 돈을 모두 빼앗았다. 그것만으로 부족한지 피투성이가 될 때까지 구둣발로 걷어차고 때린 후 사라졌다.

다시 정신을 차린 후 일어나서 전차를 타기 위해 줄 서 있는 곳으로 비틀거리며 걸어갔다. 25번 전차를 타고 열 두 정거장을 지나 내렸다. 사방이 모두 다 똑같아 보였다. 수십 개의 고층 아파트들이 늘어서 있었다. 세어보지는 않았지만 모두 15~20층 이상 되어 보였다. 이번에는 길을 바로 찾아 들어섰다. 맨 아래층에 있는 창문이 모두 깨진 건물을 가로질렀다. 거기에 고층 건물 사이에 가려 거의 보이지 않는 작은 공원으로 둘러싸인 단층 건물이 있었다. 교회였다. 한글 간판을 보자 내 가슴은 뛰기 시작했다.

황진호 목사는 서른 초반쯤으로 아주 젊어 보였다. 그는 5년 전에 선교사로 모스크바에 왔다. 그의 주된 사역은 모스크바에 사는 한국인들을 위한 목회지만, 가난한 러시아인들을 위한 복지와 교육 프로그램을 운영하고 있었다. 체격은 보통 키에 팔과 어깨는 튼튼한 근육을 가져 단단해 보였다. 나중에 안 일이지만 태권도 검정 띠 소유자였다. 둥글고 무표정한 얼굴에 검은 뿔테 안경을 쓰고 있었다. 우린 서로 허리를 굽혀 인사를 한 후 악수를 나누었다.

"이미 이곳 불한당 아이들을 만나신 것 같군요." 그는 내 얼굴 상처와 찢겨진 옷을 보고선 말문을 열었다. "아주머니!" 그는 옆방 문을 열며 불렀다. "아주머니께서 도와주셔야 되겠어요. 이분의 상처를 돌봐 주시고, 혹시 맞는 윗도리가 있는지 찾아 주십시오."

오십대쯤 되어 보이는 아주머니는 구급상자를 들고 왔다. 아주머니는 상처를 닦아내고 연고를 발라주었다. 외투도 가져왔다.

"자", 그녀는 큰소리로 말했다. "이제 식사를 드실 시간이에요. 점심은 모두 같이 하고 있어요. 함께 드시게 되어 반갑네요." 스물 다섯 명쯤이 식당에 모였다. 나중에 안 일이지만 그들 대부분은 교회나 이웃의 자원봉사자였다.

식사를 마치고, 나는 또다시 낯선 사람들과 마주 앉아 내 미래에 관해 의논을 해야 했다. 그러나 그 이전에 할 일이 있었다. 내 과거를 그들은 알아야 했다. 황 목사님의 부탁을 받고, 나는 나의 모든 과거지사를 하나도 남김없이 세세하게 밝혔다.

내 이야기가 끝나자 황 목사님이 계속 말을 이어 나갔다. 난 이런 과정을 하도 겪어서 그분이 무슨 말을 할지 예측할 수 있었다. "이미 알고 계시겠지만 모스크바는 동양인들이 살기에 좋은 곳이 아닙니다. 선생님은 폭력단이나 경찰, 지방 관료, 심지어는 일반 시민한테서도 공격당하기 쉬워요. 신분증이 없거나 합법적인 신분이 아니면 일자리를 얻거나 방을 구하기도 힘들고요. 러시아인들은 우리가 이곳에 머무는 걸 원치 않죠."

"일자리와 방을 구하지 못한다면 여기서 살 수 없겠군요. 로스토브에 그냥 있을 걸…."

"그렇다고 너무 실망하지 마세요. 몇 가지 방도가 있어요. 첫 번째로, 이곳에서 멀지 않은 아파트에 선생님과 같은 북한 출신의 동포가 살고 있습니다. 불법이지만 최근 이 나라에 법대로 되지 않는 일이 꽤 있으니까요. 그가 당신을 동거인으로 받아줄 수 있을 거예요. 두 번째, 불법 노동자를 고용하는 사람에게 부탁해서 선생의 일자리를 구해 보죠. 임금은 형편없고, 일은 고되지만, 그래도 할 만합니다. 세 번째로는, 선생이 자리를 잡을 때까지 점심 식사는 우리와 함께 하실 수 있습니다. 그리고 교회에서 하는 모임에 참석하시면 더욱 좋고요. 북한에서 탈출한 사람 몇이 참석하고 있습니다. 네 번째로, 유엔 난민구호위원회에 선생을 등록시키도록 하겠습니다. 등록을 하고 나면 경찰의 수색에서 약간의 보호를 받을 수 있습니다. 미국이나 캐나다, 한국에 가서 새로운 삶을 살 기회가 있을 수도 있고요."

이 모든 것들이 나로서는 받아들이기 너무 벅찼다. 나는 무어라 말해야 할지 몰랐다. 내 마음이 너무 무거워 고개를 들 수 없는 느낌이었다. 미친 듯 울부짖고 싶었다. '윤송남, 이게 나야. 아무나 걷어차는 개 같은 나. 러시아가 싫어. 산다는 것이 지긋지긋하도록 싫다. 내 자신이 혐오스럽구나! 왜? 왜?' 나는 감정을 가까스로 억제하면서 조용히 앉아 있었다.

황 목사는 기다렸다. 나와 같은 고통을 겪은 사람들을 많이 경험한 사람이었다.

"어떻게 아파트를 구하고, 어떻게 일자리를 얻는단 말입니까?" 내 자신이 마치 죽은 자처럼 말하고, 그렇게 느꼈다. 선택의 여지가 없었다. 나는 노예였다.

"선생과 같이 거주할 사람은 이호종이라는 사람입니다. 오늘 저녁 이곳에 올 것입니다. 그 사람이 일자리도 도와줄 수 있어요. 자, 피곤하실 텐데 잠시 눈 좀 붙이시지요. 이 선생이 오면 깨워드리겠습니다."

그랬다. 잠시 누워 눈을 붙였다. 이 선생이 왔다. 나는 그의 아파트로 따라갔다. 내게 고층 아파트 단지의 청소부 자리를 알선해 주었다. 수년 동안 방치되어 있던 건물이라 벽이 부서지고 무너지기 시작하였다. 복도와 계단은 지저분했다. 엘리베이터는 작동하지 않았고, 전깃불은 고장나 있었다. 마치 모스크바가 붕괴되는 착각을 갖게 만들었다. 노동은 그다지 힘들지는 않았다. 이미 고된 노동에 익숙해져 있었고, 지저분한 것들을 치우는 것도 특별한 기술이 필요하지 않았다. 오직 조장만이 나를 고달프게 했다. 나를 "중국 놈"이라고 부르면서 조롱하고, 가장 더러운 일들을 시켰다. 도대체 왜 이렇게 당해야만 하나? 무의미한 밑바닥 삶을 살아가기 위해서 버둥거릴 가치가 도대체 있는 것인가!

일년 정도가 지났다. 일하고 자고, 일하고 자고… 끝없이 반복되는 생활이었다. 그러면서 나는 경찰을 매수하는 법도 배웠다. 뇌물이면 길거리를 다닐 수 있었다. 배가 너무 고프면, 결근을 하고 교회에 가서 점심을 얻어먹었다.

하루는 황 목사가 나를 찾아왔다. 유엔 난민구호위원회란 이름이 위에 박힌 카드를 내게 건네 주었다. 러시아말과 영어로 쓰인 소위 망명자 카드였다.

"이 카드가 거리를 다닐 때 조금이나마 방패가 될 겁니다. 또 다른 나라로 이주할 수 있는 첫 번째 단계지요. 처음 제가 말씀드린 얘기, 기억나시죠?"

"네, 기억합니다. 그런데 미국과 캐나다에서는 더 이상 망명자를 받지 않는다는 소문을 들었습니다. 맞습니까?"

"네, 그들은 이 프로그램에서 탈퇴했습니다."

"그러면 한국이 나 같은 사람을 받아 줄 유일한 곳이란 말입니까?"

"네, 힘은 들겠죠. 그러나 여기보다는 어쩌면 나을지 모르죠. 그리고 가깝죠. 조국이… 통일이 되면."

"그러나 어떻게 조국의 적인 나라에 갈 수가 있단 말입니까? 난 지난 10년 동안 내가 했던 일 때문에 내 자신이 싫어지는데, 거기다가 반역자까지 된다면 어떻게 살 수 있겠습니까?"

"나는 선생의 고민에 대해 답을 드릴 수는 없습니다. 그러나 당신이 지금까지 지은 죄는 악의에서 나온 게 아닙니다. 다 용서받을 수 있습니다. 선생은 나와 다른 분들의 설교에서 들었을 것입니다. 만약 하나님께 죄를 고백한다면 용서해 주신다는 것을… 한국으로 가는 문제는 힘들지만 선생이 스스로 결정하셔야 합니다. 제 도움이 필요하다면 말씀하세요."

나는 유엔 카드를 지갑에 넣고 아파트로 돌아가고 있었다. 한국으로의 이주 문제로 깊은 생각에 빠졌다. 내면에선 이 문제로 큰 격랑을 만난 것 같은데, 이곳보다는 나쁘지 않을 것이라는 생각이 머리에 파고들어왔다. 한국은 가족과 더 가까운 곳이다. 말도 통한다. 그런데도 여전히 한국행은 내 가족과 그 동안 배워온 내 사상을 송두리째 부정하는 것 같은 느낌을 떨쳐버릴 수가 없었다. '그래, 아냐' 머릿속은 뒤죽박죽이었다.

어깨를 치는 거친 손 때문에 나는 번쩍 정신이 들었다. "당신, 여기서 뭘 하시오? 어디로 가고 있습니까? 신분증 좀 봅시다." 경찰이었다. 보통 때 다니던 지역을 벗어나 걷고 있었던 것이었다. 그는 내가 한 번도 만난 적이 없는 경찰이었다. 나는 새로 얻은 유엔 신분증 카드를 그에게 건네 주었다. 카드를 힐끗 쳐다보고는 두 쪽으로 찢어 바닥에 내던졌다. "이곳에서 유엔은 무슨 유엔이야. 내가 힘이지. 지갑에 이것

말고 또 뭐가 있지?" 그는 지갑을 뺏어 그 속의 모든 것을 바닥에 쏟았다. 그리고 약간의 돈만 집어 가지곤 경찰봉으로 다리와 엉덩이를 때렸다. "다음에는 더 많은 돈을 가지고 다니는 게 좋을 거야!" 나는 길바닥에 누워 죽음에 대해 생각했다. 어떻게 하면 죽을 수 있을까? 다시 무기력해졌다. 그러나 이상하게도 죽고 싶지 않다는 오기가 발동했다. 어떻게든 살아서 조국으로 돌아가고 싶었다.

비록 경찰이 굴욕감을 주고, 돈을 강탈하고, 폭행을 했지만, 그가 내게 분명하게 해 준 게 하나 있었다. 러시아를 떠나야 한다는 것. 택할 수 있는 유일한 길은 오직 한국뿐이었다. 나는 찢어진 유엔 카드의 조각을 주워 주머니에 집어넣고 황 목사님을 찾아갔다.

"이런 일이 또 일어나다니 정말 유감이군요." 황 목사는 날 위로했다. "요즘 이 나라에는 질서도 없고 정부도 신뢰할 수 없습니다. 서로가 서로를 믿지 못하는 세상이지요. 한국으로 가신다니 잘 생각하신 것 같아요. 내일 대사관에 가서 절차를 밟도록 하시죠. 일년, 어쩜 좀 더 걸릴 수도 있습니다. 한국에 정착하는 일이 쉽지는 않겠지만, 일단 가시면 거기서 정착해 오래 사실 수 있죠. 하나님께서 선생을 위해 어떤 일들을 준비해 놓고 계시는지 누가 압니까?"

그 말에 나는 정말 화가 났다. 내 목소리는 격앙되었다.

"시베리아에서부터 로스토브, 모스크바에 이르기까지 하나님을 믿는 당신들은 계속 그런 말만 해왔습니다. 그러나 지금까지 내 인생을 보세요. 계속 구렁텅이에 빠져 있잖아요. 하나님은 나를 위하는 게 아니라 오히려 망치려는 거 아닌가요? 카바로프스크의 불쌍한 이 목사님과 사모님을 보세요. 위급한 상황에서도 하나님은 그분들을 보호해 주지 않았잖아요."

황 목사는 불신에 찬 말들을 묵묵히 들었다. "그렇죠. 그럴 수 있죠. 우리는 종종 버림받았다고 생각합니다. 그런데도 불구하고 우리 삶 깊숙이 서로 사랑하고 사랑 받기를 바라시는 하나님이 존재하고 있음을 믿고 있습니다. 악은 많은 삶을 파괴하지요. 그러나 삶의 유일한 의미라 할까요. 하나님을 찬양하고, 서로 도우며, 올바르게 선을 행하는 것이라고 예수님이 가르치셨습니다. 비록 우리가 악의 한가운데에 서 있다 해도, 최선의 삶이란 사랑과 '선'이 우선한다는 믿음에 대한 확신을 아직도 가지고 있습니다. 선생이 왜 그렇게 많은 고난을 당했는지는 저도 잘 이해가 안 됩니다. 그러나 선생이 집을 떠난 이후 매번 전혀 모르는 사람들로부터 기대치 못했던 도움을 받은 사실은 인정할 것입니다. 그들은 근근히 하루하루를 살면서도 최선을 다해 다른 사람들에게 선행을 베푸는 예수님을 믿는 사람들이었습니다."

황 목사님의 말에는 친절과 연민이 서려 있었다. 그는 내가 이미 알고 있었던 사실을 분명히 깨우쳐 주었다. 사랑의 삶이 최선의 삶이라는 사실을… 그것이 내가 성장하면서 배운 바로 그 내용이었다. 어린 시절에 다른 사람을 배려하고, 모든 사람을 위해 선행을 베풀어야 한다고 배웠다. 아버지로서, 또 공산주의자로서 내 자녀들에게도 내가 배웠던 가치관을 심어 주었다. 그 이상 옳은 것이 없었다. 이제 내 안에서 모든 것이 명백해졌다. 기독교인과 공산주의자들이 추구하는 이상(理想)은 공통점을 가지고 있다는 것을. 내 인생에서 그처럼 겪은 불행에도 불구하고, 자포자기해서 생을 포기하는 대신에, 아직도 희망을 가질 수 있는 것도.

한국으로 가는 절차는 목사님 말대로 일년이 넘게 걸렸다. 적대국인 한국 관리는 북한을 떠난 이후부터 내가 취했던 모든 행동을 세세히 따졌다. 나는 법적 서류를 작성하고 정치적 신념에 대한 진술서를 썼다. 절차를 밟고 13개월이 되도록 아무 연락도 받지 못했다. 그러다가 한국 대사관에서 후원자인 황 목사님에게 나를 망명자로 받겠다는 통보를 보냈다. 내가 떠나기 전 날, 황 목사님은 교회에 오라는 전갈을 나의 방 친구를 통해 보냈다.

목사님의 인사말은 나를 깜짝 놀라게 만들었다. "선생의 인생은 참으로 보기 드문 사례입니다. 선생은 아마 모르시겠지만, 여기 모스크바에 있는 한국 사람들 사이에서 선생님 이야기가 가끔 화제가 되곤 합니다. 참 우습죠. 선생이 겪어온 그 아픔이 다른 사람에게 격려가 되다니요. 그 동안 우리와 함께 있어 주셔서 정말 감사합니다."

이해가 되지 않아서 아무런 대꾸도 할 수 없었다. 그러나 한동안 내 마음속에 잠재된 말을 목사님께 드릴 수 있는 기회가 되었다. "목사님, 목사님과 저를 도와주신 모든 교인들에게 감사드립니다. 저도 교인이 되고 싶습니다. 세례를 받을 수 있을까요?"

황 목사님은 정말 놀라워했다. 이번에는 황 목사가 말을 못했다. "선생에게 세례를 베푸는 일은 정말 기쁜 일입니다. 그런데 한 가지 제안을 해드리죠. 제 형님이 서울에 사는데 그도 역시 목사입니다. 제가 소개장 한 장을 써 드릴 테니 형님께 가십시오. 기독교인이 된다는 것이 어떤 것인지 가르침을 받고 나서, 그때도 선생께서 허락하시면, 거기서 세례를 받으십시오. 새로운 인생을 시작하는 바람직한 출발이 될 것입니다. 하나님께서 선생을 위해 무슨 준비를 하고 계신지 누가 압니까?"

한국으로의 이주

'망명자'로 불렸던 네 사람이 1995년 3월 22일, 서울에 도착하였다. 난 서울에 도착하기 전까지 우리가 네 명인지 몰랐다. 우리만을 위해 마련된 대기실로 안내되었다. 서울에 오기 전까지 기내에선, 서로 좌석이 달랐었다. 남자 승무원이 기내에서 편의를 보아주었고 대기실까지 안내해 주었다. 그때까지 다른 세 사람을 전혀 몰랐고, 그들도 서로 모르는 사이 같았다. 아마도 우리는 러시아 공화국의 여러 지방에서 선택된 것 같았다. 서로 인사말도 나누지 않았지만 상대방에 대한 궁금증을 두 눈 가득 담고 있었다.

대기실에서 나와, 작은 버스처럼 생긴 자동차를 탔다. 아무 대화도 나누지 않았다. 저녁이었다. 해가 지기 시작했다. 달리는 차 밖으로 높은 아파트와 초고층 건물들이 윤곽을 드러냈다. 도시의 소음이 꽤나 시끄러웠다. 모스크바보다 비교가 되지 않을 정도로 소음이 더 심했다. 이상한 냄새도 났다. 나중에 안 사실이지만, 도시의 대기 오염 때문이었다.

거리는 자동차들로 매우 붐볐다. 교통체증으로 인해 버스가 천천히 움직였다. 한 시간쯤 지나서 커다란 문을 통과해 산 위의 격리된 주택단지로 들어갔다.

건물 한곳에 들어가서 안내를 받았다. "여러분은 각기 방을 따로 쓰시게 됩니다. 저녁 식사는 두 시간 후에 있겠습니다. 그리고 나서 오늘밤은 푹 쉬십시오. 내일 아침에 '자유의 나라, 대한민국'에 대한 교육을 받도록 예정되어 있습니다."

그 후 6개월 동안 우리는 그곳에서 살았다. 첫날 아침에 우리는 심한 질문공세를 받았다. 그들은 그것을 '터놓기'라고 불렀다. 그들은 이미 나의 과거를 잘 알고 있었다. 하나도 숨김없이 말했다. 그런데도 이를 계속 반복하라고 했다. 그들은 동기에 대하여 궁금해했다. 왜 그런 행동을 했는지? 그런 행동 뒤에는 무슨 의도가 있는지? 그들에겐 내 답변이 용납되지 않는 것 같았다. 말하자면, 내가 격분해서 박 동무를 나뭇가지로 때렸다고 하자, "무엇 때문에 격분을 했죠?"라는 식이었다. 내가 돈과 옷을 얻으려고 중국 노인을 친 내용에 대해서도 설명하면, "무엇이 그토록 잔인한 행동을 하도록 했을까요?"라는 식이었다. 나는 다시 그때로 되돌아가 어떤 상황에 처했는지를 설명했다. 그래도 그들은 내 말을 알아듣지 못했다. 이런 어처구니없는 말을 되풀이하며, 몇 주가 지난 후에야 그들이 왜 이런 방식을 취했는지 이해가 되기 시작했다. 내가 박 동무를 때리고, 고국을 떠나고, 가족을 버리고, 이곳 저곳으로 도망을 다닌 이유가 공산주의 사상 때문이라고 고백하기를 바래서였다. 공산주의가 내가 당한 모든 고난의 악의 씨앗이라는 것. 그래야만 내가 정신적으로 자유롭게 한국 민주주의의 새로운 세상으로 들어갈 수 있다고 그들이 믿는 것 같았다.

어처구니가 없었다. 북한의 공산주의는 내 가족과 내게 좋은 것이었다. 공산주의의 기본 이념과 정의로운 사회를 이룩하고자 하는 원래 목적을 난 좋아한다. 내가 박 동무를 때린 것은 체제에 대한 반항이 아니라, 순전히 박에 대한 반감 때문이었다. 내가 도망친 것은 박과 같은 소수의 사람들이 체제를 악용하고 있기 때문이었다. 그런 내 입장을 우기거나 북한을 옹호하면, 이제 '자유사회에서 자유인"이 된 데에 대한 감사의 고백서를 써서 이 장소에서 나갈 수 있기를 원하는 그들의 의도와 마찰을 빚을 거라는 사실도 터득했다. 며칠 후에 북한에 비해 남한이 얼마나 우수한지를 나타내는 일례로 나의 고백 내용이 전파를 타고 방송되었다.

교육 기간 중 오후 시간에는 전체 모임을 가졌다. 두 명씩 '도우미'가 되어 서로 비판하는 시간을 가졌다. 참으로 난감한 일이었다. 서로가 한국에 오게 된 동기에 대해 의심하며 다른 망명자를 비판하는 일이, 오히려 '적국'에 왔다는 무거운 죄의식을 더 깊이 갖게 만들었다. 많은 시간을 서로 다른 사람의 이야기를 듣고, 모순을 지적하고, 그 과정 중에 '도우미'가 북한과 북한 정부를 비난하도록 교묘하게 유도하였다. 이 과정에서 이룬 단 한 가지를 들라면 서로 서로에 대한 의혹이 더욱 심화된다는 점이었다.

저녁에는 강의를 듣고, 남한과 북한의 차이점에 대한 영화를 보았다. 이런 교육은 이제 막 발을 들여놓으려는 사회에 대한 이해를 할 수 있는 데 도움을 주었다.

교육이 막바지에 이르렀을 때였다. 지금부터 한국 사회에 융화되느냐 못하느냐는 우리들의 몫이라고 했다. 우리는 서너 달 동안 정부로부터 생활비를 받고, 이 기간 동안 주거지와 일자리를 구할 수 있는 도움도 받는다고 했다. 그 후에는 자립해야 한다고 했다.

그런데 이게 그리 쉽지 않았다. 나는 건설 관련 일을 소개받았다. 출근 첫날, 직장 동료들에게 난 '귀순자'로 소개되었다. 이것은 내가 영원히 극복하지 못할 치욕이었다. 어떤 사람은 내 친구가 되었으면서도 나를 '빨갱이'라고 불렀다. 말이 달라서 웃음거리가 되기도 했다. 가장 힘들고, 천한 작업이 내게 맡겨진 적도 있었다. 어찌되었건 봉급은 괜찮았다. 그러나 쓸 곳이 별로 없었다. 난 봉급의 대부분을 저금했다.

어느 날, 일을 마치고 쉬고 있는 내게 우리 건설 현장에서 일하지 않는 한 사나이가 다가왔다. "나는 지역 노조 총무, 강희철입니다. 노조에 가입하실 거죠?"

"노조요? 어떤 노조를 얘기하는 겁니까?"

강은 당황스러워하며 나를 쳐다보았다. 그는 내가 모르는 척하는 줄 알았나 보다. 그러나 그때만 해도 솔직히 나는 그가 말하는 내용을 알아듣지 못했다

"당연히 노동조합이죠. 무슨 다른 조합이 있습니까? 건설 현장에서 일하는 인부들은 '건설 노조'에 가입합니다. 가입하기를 바랍니다."

나는 너무 혼란스러웠다. 조국인 북한에도 노조가 있는데, 거기선 누구든지 노조원이었다. 가입의 선택권이 없었다. "노조는 무슨 일을 합니까? 가입을 하지 않아도 괜찮습니까? 나는 당신이 무슨 말을 하는지 정확하게 모르겠습니다."

"말하자면," 강씨가 말을 이었다. "어디 가서 한 잔하면서 설명을 해드리지요."

이것이 내가 처음으로 받은 친절한 제안이었다. 우리는 길을 가로질러 쓰러져 가는 조그마한 주막집으로 들어갔다. 내부는 어두웠고, 시

끌벅적 했고, 술 냄새가 코를 찔렀다. 내가 살던 마을에서는 볼 수 없는 장면이었다. 거기선 남자들이 술을 마셨지만 대개는 혼자 마시든지, 아니면 동네의 작은 모임에서 마셨다. 한쪽에 자리를 잡자 강씨는 우윳빛 나는 달콤한 막걸리를 주문했다.

"남쪽에서는 선생이 북한에서 살았던 방식과는 다르게 삽니다." 강씨가 말문을 열었다. "여기에서는 노동자들이 함께 노동조합을 결성하고, 임금과 노동 조건에 대해 고용주와 협상할 권리가 있습니다. 이해가 됩니까?"

아니, 이해가 되지 않았다. 한 번도 들어본 적이 없는 말이었다. "천천히 합시다. 노동당이 그런 일에 대해 관여하지 않는다는 말입니까? 선생은 노동당에서 나왔습니까?"

"노동당이요? 무슨 말을 하는지 잘 모르겠군요."

"우리 조국에는 정부를 운영하는 단 하나의 정당이 있습니다. 그것을 노동당이라고 부르지요. 당의 지휘하에 노동자 조직이 있습니다. 당이 임금을 책정하고 근무 조건을 정합니다. 노조의 역할은 생산성을 향상시키는 것입니다. 여기에도 노동당이 있지요? 그렇지 않습니까?"

강씨는 웃었다. "자, 한잔 더 합시다. 시간이 오래 걸릴 것 같군요." 이번에는 소주를 주문했다. 처음 한 모금을 마시자 머리가 띠잉~했다. 나는 독한 술에 익숙하지 못했다. 강씨는 계속 술을 따르면서 이야기를 했다. 그러나 두 번째 잔 이후, 시끄러운 소리만을 들었을 뿐 의식을 잃었던 것 같았다. 어떻게 집에 갔는지도 몰랐다.

다음날 아침, 동료들의 태도가 변한 것 같았다. 그들 중 몇 명은 미소를 지으며 아침 인사를 했다. 나를 놀리는 동료들도 있었지만, 선의의 장난기가 섞인 놀림이었다. "윤씨, 소주 맛이 어때?" "오늘밤에 한 잔 더 하지? 동무." "어이, 윤씨, 노조에 가입할 건가?"

나는 노조에 가입했다. 그리고 봉급날에는 동료들과 술집에 갔다. 그러나 맥주와 소주 한 잔을 마시는 것으로 조심스럽게 주량을 제한했다. 비록 내가 강희철을 비롯한 몇 명과 친구가 되기는 했지만, 나는 항상 감시를 당하고 있다는 것을 알고 있었다. 남쪽에 대해 솔직히 비평을 하거나 북쪽을 찬양하면, 대접을 잘 받을 수 없다는 것도 감지하였다. 서울 생활의 짧은 경험을 통해서 나는 자본주의의 비능률적이고 불필요하게 복잡한 면을 볼 수 있었다. 시장에서 볼 수 있는 과잉 공급은 오히려 사람을 만족시키는 것이 아닌 것 같았다. 소비자들은 그들이 원하는 '최상의 물품'을 찾기 위해 여기저기 다니는 모습이었다. 또 극심한 빈부의 격차를 보았다. 북쪽에는 이런 일들이 없었다. 그러나 내가 보고 느낀 관찰을 가슴에만 묻어두는 게 상책이었다.

한국에서 지낸 지 한 일년 되었다. 나는 생각지도 못했던 방문객을 맞았다. 모스크바 황 목사의 형 되시는 황진모 목사였다. 쌍둥이 형제를 보는 것 같았다. 건장한 근육질 체구에 굵은 갈색 뿔테 안경을 쓴 둥글고 상냥한 얼굴이 똑같았다.

"선생을 찾고 있었습니다." 그는 말했다. "모스크바에 있는 동생이 선생에 대한 이야기를 적은 편지를 보냈습니다. 그러나 그 동안 선생에 대한 정보를 얻을 수 없었어요. 어제서야 선생의 주소를 당국으로부터 받았지요. 여기서 얼마나 계셨습니까? 무엇을 하셨나요?"

"이곳에 거의 일년 정도 있었습니다. 재교육 기간 이후 줄곧 건설현장에서 일하고 있습니다. 매일 그 일을 하고 있어요. 그게 답니다."

"일에 만족하십니까? 친구는 사귀셨습니까?"

나는 대답을 망설였다. 불평불만자가 되고 싶지 않았는데, 그에게만은 진실을 털어놓게 되었다. "임금은 괜찮지만 일이 매우 힘듭니다. 온 몸이 쑤셔요. 친구요? 네, 몇 명 있지요. 그러나 아직도 나를 '공산당'으로 생각하는 사람들이 꽤 있어요."

내 고백은 목사님이 바랬던 내용은 아니었다. "미안합니다. 우리나라 사람들의 처사에 대해 제가 사과 드립니다. 그렇게 행동을 해서는 안 되지요."

"사과하실 필요 없습니다. 다 그런 거지요. 그러나 최근에는 조금 나아졌습니다."

우리는 잠시 침묵했다. 그가 다시 말을 이었다. "일요일 아침에 저희 교회에 오시면 좋겠습니다. 나오시겠습니까?"

"가겠습니다. 목사님의 동생과 다른 기독교인들이 많은 친절을 베풀어 주셨습니다. 교회에 가겠습니다. 그러나 구경거리가 되게 하진 말아주십시오. 저를 선전용으로만 대해 주시지 말라고 부탁드리고 싶습니다. 언젠가는 고향에 돌아가고 싶은 마음뿐입니다."

"선생을 구경거리로 만들지 않겠습니다. 제가 보증하죠. 아침 10시에 오십시오. 교회를 찾아오실 수 있게 약도를 그려드리겠습니다."

일요일 아침, 나는 전날 새로 구입한 셔츠를 입고 교회로 갔다. 황 목사님이 사무실에서 기다리고 있었다. 다른 나이 든 사람이 함께 있었다. 우리는 서로 인사를 하고 이름을 밝혔다.

"앉으시지요." 목사님이 말했다. "윤 선생님, 한 장로님입니다. 윤 선생이 우리 사회와 교회에 좀 더 익숙해질 때까지 한 장로님께서 형님처럼 보살펴 주실 겁니다. 만약 윤 선생님이 원하신다면 말입니다." 한 장로님은 60대 후반쯤 되어 보였고, 보통 사람들보다 키가 컸다. 마르고 긴 얼굴과 슬픈 눈으로 보아 그도 오랜 고난의 세월을 거쳤음을 짐작할 수 있었다. 그러나 그의 말소리와 태도는 차분하면서도 박력이 넘쳤다.

"선생의 형이 되기에는 너무 늙었지만, 남한에서의 생활에 익숙해지는 데 도움이 되고 싶습니다. 그리고 우리 교회의 교인이 되었으면 좋겠습니다. 그러면 그것 또한 기쁜 마음으로 도와드리겠습니다."

"아침 예배 준비를 해야겠습니다." 황 목사님이 말을 끊었다. "두 분은 여기에서 말씀 나누시지요. 어떤 결정을 내리셨는지만 알려주시구요. 제가 할 수 있는 일이라면, 그 어떤 일이라도 도와드리겠습니다. 윤 선생님, 동생에게 마침내 선생을 찾았다고 편지를 썼습니다." 이 말과 함께 목사님은 일어나서 사무실을 떠났다.

예배가 시작되려면 얼마 남지 않았으므로, 한 장로님은 나중에 점심을 같이 하자고 했다. 예배 후 우리는 냉면집을 찾아 들어갔다. 천천히 냉면을 들면서 장로님은 본인의 삶을 말했다.

나도 북한 출신입니다. 아버지는 수초 마을 부근의 작은 지주였습니다. 아마 그곳이 어디쯤인지 아실 겁니다. 아버님이 소유한 땅의 반은 습지대였고, 나머지 반은 언덕과 마른땅이었지요. 거기서 나온 수확으로 아버지와 어머니, 두 여동생, 나와 내 아내와 어린 딸이 살아갈 수 있었어요. 1945년, 러시아인들이 들어왔을 때 우리는 너무나 두려웠어요. 그러나 김일성이 세력을 잡으면서 일본인의 땅과 우리나라 사람인 경우는 부농한테서만 농지를 빼앗겠다고 했지요. 그런데 그 원칙이 곧 취소가 되더군요. 명령에 따라 모든 농지가 집단 농장에 귀속된 후 다시 토지 정리를 한다고 했습니다. 그러더니 모든 지주는 '인민의 적'이라는 꼬리표가 붙더라고요.

1948년 어느 날, 우리 농지를 빼앗고, 아버지를 잡으러, 또 나를 공산군에 입대시키기 위해 사람들이 우리 집으로 향한다는 소문을 들었어요. 그들이 도착하기 전에, 아버지는 나를 속 빈 나무 속에 숨겨 주셨습니다. 그리고 아버지는 집 뒤, 언덕에 있는 작고 깊은 동굴에 숨으시고요. 사흘째 되는 날 밤, 아버지가 내게 오셨어요. 우리는 살살 기어서 집으로 내려갔습니다. 집에 인민군은 없었어요. 그러나 어머니도 아이들도 없었습니다. 그 후 그들을 다시는 만나지 못했습니다. 거기서 며칠을 더 숨어서 가족을 기다렸습니다. 가족이 돌아오지 않자, 할 수 없이 남쪽을 향해 걸었어요. 그때는 전쟁이 시작되지 않았던 때였지요. 그러나 38선 근처에 오니 이미 경계가 삼엄하더군요. 우리는 밤에만 움직였어요. 시간이 오래 걸렸지만, 마침내 38선을 무사히 건넜습니다.

정착을 제대로 하지 못했는데, 전쟁이 터졌습니다. 아버지와 함께 수백만 피난민 틈에 섞여 걸어서 부산까지 갔습니다. 거기서 언덕 위에 있던 임시 피난민 촌에 들어가 자리를 잡았습니다. 어느 날 아침, 음식을 구하기 위해 집을 나섰습니다. 그때 나처럼 젊은 청년을 모집하던 소부대를 만났어요. 나는 그들에게 이끌려 군대에 입대하게 되었습니다. 6개월이 지나서야 살던 곳으로 아버지를 찾아갔습니다. 그러나 아버지는 안 계시더군요. 아버지에게 무슨 일이 있었는지, 어디로 가셨는지 전혀 알 수가 없었습니다.

4년 후에 군에서 제대했어요. 다행히도 군 식량을 납품하는 작은 회사에 취직이 되었습니다. 자세한 이야기는 지금 다 말할 수 없겠고, 하여튼 상당히 성공해서 차차 내 회사를 갖게 되었습니다. 지금 난 잘 살고 있습니다. 언젠가는 아내와 상봉할 희망을 갖고 아직 혼자 살고 있지요.

이야기가 끝날 즈음, 난 장로님의 음성을 거의 들을 수 없었다. 그의 슬픈 눈에는 고통의 비애가 고여 있었다.

냉면을 다 들고도 한참 자리에 그대로 앉아 있었다. 오후 해가 거의 지고 있었다. 그렇지만 장로님은 헤어지고 싶지 않아 했다. "우리 '초승달 찻집' 에 가서 커피 한 잔 합시다. 내 이야기를 했으니, 이제 선생의 이야기를 듣고 싶습니다. 괜찮으시겠습니까?"

그의 부탁하는 음성은 나도 내 이야기를 하고 싶도록 만들었다. 우리는 찻집으로 들어갔다. 사람이 많았지만 안쪽 구석에 자리 잡았다. 젊은 여주인이 왔다. 한 장로님은 커피를, 나는 생강차를 주문했다.

한 장로님, 저는 장로님과는 많이 다릅니다. 제가 말하는 것에 기분이 상하지 않으셨으면 좋겠습니다. 일제 시대에 저의 할아버지와 아버지는 소작농이었습니다. 사실 농부라고 말하기보다는 노예에 가까웠지요. 그분들 마음속에는 지주는 모두가 억압자로 보였습니다. 토지가 많고 적음이 문제가 되지 않았던 거죠. 러시아인들이 그 체제를 없애자, 할아버지와 아버지 같은 사람들은 너무나 기뻐했습니다. 러시아인과 위대한 김일성 수령께서 그들에게 농지를 주겠다고 약속했습니다. 그렇게 되면 그들의 꿈이 실현되는 것이었습니다. 그래서 기꺼이 김일성과 공산주의 정부를 지지했습니다.

장로님께서 말씀하셨듯이, 첫 번째 토지 개혁 때에는 농부들이 농지를 나누어 받았습니다. 그러나 후에 집단농장 체제로 바뀌었습니다. 할아버지와 아버지는 이러한 변화를 그대로 받아들였습니다. 그것은 여전히 그들의 농지였고, 가난한 사람을 위한 제도라고 말입니다. 게다가 그때까지는 위대한 지도자가 그들을 잘 인도하리라는 맹목적인 믿음도 있었지요.

나는 인민재판에 끌려나온 지주들에 대해 할아버님이 해 주신 이야기를 기억합니다. 지주들 대부분은 인민에게 죄를 지은 것으로 판정되었답니다. 그 가운데 처형당한 사람도 있고요. 한 장로님께서는 아마 듣기 싫으실 겁니다. 그러나 할아버지께서는 그 얘기 하시기를 대단히 좋아하셨습니다. 마침내 지주들은 당연한 대가를 받았다고요.

전 전쟁이 끝나고서도 10년이 지난 후에 태어났습니다. 저는 일제에 항거한 영웅 이야기, 미 제국주의에 대항한 용맹스런 이야기, 인민들이 이 땅을 차지한 영광스러운 이야기 등을 늘 들으며 자랐습니다. 청소년이 되었을 때 당원이 되었고, 내 인생의 모든 시간을 집단농장의 일원으로 쏟아 부었습니다. 할아버지와 아버지는 하루 종일 힘들게 농장에서 일했습니다. 그러나 당신들이 지금까지 살아온 그 어느 때보다 잘 살았다고 했습니다. 나도 집단농장의 일원으로 그들의 뒤를 이었습니다. 나는 우리가 하는 일과 우리를 이끄는 당을 자랑스럽게 여겼습니다. 힘든 일도 전혀 불평하지 않았습니다. 해방과 정의를 위해 싸우는 우리 조국을 자랑스러워했거든요.

그러다가 내 인생을 망쳐버린 엄청난 실수를 저질렀습니다. 나는 이성을 잃고 당 지도원을 나뭇가지로 때렸습니다. 그러나 그 이야기는 이미 들으셨을지 모르니 다시 반복할 필요는 없을 것 같습니다.

제가 이곳 남쪽에 머물면서 보니 이곳의 생활이 경제적으로는 북쪽보다 훨씬 발전했지만, 자본주의의 탐욕에 근거해서 북쪽보다 더 부정해 보이는군요.

한 장로님은 내 이야기를 경청했다. 그는 내 감정을 읽으셨다. 우리는 한동안 빈 찻잔을 바라보며 아무 말 없이 앉아 있었다. "선생과 내 인생은 우리 국민, 우리나라 전체의 모습을 반영하고 있습니다. 우리의 차이는 우리 국민이 남과 북으로 갈린 데서 온 것이지요. 같은 역사인데도 경험이 이처럼 다르다니…."

나는 그 말에 동의하며 고개를 끄덕일 뿐, 다른 할 말이 없었다. 일어나 찻값을 지불하고 밖으로 나왔다. 밖은 어두워져 있었다. 악수를 하고, 솔직한 이야기를 나눈 것에 대해 서로 고마워했다. "다음주 금요일 저녁, 속회라는 교인들 모임이 우리 집에서 있어요." 장로님은 알려주었다. "오시겠습니까? 매주 금요일 한 시간 정도씩 모임을 갖습니다." 기꺼이 참석하겠다고 나는 말했다.

이런 식으로 내 인생은 뜻밖에 밝아지기 시작했다. 점차 힘든 노동에도 익숙해졌고, 동료들은 친절하게 대해 주었으며, 매주 금요일 저녁 한 장로님 집에서 교인들을 만났다. 모임은 교회의 연장이었다. 한 장로님이나 다른 한 사람이 성경구절로 짧은 예배를 인도했다. 몇 사람 혹은 모두가 돌아가며 기도 드리고 나서, 다과를 나누며 자유롭게 사는 이야기를 주고받았다. 처음에는 나를 수상쩍어 하며, 북한의 공산주의에 대해 반감을 나타낸 교인들도 더러 있었다. 6·25전쟁에 가족을 잃었거나 조상의 땅을 빼앗긴 사람들이 주로 그랬다. 남한의 경제적 우위를 대단하게 여기는 사람들도 있었다. 이런 경우, 장로님은 늘 중재에 나서서, 전쟁이 끝난 지 거의 50년이 되었고, 하나님과 예수님을 믿는 우리가 용서를 실천해야 한다고 다독거렸다. 나는 주로 침묵하고 있다가, 내게 질문을 던질 때에만 말문을 열었다. 시간이 지남에 따라 나에 대한 관심도는 점차 수그러들었고, 모임에 참석하지 못한 경우에는 염려해서 찾아오는 교인들도 있었다.

북쪽에서 남하한 실향민과의 친교는 통일 단체인 '통일회'에 가입하면서 다소 좋아졌다. 실향민들로 구성된 이 모임은 남한 정부의 지원을 받아서, 남북한 통일에 대해 공부하고 토론하는 단체였다. 우리는 마음속에 있는 바를 생각나는 대로 표현할 수 있지만 어느 정도의 범주는 지켰다. 분위기는 의심과 비판, 죄의식으로 무거운 편이었다. 금요일 저녁에 만나는 속회가 내겐 가장 좋았다.

어느 금요일, 장로님은 강원도의 작은 마을에 대한 보고를 하였다. '마을을 휩쓴 폭우로 대부분의 논이 유실되었다. 갑자기 밀려든 폭우가 제방을 허물고 산 한편에 있던 들판을 침수시켰다. 그 지역에 있는 교회가 서울에 있는 교회에 도움을 요청했다.' 한 장로님의 보고를 듣고선 그날 속회 이름으로 구호금을 보내자는 제안이 나왔다. 난 처음으로, 아무도 시키지 않은 말을 했다. "우리가 그 마을에 가서 제방을 다시 쌓는 일을 도우면 어떨까요?" 고향 마을이 머리에 떠올랐다. 많은 시간을 논 제방 공사로 일했던 그때를. 이처럼 엄청나게 힘들고 기나긴 생의 여정을 하게 된 그 숙명적인 날에도 나는 바로 그 일을 하고 있었다. 새로운 흥분이 파장을 일으켰다. 고향과 같은 마을에 다시 한번 가 볼 수 있다는 희망이 샘솟았다.

이 제안을 놓고 실질적인 문제로 오랫동안 대화가 오갔다. 아무도 반대하지는 않았지만, 이 모임의 참석자들은 도시인이거나 장로님처럼 연로한 분들이었다. 그들이 한 번도 해보지 않은 일에 참여한다는 것이 불가능해 보였다. 우리 중 단 두 사람만이 중노동을 감당할 정도의 나이였고, 경험자는 나 하나뿐이었다. 마침내 우리 두 사람이 그 마을에 직접 가서 그곳 사람들을 돕는 것으로 결정을 내렸다.

나는 직장에서 한 주 휴가를 얻었고, 일주일 동안 자원봉사 할 수 있는 허가를 기관에서 받아왔다. 아침부터 밤까지 마을 농부들과 함께 일했다. 그들 역시 처음에는 나를 의심했다. 그러나 내가 기꺼이 그들의 지시를 따르고, 그들과 똑같이 열심히 일하자, 차차 나를 인정해 주었다. 해가 지고 밤이 되면, 마을을 가로질러 흐르는 시냇가 옆에 모였다. 아낙네들이 음식과 음료수를 가지고 왔다. 우리는 정담을 나누었다. 그들은 이따금 내 고향과 가족에 관해서도 물었다. 남한에는 집단 농장이 없었다. 농부들은 각자 개인 소유의 땅에서 농사를 지었다. 그러나 이번처럼 제방이 무너졌다든지 추수기 등 손이 많이 필요할 때엔 마을 전체가 한 마음이 되어 서로 돕는 것이었다. 참으로 조상들에게 물려받은 좋은 관습이었다. 고향을 떠난 후로 이처럼 행복했던 적이 없었다. 나는 이 마을에서 살고 싶었다. 그러나 용납되지 못할 일이었다.

한 주일이 너무나도 빨리 지나갔다. 마을 사람들과 교인들이 우리를 환송하려고 버스 정류장까지 나왔다. 그 이후 몇 년 동안 그 마을을 여러 차례 방문했다. 그들은 나를 가족처럼 환영했다. 마을에 갈 때마다 논에서 함께 일하고, 저녁에는 그들과 둘러앉아 이야기를 나누었다. 나의 서울 생활은 머지 않은 미래에 그 마을에 가서 주말이나 한 주간을 보낼 수 있다는 기대 때문인지 견딜 만했다.

블라디보스토크

오기섭이 눈을 뜨자 어렴풋하게 익숙한 얼굴이 눈에 들어왔다. 시베리아 사령관의 비서였던 전호빈을 알아보고, 얼굴에 찬물을 느끼기까지는 잠시 시간이 흘렀다. "여기가 어디야? 무슨 일이지? 타티아나는 어디에 있어?"

"어리석은 녀석, 여긴 체도민이다. 바보처럼 로스토브에서 그런 불한당에게 왜 잡혔어?"

오기섭은 그냥 누워 있었다. 한마디도 대답하지 않았다. 머릿속으로 서늘한 바람이 통과하는 것 같았다. 차차 윤의 갑작스런 외침과 머리에서 섬광이 번쩍했던 게 기억났다. 그 이후로는 전혀 기억나는 게 없었다. 그런 몸으로 어떻게 시베리아로 되돌려져 왔을까? 며칠 동안 마취 당한 것이 틀림없었다.

"잘 들어, 오기섭! 한 번 더 살려 주지. 다시는 실수하지 마. 너는 지금 기차를 타고 있어. 너와 다른 죄수들은 조국으로 가는 중이다. 오늘 저녁, 기차가 출발하기 전에 경비병이 발과 팔의 족쇄를 점검하러 올 거야. 그 자가 족쇄를 점검하는 척하면서 너를 풀어줄 거다. 내일 아침, 해뜰 무렵에 네가 탄 기차가 선적하러 정차할 거야. 그때가 기회야. 천천히 해야 해. 족쇄를 풀어서, 그것을 조용히 바닥에 놓고 문으로 가. 소리 나지 않게 문을 열고 내려. 그리고 다시 문을 닫고 보통 걸음걸이로 걸어. 누군가가 나올 테니 그가 하라는 대로만 해. 알아들었지?"

알아들었다는 표시로 오기섭은 고개를 끄덕였다. 다시 머리가 맑아오기 시작했다. 그는 정말로 기차에 타고 있었고, 문 바로 옆에 누워 있었다. 경비병들은 다른 죄수들을 기차 안으로 끌어넣었다.

"참, 그 사령관이 이제는 없다는 것을 알려줄게. 그자가 했던 모든 게 결국 발각됐지. 그러나 나는 새 사령관의 비서로 남을 수 있었어. 꼭 기억해." 그리고 그는 떠났다.

전이 말한 그대로였다. 오기섭은 기차에서 내린 후 바로, 길옆에서 있는 트럭을 발견했다. 누군가 안에서 손짓을 하였다. 그는 트럭에 탔다. 운전사 외에 다른 한 사람이 있었다. 그들은 블라디보스토크로 가는 길이라고 설명했다. 거기까지 가려면 며칠이 걸릴 것이고, 차도 몇 번이나 갈아타야 한다고 했다.

엿새째 되는 날 아침 일찍 잠에서 깬 오기섭은 블라디보스토크에 도착한 것을 알 수 있었다. 그들은 '황금 뿔'만을 바라 볼 수 있게 세워진 거대한 원형경기장처럼 세워진 도시 주위를 돌았다. 도로는 해협 사이로 듬성듬성 형성된 집단거주지를 따라 구불구불 나 있었다. 한 끝에 커다란 간판이 붙은 작은 건물이 있었다. '맥카프리 선박 운송 주식회사' 건물 안에는 사무원 셋이 바쁘게 일하고 있었다. 운전사와 오기섭이 들어갔을 때, 그들 중 한 명이 재빨리 일어나 옆문으로 나갔다. 나머지 두 사람은 그들에게 의자와 차를 권했다.

잠시 후에 앞문이 열렸다. 빗질하지 않은 검고 숱이 많은 짧은 머리에 작은 체구를 가진 사나이가 들어왔다. 작은 돋보기 안경이 코끝에 걸쳐져 있었다. 용모는 동양적인데 사람을 대하는 태도는 서구적이었다. 오기섭을 더욱 혼란스럽게 만드는 것은, 그 사람이 완벽한 우리말을 구사한다는 점이었다.

"오 선생, 친구 전호빈에게서 얘기 많이 들었습니다. 보잘것없는 사무실에 오신 것을 환영합니다."

오기섭은 말이 나오지 않았다. 이 사람은 도대체 누구인가? 어떻게 우리말을 그처럼 잘하는가? 어떤 일을 하는 사람인가? 어떻게 전을 알게 되었는가? 그렇다면 나 오기섭은 어떻게 될 것인가? 오기섭이 계속 말이 없자, 낯선 사람은 다시 말을 꺼냈다.

"한국어를 한다고 해서 너무 놀라지 마십시오. 한국어 외에도 중국어, 일본어, 러시아어, 영어를 구사할 수 있습니다. 제 할아버지는 지난 19세기 말 영국과 극동지역간에 무역을 시작하는 데 일조를 한 영국사람입니다. 중국 여인과 결혼을 해서 이곳 블라디보스토크에 정착하셨죠. 1905년 러시아 사람들이 시베리아 철도를 완성했을 때 할아버지 사업도 번창했습니다. 우리 가족은 그때부터 쭉 이곳에 살았죠. 제 아버지는 할아버지의 대를 이어 사업을 물려받고, 중국 여인을 아내로 맞이했습니다. 나는 삼대입니다. 간판에 써 있듯이 내 성은 맥카프리입니다. 내가 아버지와 다른 점은 중국 여인이 아닌 한국 여인과 결혼했다는 것이죠.

제 이야기는 이걸로 충분한 것 같습니다. 이제 본론으로 들어가죠. 오 선생, 이 회사는 여전히 영국과 세계 여러 나라를 대상으로 무역업을 하고 있습니다. 공산주의 침체기에도 심한 감시를 받기는 했지만 사업을 계속 할 수 있었습니다. 우리는 이제 서양뿐만 아니라 중국으로까지 사업 확장을 시작하고 있습니다. 언젠가는 북한하고도 사업을 할 수 있게 되기를 바라고 있습니다."

"무슨 말씀인지 모르겠습니다. 그런 일 중에 제가 무슨 일을 해야 합니까? 전호빈이 왜 저를 이곳으로 보냈지요? 도대체 무슨 일인지 이해할 수 있도록 도와주시겠습니까?"

"설명해 드리겠습니다. 간단히 말씀드리자면, 일할 사람이 필요합니다. 전 선생이 나와 또 다른 사업에 저임금 노동자를 대 주고 있습니다. 선생은 이제 이 회사의 고용인입니다. 선생이 할 일이 있습니다."

오기섭은 당혹스럽고 두렵기까지 했다. "내가 노예로 팔렸다는 말입니까? 만일 내가 선생의 회사에서 일하는 것을 원하지 않는다면 어떻게 됩니까?"

그는 조용하지만 화난 목소리였다. "오 선생, 상당히 고지식하군요. 우리는 당신에게 자유를 위한 기회를 준 것입니다. 만약 전 선생이 오 선생을 구해내지 않았다면, 선생은 아마 지금쯤 송장이 되었을 겁니다. 이제 선생이 전 선생에게 빚을 갚을 차례입니다. 나는 선생의 노동력과 기술이 필요합니다. 나는 전 선생에게 그의 노고에 적합한 액수의 돈을 지불할 것입니다. 대신에 선생에게는 러시아와 북한 경찰로부터 신변 보호를 받게 해 주겠습니다. 오갑수의 손자는 여전히 국가의 적인 점을 명심하십시오. 선생은 일년 동안만 우리를 위해 일해 주시면 됩니다. 숙식은 제공될 것이고, 필요하다면 약간의 용돈을 드릴 수 있습니다. 그러나 봉급은 없습니다. 만일 선생이 정직하게 일을 잘 하고, 우리 사업이 번창하면 내년부터 봉급을 받게 될 것입니다.

선생은 자신을 노예라고 했지만 그렇지 않습니다. 전혀! 지금 문을 열고 나가셔도 됩니다. 나는 선생을 노예로 만들지 않을 겁니다. 그러나 선생이 떠난다면, 스스로 알아서 살아가야 합니다. 나나 전 선생으로부터 더 이상 보호를 받을 순 없을 겝니다."

맥카프리의 말은 그를 더욱 당혹시켰다. 전이 이 외국인에게 자기를 팔아 넘겼지만 일년 후면 자유가 된다. 그러나 지금 떠난다면 혼자 힘으로 살아가야만 한다. 맥카프리의 말 속에는 위협이 섞여 있었다.

"오 선생, 내가 도와드리겠소. 선생에게는 아내 타티아나가 있습니다. 그녀가 지금 로스토브에 있죠? 그렇죠? 만약 선생이 원한다면, 계약 기간이 끝난 후 그녀를 블라디보스토크로 데리고 오겠습니다."

타티아나란 말에 오기섭은 정신이 번쩍 들었다. "일년 말입니까? 그녀를 더 빨리 데려올 수는 없습니까?"

"안 되죠. 당연히 안 됩니다. 첫 해에는 선생이 빚을 갚아야만 합니다. 그리고 나서 그녀가 올 수 있습니다. 만약 선생이 이곳에 있기로 결정한다면, 그녀에게 선생이 살아 있다는 말을 전하겠습니다. 그녀는 아마도 선생이 죽은 것으로 생각하고 있을 겁니다. 그녀에게 편지를 쓰면 그것을 전해 줄 수 있는지 알아보겠습니다. 오 선생, 나는 노예상이 아닙니다. 그러나 내 사업을 꾸려나갈 값싼 노동력이 필요합니다. 현 상태에서 너무 오래 걸리지 않고 성장해 나갈 수 있기를 바라지만, 지금 당장은 선생과 같은 노동자들에게 의존해야만 하는 상황입니다. 자, 어떻게 하시겠습니까? 이곳에서 일을 하겠습니까? 아니면 떠나겠습니까? 지금 결정하십시오."

오기섭은 망설였다. 그러나 타티아나를 다시 볼 수 있다는 것만 약속을 해준다면 어떤 결정을 내릴지 그는 알고 있었다. "알겠습니다. 이곳에서 일년 동안 일을 하겠습니다. 그리고 아내가 오면 그때 장래 일을 결정하도록 하겠습니다. 그것이 선생님이 제시하는 조건입니까?"

"그것이 내가 제시하는 계약 조건입니다." 맥카프리는 기분 좋게 대답했다.

"당신이 약속을 지킨다는 걸 제가 어떻게 알 수 있습니까?"

"물론 알 수 없겠지요. 그러나 내가 악수를 먼저 청하지요. 이게 바로 우리 영국 사람들이 약속을 다짐하는 방식이지요. 나는 한번 약속을 하면 저버리지 않습니다." 그리고는 오기섭에게 손을 내밀었다. 오기섭은 그의 손을 잡았고, 두 사람은 서로의 눈을 깊이 응시하면서 악수를 했다.

그날 밤, 오기섭은 편지를 썼다.

너무나 보고 싶은 타티아나에게,

건강하게 잘 있는지 궁금하오. 나는 늘 당신을 생각하고 사랑하오. 나는 안전하게 잘 살고 있소. 더 이상은 말하기가 곤란하오.

제발 나를 기다려 주시오. 일년 후에 우리는 다시 함께 있을 수 있소.

일년이라고 하면 너무 길게 느껴지겠지만, 금방 지나갈 것이오. 그러면 함께 살 수 있소.

북한 기관원들에게 속은 나의 어리석음을 용서해 주시오. 당신은 다치지 않았기를 바라오.

일년 동안은 연락을 하지 못할 것이오. 당신의 편지도 받지 못할 것이오. 나를 생각하며 잘 참고 기다려 주었으면 하오.

사랑하는 남편

오기섭

다음날 아침, 맥카프리에게 편지를 건네주었다. "그녀에게 꼭 편지를 전해주겠다고 약속하셨죠?"

"그녀는 두 주 안에 이 편지를 받게 될 것이오." 그는 답했다. "이제 일을 합시다." 맥가프리는 시베리아와 중국의 북부 지역이 그려진 커다란 지도를 꺼냈다. "어젯밤에 말했듯이 이 회사는 삼대에 걸쳐, 운송업과 국제 무역을 해왔습니다. 공산주의 국가에서는 정부가 허가하는 물품만을 수입하도록 제한을 받았습니다. 그러나 이제 소비에트 연방은 존재하지 않으므로 우리는 얼마든지 확장을 할 수가 있습니다. 유럽과 미국, 일본 관계자들은 우리와 같이 사업하기를 아주 원하고 있습니다. 우리가 해야 할 일은 시베리아와 중국, 남한, 후일에는 북한에서까지도 무역 동업자를 개발하는 것입니다."

이 영국인이 하도 열심히 말을 해서 오기섭도 점점 흥미를 가지게 되었다. "거대한 계획같이 들리네요. 저는 무슨 일을 하게 됩니까? 나는 국제 무역에 대해서는 아무것도 모릅니다."

"기다려 보시오. 지금 막 말하려던 참이오. 첫 번째가 전체적인 계획을 세우는 것이오. 그 다음이 선생이 해야 할 일이오. 선생의 일은 매우 중요하오.

우리는 카바로프스크에서 트럭 사업을 시작하려 하오. 이미 공업과 농업에 필요한 기계와 화공품, 술, 담배에 대한 주문을 받았소. 이 계약을 완수하려면 화물을 정확하게 운반하는 게 보장이 되어야 합니다. 이게 바로 선생의 담당이오. 선생은 운전도 할 수 있고, 기계 기술자 자격증도 가지고 있고, 게다가 이미 도로 사정과 많은 검문소의 사람들을 '다루는 법'을 터득하고 있는 게 금상첨화죠.

이제 지도를 봅시다. 모든 도로가 카바로프스크나 하얼빈, 센양과 같은 큰 도시와 연결되어 있지요. 이 도로들은 예전에 썰매와 마차로 우편 배달을 위해 닦아 놓은 것입니다. 도로가 사방으로 산만하게 펴져 있지만 그 체계는 조금씩 개선되고 있지요. 시간이 지나면 더 나아질 겝니다. 선생이 맡아야 할 첫 번째 임무는, 이 지도를 참고해서 이곳에서부터 카바로프스크와 할빈, 센양, 세 지점까지 배달에 필요한 시간과 경비에 관한 목록을 만드는 것이오. 길의 상태와 검문소에서의 간섭을 고려해야 할 것이오. 카바로프스크에서부터 시작하십시오. 할 수 있겠습니까?"

오기섭은 열중해서 들었다. "네, 할 수 있습니다. 휘발유와 기름 가격을 알려주십시오. 어떤 종류의 차를 사용하게 될 것인지 보여주시면 며칠 내로 견적을 뽑아드릴 수 있습니다. 그리고 시운전을 해 보면 상세한 자료를 뽑을 수 있습니다. 트럭 상태가 좋기를 바랍니다. 도로사

정은 나쁘고 부품 구하는 게 믿을 수 없지만, 할 수 있을 거라고 생각합니다. 최소한 시운전 때라도 함께 갈 동료가 있으면 좋겠습니다."

맥카프리는 그의 반응에 너무나도 기뻐했다. "그러면 좋습니다. 일을 시작합시다. 사흘 내로 시간표와 경비 견적에 대한 시안을 주십시오."

블라디보스토크에 도착한 지 두 주가 채 안 돼 오기섭은 다시 한번 트럭을 운전하게 되었다. 어찌됐든 이번에는 기분이 좀 나았다. 맥카프리는 계약조건을 지킬 사람이라는 확신이 섰다. 일년 후에는 좋은 직장뿐만 아니라 타티아나도 만날 수 있다. 이런 생각들로 그는 시베리아 숲의 아름다움과 아뮈르-우쉬리 초원의 비옥함을 만끽할 마음의 여유까지 생겼다.

오기섭은 처음 카바로프스크를 방문했을 때 윤송남 형이 말해 주었던 하나님의 교회를 찾아갔다. 건물은 윤송남이 말해준 그대로 그 자리에 있었다. 교회로 들어갔다. 중년의 한국 여인이 그를 반겨주었다. 오기섭은 미국에서 오신 목사님을 아는 친구가 전에 여기에 잠시 머물렀다고 말했다. "목사님 내외분께서 살해되셨다는 이야기를 들었습니다. 누가 그런 짓을 했는지 밝혀냈습니까?"

"종종 목사님을 찾아오곤 했던 정신착란증 남자가 혐의자로 잡혔습니다. 그 사람 방에서 목사님 소지품과 흉기로 사용되었을 것으로 짐작되는 것들을 찾았습니다."

오기섭은 그 여인에게 감사하다는 말을 전하고 나왔다. 윤송남을 생각하면서, 언젠가는 다시 만날 수 있기를 간절히 바랬다.

교회에서 나온 후, 오기섭은 오래 전에 구좌를 개설했던 은행으로 갔다. 놀랍게도 그의 구좌는 아직 살아 있었고, 그 동안 이자도 붙어 있었다. 그만한 돈이라면, 타티아나랑 함께 살 집을 구할 수 있을 것이다. 이제 그의 꿈은 바뀌었다. 조국인 북한으로 돌아가겠다고 서두를 필요가 없었다. 이제부터 타티아나와 함께 살 미래를 꿈꾸었다. 블라디보스토크, 아니면 로스토브.

오기섭의 기술은 회사가 요구했던 것 이상이었다. 시간과 경비에 대한 견적은 정확했다. 더욱 중요한 것은 그가 개발한 세련된 판촉 방법과 거래하는 각 항구마다 친구를 만들어 두었다는 점이었다. 정확하고 신속한 운송에 대한 만족감으로 카바로프스크와 할빈, 센양에 있는 회사들은 운송수단으로 맥카프리 회사를 더욱 더 많이 이용하기 시작했다. 그래서 운전사로 몇 사람을 더 채용했다. 오기섭은 그들의 책임자가 되었다. 신입 운전사에게 운전 기술을 가르치고, 구역 배치를 하는 일은 오기섭의 책임이었다. 자신이 직접 도로에서 운전하는 시간은 줄어들었지만 일하는 시간은 늘어났다. 그는 최소한의 잠을 자고 최대한 일을 했다. 일을 하느라고 시간 가는 것도 잊었다.

어느 날 오후, 오기섭이 트럭 한 대를 고치고 있는데, 맥카프리가 찾는다는 연락을 받았다.

"오 선생, 너무나도 일을 잘 하고 있습니다. 이제 오 선생이 하던 일을 다른 사람에게 넘기고 새로운 일을 해 주었으면 하오. 센양에 있는 강철공장의 중장비 수입에 입찰을 하려고 하오. 그렇게 하려면 현재 국제 운송에 사용하는 대형 컨테이너를 다룰 수 있어야 하고, 또 현재 소유한 트럭보다 엄청나게 큰 새로운 트럭들이 필요하오. 그것을 트레일러 트럭이라고 부르는데, 트레일러 트럭 다섯 대가 올 봄, 항구의 얼음이 녹는 즉시 입항할 것이오. 오 선생이 그 트레일러 트럭을 운전하고 정비할 다섯 명을 통솔해 주기 바라오.

그러나 그 일을 완수하기 전에 오 선생의 계약기간이 끝나게 되오. 오 선생도 그 사실을 알고 있겠지요? 그래서 나는 선생이 우리와 함께 더 일하기를 원하는지, 아닌지를 알고 싶소. 만약 원하지 않는다면 다른 사람을 써야 하니까."

오기섭은 사실, 새 일에 푹 빠져 그 동안 시간가는 줄을 모르고 있었다. 그러나 그것을 맥카프리가 눈치채선 안 되었다. "타티아나를 데려 오겠다던 약속을 지킬 겁니까?"

"그렇소"

"정식 직원으로 봉급을 받게 됩니까?"

"그렇소. 약속합니다."

"좋습니다. 일을 계속하면서 트레일러 트럭의 운전 요령을 배우겠습니다."

"훌륭하오! 좋소! 이제 트럭이 도착하기 전에 해야 할 일이 한 가지 더 있소. 자선단체로부터 트럭 한 대 분의 식량과 의약품을 중국에 있는 난민 수용소로 운송해 달라는 부탁을 받았소. 그 난민 수용소는 가뭄 때문에 중국으로 넘어온 조선 탈북자들이 있는 곳이오. 북한과 인접해 있는 중국의 단둥이라는 마을 부근에 있소이다. 그 지역도 앞으로 새로운 판로 지역이 될 것이오. 어쩜 예상치 않았던 문제들이 생길지도 모르오. 그 일로 돈을 벌지는 못하겠지만 중국으로 진출할 수 있는 기회가 되리라 생각합니다. 선생이 그 일을 해 주었으면 하는데, 해 줄 수 있겠습니까?"

"하겠습니다. 물론 보조 기사가 필요합니다. 그러나 제가 돌아오면 타티아나에 대한 이야기를 시작할 겁니다."

중국

내가 시골에서 돌아온 어느 주일 밤이었다. 편지가 와 있었다. 그 다음날 저녁에 집으로 와 달라는 한 장로님의 편지였다. 그 편지를 읽으면서 무슨 일이 생겼음을 알았다. 너무나도 많은 풍파를 겪어온 나로서는 다시 한번 무엇인가 예상하지 못했던 일이 일어나고 있음을 직감했다. 7시에 장로님 댁 마당에 들어섰다. 헛기침으로 온 신호를 보내고는, 신을 벗고 거실로 들어가는 문을 열었다. "어서 오십시오." "여행은 좋았습니까?" "언제 돌아오셨나요?" 반기는 인사말이 오갔다. 장로님 외에 다섯 사람이 더 있었는데, 내가 오기 전에 무엇인가 심각한 이야기를 하고 있었던 것 같았다.

차와 떡이 나왔고, 잠시 가벼운 대화가 오갔다. 그리고 나서 한 장로님이 목소리를 가다듬었다. 모두 조용해졌다. "윤 형제, 우리는 형제가 여기에 오기 전 한 시간 동안 이야기를 나누었습니다. 우리는 몇 주일째 계속 형제와 관련된 문제를 놓고 의논을 해왔어요. 그러나 지금까지 형제에게 말할 준비가 되어 있지 않았습니다. 좀 복잡하니 인내심을 가지고 우리말을 끝까지 들어주기 바래요. 김 선생이 먼저 말씀하시지요."

그 말과 함께 장로님은 김승호에게 손짓을 했다. 나는 금요일 밤 속회에서 그를 많이 만났다. 그 역시 북한이 고향인 사업가였다. "윤 선생님, 최근 몇 년 동안 북한을 휩쓴 지독한 가뭄과 홍수에 대해 들었을 것으로 압니다. 상황은 조금도 나아지지 않은 것으로 보입니다. 솔직히 말하자면, 점점 나빠지고 있습니다. 수십만, 아마 수백만의 사람들이 식량과 의약품을 필요로 하고 있습니다. 탈북자가 중국에 그처럼 많다는 소식은 참으로 슬픈 일입니다. 물론 이런 상황에 대해서 들으셨겠지요."

"네, 알고 있습니다. 전에도 말씀드렸듯이 저는 '통일 형제단'에 가입했어요. 그래서 북한에서 일어나고 있는 일들은 잘 알고 있습니다." 많은 사람들이 이미 알고 있는 이 사실을 왜 김승호가 그처럼 조심스럽게 말하는지 의아했다.

그는 계속 말을 이어갔다. "교회에서는 오래 전부터 통일을 이루기 위한 여러 가지 제안을 해왔습니다. 그 중에 몇 사람은 개인적으로 불법인 줄 알면서도 북한에 다녀왔지요. 잘 알려진 대로 문익환 목사님은 북한에 다녀왔다는 이유로 감방 생활을 오래 하셨구요. 그러나 이런 노력이 별 성과를 얻지 못했습니다. 그래서 우리는 통일을 위해 새로운 시도를 고려하고 있습니다. 이전의 정권 하에서는 불가능했지만 지금의 비 군부 정권에서는 받아들여질 것입니다.

우리는 다른 교회들과 협력해서 중국에 있는 난민촌에 구호물자를 보내기로 했습니다. 이곳 남한에서 쌀을 기증하고, 추가로 외국에서도 보내주겠다는 약정을 받았습니다. 선적 물품은 중국의 다리안과 블라디보스토크를 통해 들어온 뒤, 그곳에서부터는 트럭으로 단둥 부근에 있는 난민촌으로 운송될 것입니다."

내 몸은 전율하기 시작했다. 단둥은 오래 전에 내가 도망쳤던 고향에 근접한 중국 도시였다. 나는 떨리는 목소리로 김승호가 다른 말을 하기 전에 잘라 말했다. "나에게 왜 그런 일들에 대한 이야기를 하는 겁니까? 왜 이런 모임에서? 무슨 일인지 말해 주십시오."

"윤 선생님, 우리는 선생님이 단둥에 있는 난민촌에 우리 대표로 가셨으면 합니다."

나는 믿을 수가 없었다. 단둥이라니! 이미 오래 전에 시작했었던 곳으로 다시 돌아가다니. 멀리 북한에 있는 고향에서 쫓겨나, 세상의 반을 돌았다. 그리고 이제 내가 시작했던 바로 그곳으로 다시 보내지려 하다니. 단둥이라면, 아내와 자식을 만날 수 있는 기회도 생길 수 있다. 가슴이 벅찼다. 꿈만 같았다. 말이 나오지 않았다.

나의 생각을 읽은 한 장로님이 덧붙였다. "만약 형제가 이 일을 맡겠다면, 북한에 들어갈 시도를 절대 하지 않겠다는 약속을 해야만 합니다. 만약 그런 시도를 하려 한다면, 형제는 그 즉시 반역죄로 고발될 것이고, 탈북자들을 위한 우리의 전반적인 계획은 의심을 받게 될 것입니다. 물론 형제가 가족 소식을 듣게 되기를 우리도 바라지만, 북한에 들어가지 않겠다는 약속만은 지키셔야 합니다. 이제, 우리가 형제에게 기대하는 바가 무엇인지 아시겠죠? 어떻게 하시겠습니까?"

직접적인 답을 피했다. 답을 하기 전 질문을 확실히 파악하고 싶었다. 집으로 갈 수 있는 기대는 불가능하지만, 단둥에 가면, 편지를 보낼 수 있거나 아니면 고향에서 온 사람을 만날 수 있을지도 모른다. 최소한 내가 가고 싶은 곳 가까이에 있을 수는 있다. 거기까지 생각이 정리되었다. "제가 할 일은 무엇입니까? 정부 기관에서 내가 가는 것을 허락할까요?"

"그것이 아직 결정되지 않은 사항입니다. 그러나 통일부의 승인을 얻을 수 있으리라고 생각합니다. 선생 옆에 앉아 있는 고영복 씨가 그 일에 책임자인 장관과 가까운 친구라서 기꺼이 부탁을 할 것입니다. 최근에 선출된 정부가 민주주의 정부라서 이러한 일이 가능하겠지만, 올바른 태도로 올바른 목적을 이루게 하려면 모든 것을 확실하게 하고 싶습니다."

"무슨 뜻인지 잘 모르겠습니다."

"그것은 바로," 고영복 씨가 설명을 했다. "새 정부의 정책은 탈북자를 위한 난민촌 설립은 법적으로는 승인을 하겠지요. 하지만 우리 입장은 형제 대 형제의 자세로 해야지, 가진 자가 못 가진 사람에게라든지 자본주의가 공산주의에 베푸는 식의 태도는 아니었으면 합니다. 1984년 대홍수로 남한 땅에 농토가 물에 잠겼을 때 북한이 우리에게 쌀을 보내주었던 것을 기억합니다."

한 장로님이 다시 말을 시작했다. "윤 형제, 이제 윤 형제가 일할 차례입니다. 형제는 최근에 남한에 온 북한 사람으로서 화해의 상징입니다. 형제는 남쪽 사람들인 우리와 평화롭게 친교를 나누며 살고 있지만, 아직도 형제의 고향을 사랑한다는 것을 압니다. 이러한 화해의 상징이 우리에게 주어진 것이죠. 난민을 먹여 살리는 것, 그 자체도 중요합니다. 그러나 그것을 통해 평화와 형제애의 증거가 되기를 원합니다.

형제의 솔직한 답이 필요합니다. 북한 방문을 할 수 없어도, 이 일을 하시겠습니까? 지금 형제의 대답을 들어야 합니다."

나는 답하기 전에 잠시 숨을 돌렸다. "나는 내 자신의 인생을 이해할 수가 없습니다. 몇 년 동안 내 뜻과는 아주 달리 이곳 저곳으로 도망을 다녔습니다. 가는 곳마다 부당한 고난을 당했고, 기대하지 않았던 은혜를 입기도 했습니다. 나로서는 알 수 없는 일입니다. 이해할 수가 없습니다. 이제는 내 여정의 벼랑에 온 생각도 듭니다. 저를 믿고 그토록 중요한 일을 맡겨주시니 영광스럽습니다. 기쁘게 받아들이겠습니다. 그리고 저에 대한 믿음을 저버리지 않겠다고 약속드립니다."

거실에 모인 사람 모두 크게 환호하며 박수를 쳤다. 모두 내게 악수하며, 지원과 기도를 해주겠다고 약속했다.

"다른 사람에게는 아무 말도 하지 마십시오. 고 선생이 통일부 장관과 이 일을 처리하려면 시간이 걸릴 겁니다. 건설 현장에서 계속 일하십시오. 그러나 저녁에는 교회에 오셔서 형제에게 맡겨질 일에 대한 교육을 받을 수 있도록 황 목사님과의 모임에 참석하십시오." 그 말을 한 후, 한 장로님은 하나님께 지혜와 인도를 구하는 감사의 기도를 드리자고 했다. 그리고는 모임이 끝났다. 뭔가 큰 변화가 일어나리란 나의 예감이 적중했다. 그리고 이번 변화는 나에게 좋은 일이라는 느낌이 와 닿았다.

단둥에 있는 난민촌에 나를 보내려는 교회의 제안은 6개월 후에 승인이 떨어졌다. 안기부에서는 이 제안을 반대했지만, 통일부에서는 나를 믿을 수 있을 뿐만 아니라 북한과 남한 화합의 상징이라며 관철시켰다. 황 목사님은 즉시 한 장로님과 내게 그 소식을 알려왔다. 우리는 마지막 정리를 위해 교회에서 만났다.

고영복은 정부기관과의 협상 내용을 알려주었다. "이 계획의 승인은 조건부입니다. 아직까지도 북한에 대한 반감과 두려움이 매우 큽니다. 그들은 이 계획을 반대했어요. 그러나 우리가 오직 자선 활동만을 한다는 엄격한 기본 조건하에 허가를 내준 것이죠. 북한 정부나 사람들과 어떤 정치적인 왕래가 있게 되면, 승인이 즉시 취소됩니다."

"물론 우리의 생각도 그렇습니다." 한 장로님이 나서서 말했다. "지금까지 양쪽 사이에서 있었던 정치·군사적 대화를 넘어서는 그런 차원에서 이제 우리가 증인이 되는 셈이죠."

"자, 이제 계획을 세워봅시다. 겨울이 지나고 나면, 대규모 탈북 현상이 늘어날 것입니다. 북한 주민들의 식량자원은 고갈될 테니 말이죠. 날씨가 따뜻해지면, 사람들이 중국으로 많이 나갈 것 같습니다. 그래서 우리는 식량과 옷가지, 의약품을 3월과 4월에 수송할 계획입니다."

"그래서," 목사님이 말을 잘랐다. "윤 형제는 모든 것을 확실히 준비하기 위해서 새해가 되면 곧 떠날 준비를 하십시오. 윤 형제의 숙식을 마련하고, 한국어와 중국어를 잘하는 사람도 한 사람 구해 놓겠소."

몇 시간이 지나자 모임을 끝내면서 황 목사님이 나에게 물었다. "윤 형제, 끝내기 전에 할 말이 있습니까?"

"네, 한 가지 부탁이 있습니다. 지금까지 몇 년 동안 저는 하나님을 믿는 사람들 속에서 살아왔습니다. 제 목숨을 구해주기도 했지만 아직도 저는 그 가르침을 다 이해할 수 없습니다. 그러나 내 삶의 인도자이신 나사렛 예수의 가르침을 받아들입니다. 정말로 예수님의 방법은 내 이상과 어려서부터 받았던 가르침과 일치하는 것 같습니다. 제가 중국에 가서 책임을 맡기 전에 이 교회의 교인이 되고 싶습니다. 만약 저를 받아 주신다면, 세례를 받고 싶습니다."

황 목사님이 대답을 하기 전까지 침묵이 흘렀다. "정말로 우리 모두 예수를 영접하는 형제를 기쁘게 맞이합니다. 세례는 형제가 단둥으로 떠나기 바로 전인 1월 새해 맞이 기념예배를 드리면서 받으시면 어떨까요? 새해, 새 인생, 새 사명! 근사하지 않습니까!"

1998년 2월의 첫 날, 단둥에 도착했다. 나의 보조자인 젊은 중국계 한국인을 공항에서 만났고, 그는 나를 시내에 있는 한 중국계 한국인 가정에 머무를 수 있도록 배려했다. 첫 날, 지난 날들을 되새겨 보려고 시내를 걸었지만 많은 게 변해 있었다. 시장은 여전히 그 자리에 있었지만 많이 정리 정돈되어 있었다. 술집과 교회는 없어졌다. 그러나 나는 그 늙은이를 공격했던 곳으로 가는 길을 찾아냈다. 강 건너를 바라보았다. 그쪽은 내 고향이 있는 곳이었다.

공식적인 나의 첫 번째 임무는 그 지역 당국을 방문하는 것이다. 한국교회협의회는 국제난민조직과 함께 그 방법을 준비해 놓았다. 중국 공무원들도 이미 그 계획에 대해 알고 있었으며, 난민들과 난민촌 책임자가 어떤 정치적인 행동이나 발언을 하지 않는 한 기꺼이 협조를 해 주기로 했다.

그날 저녁, 한국계 중국 교회의 대표자들을 만났다. 그들 대부분은 삼대, 사대째 중국에 사는 조선족으로, 우리말을 잘하고 있었다. 나는 북한에서의 성장 배경과 내 인생 여정의 일부에 대해 간증했다. 그리고는 난민촌을 세우게 된 목적과 목표에 대해 설명했다. "얼마나 많은 사람들이 이 난민촌을 찾게 될지는 잘 모릅니다. 그러나 그들이 새로운 환경에 적응할 수 있도록 돕기 위해서는 한국말과 중국말을 모두 할 줄 아는 자원 봉사자가 많이 필요합니다. 그런 분들에게 금전적인 보수는 없지만, 일주일에 단 몇 시간만 봉사를 해 주신다면, 큰 도움이 될 것이며, 또 화해를 위한 우리 모두의 의도가 더욱 명확해질 겁니다." 남자 몇 명과 꽤 많은 여자 분들이 자원 봉사를 하겠다고 나섰다.

백여 명의 사람이 살 수 있는 천막과 판잣집이 늘어선 작은 마을은 3월 중순까지 준비되었지만, 3월 말이 되자 그것만으로는 불충분하다는 것이 확실해졌다. 5월 말까지, 600명을 위한 식량과 집이 필요했다.

나의 주된 임무는 난민촌에 올 사람들의 명단과 출신지, 주소, 가족 사항을 기록하는 작업이었다. 이른 아침부터 밤늦게까지 책상에 앉아 기록하고, 난민을 적절한 구역에 배치했다.

교회에 첫 업무 보고를 하기 위해 막 서울로 돌아가기 직전인 6월 하순이었다. 한 젊은이가 내 앞에 섰다. 바로 그날 아침에 난민촌에 도착한 사람이었다. 이상한 전율이 내 몸에 흐르는 것을 느꼈다. 젊은 시절의 나를 보는 것 같았다.

"이름이 무엇이니?" 이미 답을 알면서도 물었다.

"제 이름은 윤모동입니다. 평안북도의 소천 마을에서 왔습니다." 젊은이가 말을 끝내기도 전에 물었다. "어머니와 동생도 함께 왔나?"

"네, 그렇습니다. 그런데 그걸 어떻게 아셨죠?"

나는 보조자에게 일을 맡기고, 그 소년을 사무실의 한쪽 구석으로 데리고 갔다. "모동아, 내가 네 아비다. 아주 오래 전이구나. 네가 세 살 때 마을에서 도망 나왔어. 그런데 어머니는 어디 계시니? 건강하시지?"

모동은 쉽게 믿지 못하는 것 같았다. 그러나 내 얼굴을 가까이 들여다보고는 믿었다. "우리는 아버지가 돌아가신 줄 알았어요. 한동안 울기도 하고 괴로워했지요. 그런데 어떻게 여기에 계시지요? 이해할 수 없군요!"

"설명을 하려면 한참 걸릴게다. 우선 어머니를 만나야겠다."

"내가 먼저 가서 어머니께 말씀드리는 것이 좋을 거예요. 아버지가 갑자기 나타나면 놀라서 쓰러지실지도 몰라요. 어머니는 아주 쇠약해지셨어요. 영희와 저를 걷어 먹이시느라고 많이 굶으셔서…. 제가 먼저 가서 말씀을 드리고, 다시 아버지께 올게요." 모동은 그렇게 말하고 사무실을 떠났다. 그가 다시 돌아오기 전까지 얼마나 시간이 흘렀을까! 마침내 문 앞에 와서 나더러 따라오라고 머리를 끄덕였다.

작고 초췌해진 그녀는 12구역 천막 앞에 서 있었다. 그녀는 딸의 부축을 받고 있었다. 그녀는 긴장해 있었지만, 크고 둥근 눈은 맑았다. "당신이, 정말 당신이 살아 있었군요. 얼마나 기다렸는데…. 내가 얼마나 많이 빌었는지 몰라요. 어쩜 이렇게 좋을 수가…. 이젠 죽어도 여한이 없어요. 어떻게 여기에? 내가 혹시 혼을 본 게 아닌가요? 아니면 죽을 때가 되었나보구려." 그녀는 털썩 주저앉더니 엉엉 울었다. 나도 그녀 앞에 무릎을 꿇었다. 우린 얼싸 안았다. 그리고 이 기쁨을 통곡으로 발산했다.

그녀는 기쁨과 슬픔이 뒤섞여 목이 메었다. "그 동안 어디에 계셨어요? 우리는 당신이 죽은 줄로만 알았어요. 왜 돌아오지 않았어요?"

나는 아내의 원망에 당황했다. "내가 왜 떠났는지 알고 있지 않소. 내가 말했잖아요. 박주원을 의식을 잃을 정도로 때렸다고. 그 때문에 내가 감옥 가고, 당신은 추방을 당할 상황이라서…. 나를 고발하지 않았소?"

"그런데 아버지, 사태가 그렇게 되지 않았어요." 아들이 끼어 들었다. "박은 당 위원장에게 갔어요. 그러나 위원장은 그날 같이 일했던 아버지의 친구인 관호경 아저씨를 불렀어요. 그 아저씨가 아버지 편을 들었어요. 위원장은 그 말을 믿었어요. 위원장이 박에 대한 불만이 많았었나봐요. 아버지에겐 어떤 벌도 내리지 않았어요. 그래서 며칠 동안 마을 사람들이 온 산을 뒤지며 아버지를 찾았는데…."

얼굴을 땅에 묻은 채 오랫동안 죽은 자처럼 말없이 그대로 엎드려 있었다. 비통한 신음소리가 목 줄기를 타고 터져 나왔다. "하나님, 하나님, 우리에게 왜 이런 고통을 주셨나요? 왜 이토록 오랜 세월을 집 떠나 도망자 신세로 방랑 생활을 하게 하셨습니까? 조롱과 폭행을 당하면서, 가족은 굶주리고, 이제 이 낯선 땅에서 다시 만나게 해 주셨군요. 다시는 이런 일이 없도록 도와주세요. 오, 주여! 이제 더 이상은. 우리 식구 평화롭게 살도록 도와주세요."

오랜 침묵이 흘렀다. 아무도 말을 하지 못했다. 정적만이 흘렀다. 딸 영희가 무릎을 꿇고 조용히 나를 일으켜 세웠다. 그리고 아무 말 없이 나를 간이 침대로 데리고 가서 눕혔다. 첫 날은 그렇게 저물었다. 아내는 내 옆에서 내가 다시 사라지지 않을까 두려운지 내 손을 꼭 잡고 앉아 있었다.

우리 가족은 낯설고 새로운 환경 속에서 서로에게 점점 익숙해져 갔다. 여자 교우들의 도움으로, 아내와 딸은 단둥의 큰 시장에서 양파, 감자, 배추, 무거리 등 채소 행상을 시작했다. 난민촌 어린이를 위한 학교가 시작되었고, 모동이는 아침나절 학교 일을 도왔다. 그리고 오후에는 신입 난민들에게 적응 교육을 시키는 나를 도왔다.

어느 날 저녁, 해가 지기 바로 전이었다. 트럭 한 대가 소음을 내며 마을로 들어와 모동이 앞에 멈춰 섰다. 운전 기사가 창문을 열고 밖으로 머리를 내밀었다. "얘야, 이 짐을 어디에다 풀어야 되는지 아니? 북한 난민을 위한 곡식과 의약품들이다. 블라디보스토크에서 왔어. 이곳 책임자와 이야기를 해야 하는데."

"모르겠어요. 그러나 아버지께 여쭤볼게요. 안에 계시거든요."

모동이는 신입 난민자 자료를 받아 적느라 바쁜 내 앞으로 다가왔다. "아버지, 구호 물자를 실은 트럭이 블라디보스토크에서 왔어요. 운전 기사가 아버지와 이야기하고 싶대요. 성함이 오기섭이라고 하셨어요."

옮긴이의 글

작년 여름이었다. 막 출판되어 나온 책을 단숨에 읽으면서, 번역을 감히 자청했다. 이유는 간단했다. 첫째는 우리 민족 사랑을 실천하신 오글 선교사님 가족에 대한 감사의 표현을 이렇게나마 하고 싶었다. 둘째로, 신경이 곤두설 만큼 민감하다고 볼 수 있는 한민족의 역사·정치·이념적 상황을 다룬 역사책이지만 소설 형식이라서 독자들이 부담 없이 읽을 수 있는 장점이 있고, 한민족을 사랑한 외국인의 시각으로 본 우리 역사를 비록 그 입장이 다를지라도 경청해야 할 필요성이 있다는 신념 때문이었다.

이야기가 살아 움직이려면 토속어를 구사해야 하는데, 연구할 만한 시간과 기회를 갖지 못했다. 그래서 저자의 원래 의도를 최대한 살리는 방법으로 '표준어'로 '평준화'시키다보니 아쉬움만 남아 있다. 원래 글 솜씨가 없는 사람이라서인지는 몰라도 글쓰기의 어려움을 처절하게 겪었다. 게다가 독자의 손에서 책을 놓지 못하게 만드는 소설가의 솜씨를, 하나님 다음으로 엄청나게 경외하도록 만든 작업이었다.

'신앙과지성사'가 아니었다면 이 책이 출판될 기회가 있었을까? 진심으로 최병천 사장님은 물론 기획 팀 모든 분께 감사드린다. 그리고 책이 나오도록 애쓰신 애틀랜타의 김정호 목사님, 조언을 아낌없이 해주신 로스앤젤레스의 백승배 목사님, 함께 일하는 강윤남 선생님께 고마움을 전하고 싶다.

이 책이 나오기가 무섭게 애틀랜타 코이노니아 팜에서 열리는 통일선교대회(2003.6.30~7.3) 첫날 저녁에 출판기념회가 열리게 된다. 이 자리에는 저자의 오랜 친구이자 책 가운데 등장인물인 조화순 목사님이 오신다니 더 뜻 깊은 자리가 될 것이다.

휴전 협정을 맺은 지 벌써 50년, 계속 살얼음판 걷듯 가슴이 조여오는 상황에 처한 우리 민족, 평화협정이라도 맺어진다면 남과 북의 7천만 민족은 물론 해외 동포들이 불안해하지는 않으련만. 기다림은 언제까지, 오 주여!

뉴욕에서 함정례

※ 옮긴이 함정례 목사는 연세대학교와 동대학원을 졸업하고 미국으로 건너가 오하이오주 감리교신학대학원(M.Div)과 켄트주립대학교 교육대학원(Ed.Sp.)을 마쳤다. 미연합감리교회 세계선교부 한국어 공보실 편집인으로 일했다. 현재 UMC 소속 목사다.

故 조지 오글 연보

1929년 1월 17일	미국 펜실바니아 광산촌 피트케린에서 출생
1951년	메리빌대학 졸업
1954년	듀크신학교 졸업 복음주의연합형제교회 목사 안수
1954년	한국 첫 방문
1957년	시카고에서 수학 중 웨스트사이트 크리스천 교구(Westside Christian Parish)의 도심 상점교회에서 목회
1959년 5월 9일	도로시(Dorothy Lindman)와 결혼
1961년	한국 인천지역으로 미연합감리교회 선교사로 파송됨 산업전도위원회 인천도시산업선교회 설립
1973년	위스콘신대학원 박사 학위(국제산업관계 전공)
1973년	서울로 이주, 서울대학교 노사관계 전임강사, 감리교신학대학 교수, 노동조합 지도자 교육과정 강사로 활동
1974년 10월 10일	인권과 민주주의를 위한 목요기도회에서 '인혁당 사건 보고'
1974년 12월 14일	미국으로 강제 추방당함
1975년~1981년	에모리대학교의 켄들러신학교 목회학 교수, 「포로의 자유」 저술
1981년~1991년	미연합감리교회 교회와 사회국 사회, 경제정의 총무 역임
1984년	한국교회 창립 100주년 기념식에 연설자로 초대됨
1990년	『한국: 경제 기적의 반대』(Zed Press: 1990) 저술
1991년	일리노이교회 회의 공공정책 부서인 일리노이 임팩트 이사 선임
1995년	북한 방문, 국제 앰네스티와 러시아 방문(1996년)

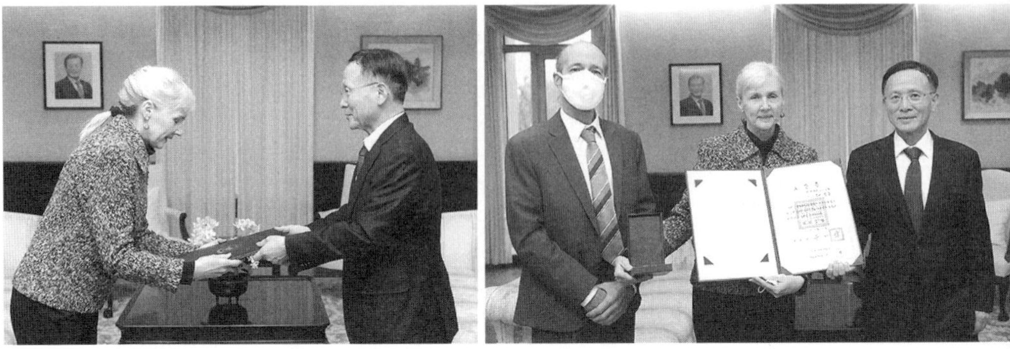

워싱턴 주미대사관에서 오글 목사의 딸 케티 오글 부부에게 국민훈장 전달(2020.12.16)

1998년	김대중 대통령 취임식에 초대됨
1999년	부산 민주공원 개원식 등 수년 동안 6차례 한국 방문
2002년	한국인권문제연구소 제5회 한국인권상 수상, 민주화운동기념사업회 최초 해외 민주인사 초청사업으로 방한(마지막 방한)
2003년	20세기 한반도 이야기를 소설 형식화한 책『기다림은 언제까지, 오 주여!』신앙과지성사에서 출간
2020년 6월 10일	제33주년 6·10민주항쟁 기념식 때, '민주주의 발전 유공 포상' 국민 포장 수상
2020년 11월 15일	콜로라도주 라파예트의 은퇴 커뮤니티에서 91세로 소천

〈주요 저서〉

『포로의 자유』,『한국 근로자의 실태와 교회의 과제』,『그리스도의 몸이 되어』,『기다림은 언제까지, 오 주여!』,『한국에서 우리의 삶, 그리고 우리의 삶에서의 한국』등 다수

편집후기

한국을 위해 태어나신 분이라서일까? 오명걸 목사님이 소천하시자 여러분들에게서 전화가 왔다. 그가 쓴 이 책 『기다림은 언제까지』란 책을 구했으면 한다고. 목사님의 건강이 쇠약해져 간다는 소식을 듣고 한 권밖에 없는 이 책을 여러 번 만지작거렸는데 추모 1주기를 맞고서야 이 책을 다시 펴낸다. 도로시 사모님의 편지에서 보듯이 오글 목사님이 돌아가시기 직전까지 이 책을 읽어 달라고 하시며 그때마다 매우 흡족해하셨다고 한다. 자신이 쓴 책 중에 가장 사랑하는 책이 바로 이 책이라고 말씀하셨다니 더욱 발행인으로서 보람을 느낀다.

2003년 5월이니 벌써 참 오래전 일이다. 당시 애틀랜타 한인교회를 맡아 젊은 목회를 시작한 '믿음의 벗' 김정호 목사님이 전화를 했다. 6월 말경 미국에서 통일 집회를 하는데, 그때 오글 목사님의 은퇴기념으로 출판 축하예배를 가질 것이니 급히 책을 만들어 들고 오라는 것이다. 아뿔싸, 시간도 없는 데다 거기에다 오글 목사님의 수제자(?) 조화순 목사님을 모시고 오라고 부연했다. 큰 고민이었다. 돈도 돈이지만 이 많은 책 1,000부를 어떻게 가지고 갈까? 궁리 끝에 기독학생회 총무를 지내신 정상복 목사님과 조 목사님과 나, 세 사람이 애틀랜타 코이노니아 팜으로 떠났다. 그렇게 급하게 탄생한 책이라 부족한 점이 많았지만 오글 목사님은 이 책을 굉장히 반갑게 맞아 주셨다. 이 모임 첫날 밤, 참가자 모두에게 이 책은 조국의 평화와 통일의 희망찬 밤이 되도록 만들었다. 어느덧 20년 가까운 세월이 흘렀다. 오글 목사님은 소천하시면서 이 책을 한국 땅에 통일의 씨앗으로 민들레 홀씨처럼 뿌려지기를 원하셨던 것 같다.

책의 틀을 고민하고 몰두하는 시간에 만나게 된 이철 감독회장님께 추모를 겸한 재출간을 말씀드렸더니 쌍수를 들고 환영했다. 늘 카톡으로 나의 출판 사역을 염려해준 연합감리교회 정희수 감독님께서도 기뻐하시며 추모사를 쓰시고 여러 일들을 해주셨다. 발 빠른 송병구 목사님에게 오글 목사님이 걸어온 길을 화보 형식으로 엮어 달라고 했더니 너무 정성껏 작성해 왔다. 그리고 인천산선의 총무 김도진 목사님이 추천한 최영희 의원님과도 많은 묵은 이야기를 나누면서 옥고가 탄생했다. 최 의원님은 오글 목사님의 지도를 받았던 인천산선의 실무자 출신이라서 그 원고가 더욱 뜻깊다. 자연스럽게 오글 목사님과 관련이 있는 네 단체가 공동기획으로 참여한 모양이 갖춰져서 제1부 추모의 장을 뜻깊게 장식한다.

특별히 목사님의 빈자리에서 한국의 독자들에게 편지를 써 주신 도로시 사모님께 머리를 숙여 깊이 감사드리며 오래도록 건강하시기를 기도한다. 여러 번 오간 편지에서 중간 역할을 충실히 해준 케티 오글에게도 감사드린다. 건강이 매우 안 좋으신데도 간행사를 협력해 주신 조화순 목사님도 잊을 수 없다. 오글 목사님을 세상에서 가장 멋있는 분이라고 믿고 사셨는데. 허전한 마음 잘 가누시며 건강하게 지내시길 빌 뿐이다.

한국 현대사의 여러 사건을 소설 형식으로 다룬 오글 목사님의 글을 제2부로 오롯이 실으면서 다소 아쉬운 표현과 사건 기술 등 고치고 싶은 부분이 있었으나 그냥 두었다. 오글 목사님의 체취를 올곧게 담기 위한 것이고, 또 미국인으로 한국과 한국인에 대한 애정이 없다면 쓸 수 없었기에 더욱 그랬다. 다만 부제를 달아서 무슨 사건을 쓰려고 했는지 좀 더 명확한 소통이 되도록 연결 작업을 하였다.

한국 사람들도 쓰기 어려운 글을 역사적 안목과 여러 사건의 특성과 시대 정신을 종합하여 소설 형식으로 생동감 있게 글을 쓰신 목사님의 노력이 정말로 감탄스럽다. 특히 선교사5들이 취했던 애매한 정치적 입장과 현실 도피적인 태도 때문에 선교사를 보는 비판적인 시각이 있지만, 목사님이 보여주신 예언자적인 용기는 한국 사회를 깨우쳤고 그리스도인들에게 큰 귀감이 되었음은 부정할 길이 없다.

역사는 결코 우리가 원하는 길로만 순항하지 않는다는 교훈을 뼈저리게 느끼는 지금, 한국의 민주주의를 위해 선각자가 되신 오글 목사님을 추모하는 책을 펴낼 수 있음이 영광이다.

오글 목사님은 인권과 민주주의를 위한 한국 민중들의 싸움이 한국을 넘어 세계역사 발전에 크게 기여한 것으로 규정하면서, 이렇게 고귀한 역사를 어느 특정 개개인이 존중받고 기억되는 선에서 끝나는 것이 아니라, 이를 위해 깊은 신앙으로 분연히 일어섰던 민중들과 공동체가 영원히 존중받고 기억되어야 한다고 말씀하셨다. 그리고 이 모든 과정은 우리에게 어떤 의미가 있었으며, 우리에게 미래를 향한 어떤 대안이 될 수 있을 것인가를 질문하셨다. 그런데도 우리는 또 다른 역사의 질곡에서 허우적거리며 사느라 오글 목사님이 진지하게 던지신 질문에 대답하고 토론하는 시간을 제대로 갖지 못했다. 그런 채로 목사님을 멀리 떠나시게 한 것이 너무나 아쉽고 죄스럽다.

책의 마무리 편집 점검을 하면서 우연히 기독교 민주화운동기념사업회 안재웅 이사장님과 카톡 편지를 주고받았다. 안 목사님께 "오늘 목사님 책을 마치는 중인데 왜 이리 자꾸만 눈물이 나오는지 모르겠습니다."라고 말씀드렸다. 오글 목사님뿐만 아니라 원고를 주신 여러분들의 글을 읽으며 나도 모르게 눈물이 흘렀다. 이 책이 많은 분을 일깨워주기도 하고 보듬어 주기도 하면서 오래도록 목사님을 기억하는 도구가 되었으면 좋겠다. 책을 위해 애써 주신 모든 분들께 깊은 감사를 드린다. 특별히 책을 위해 여러 조언과 도움을 주신 정진우 목사님께 감사드린다.

돌아가시기 직전, 제33주년 6·10민주항쟁 기념식 때 한국 민주주의 발전공로로 국민훈장을 수여 받으신 것은 여간 다행스러운 일이 아니었다. 정희수 감독님을 통해 2021년 7월 가까운 지인들이 모여 콜로라도에서 오글 목사님의 묘비를 세우고 묘소를 정비했다는 소식과 사진을 책에 담을 수 있어 더욱 고맙다. 돌이켜보니 오글 목사님을 한국에서 강제 추방시킨 것은 독재정권이 아니라 하나님이셨다는 생각을 떨쳐버릴 수가 없다.

최병천 장로(신앙과지성사 대표)

한국 민주주의의 친구
조지 오글
20세기 한반도 이야기
기다림은 언제까지, 오 주여!

공동기획 기독교대한감리회/ 이철
연합감리교회(UMC)세계선교국/ 정희수
인천기독교도시산업선교회/ 김도진
고난받는이들과함께하는 모임/ 송병구

지 은 이 조지 오글
옮 긴 이 함정례

펴 낸 날 2021년 11월 1일

펴 낸 이 최병천
편집실무 강면실 윤진선 권오무 김동성
펴 낸 곳 신앙과지성사
출판등록 - 제 9-136(88. 1. 13)
주소 | 서울시 서대문구 연희로 177 옥산빌딩 2층
전화 | 335-6579 · 323-9867 · (F) 323-9866
E-mail | miral87@hanmail.net
홈페이지 | http://www.miral.co.kr

값 / 20,000원

ISBN 978-89-6907-263-4 03230